B. Chales - de Beaulieu

Der
Vergessene
Schritt

B. Chales - de Beaulieu

Der Vergessene Schritt

Band II
aus dem Gesamtwerk
Selahc - Schüler St.Michaels
verfasst von B. Chales - de Beaulieu

1. Auflage Dezember 2001
2. Auflage September 2002

Gesamtherstellung: Richard Weigerstorfer
Druck: Frauenhofer Gruppe

Liebig Str. 4
93055 Regensburg
Tel. 0941/ 799 45 70
Fax. 0941/ 799 45 72
www.RiWei-Verlag.de
EMail: Info@RiWei-Verlag.de

ISBN 3-89758-272-4

Inhalt:

Vorwort

Vieles wird heutigentags über Meditation geredet. Wenigen ist jedoch klar, dass weder Meditation noch die unbedingt vorweg zu erlernende Kontemplation zur vollen Entfaltung gelangen kann, wenn nicht bestimmte Voraussetzungen zuvor gewusst und erfüllt worden sind. Grundsätzlich bin ich der Auffassung, dass eine mündliche Einweisung in esoterisches Gedankengut unumgänglich ist, da schon vieles nicht einmal mehr gesagt werden kann, viel weniger noch schriftlich fixiert verstanden wird.

Um eine breite Leserschicht erreichen zu können, habe ich mich bemüht, Fremdworte bis auf ein notwendiges Minimum zu vermeiden und in meiner Darstellung nach Möglichkeit greifbare und verständliche Vergleichsbeispiele heranzuziehen.

Der wissenschaftlich geschulte Leser möge mir verzeihen, wenn dadurch Unschärfen in wissenschaftlicher Hinsicht in Kauf genommen werden mussten. Natürlich werde ich immer wieder nach Literatur bezüglich dieses Themas gefragt. Was ich Ihnen dazu empfehlen kann, finden Sie am Ende dieser Abhandlung aufgelistet

Es ist nicht gerade viel und ganz sicher ist das auch nicht alles, was es an Empfehlenswertem geben mag. Da ich jedoch von Natur aus ein Leseläuschen bin, ist der Umfang des von mir zu Empfehlenden entsprechend gering. Ich selbst bedurfte der Niederschriften anderer immer nur als Bestätigung eigener Erlebnisse esoterischer Couleur.

Je mehr Sie über diesen Themenkreis lesen werden, um so divergierendere Darstellungen sind Ihnen gewiss. Lassen Sie sich dadurch bitte nicht entmutigen. Fast alle, so konträr sie auch sein mögen, sind häufig rechtens. Warum das so ist, bitte bedenken Sie, dass jeder Verstorbene in eine ihm adäquate Erlebnisebene hineinstirbt. Kommen nun Kundgebungen zu uns, aus dem, was wir *Jenseits* nennen, so stammen diese überwiegend aus unterschiedlichen Sphären. Erinnern Sie sich doch bitte, wie unterschiedlich Schilderungen von Unfällen vor Gericht ausfallen.

Was ich hier niederlege ist für den esoterischen Bereich revolutionär, weil sehr vieles nicht stimmt, was bisher berichtet worden ist. Die meisten Berichte scheinen mehr Vermutungen oder Träume zu sein als Erlebtes.

Während meines esoterischen Werdeganges habe ich drei mal sieben Erlebnisebenen kennen lernen dürfen, in sich nochmals dreigeteilt. Das mag sich für Sie gewaltig anhören; ist es aber gar nicht. Im Verhältnis zum großen kosmischen Gefüge, dargestellt durch X hoch Unendlich, nicht mehr als nur unbedeutendste Alltäglichkeit.

Der Weg in diese unterschiedlichen Dimensionen war allerdings für mich mehr als Alltäglichkeit. Er war mühevoll, beschwerlich und übersät mit Stolperhürden, Irrtümern und Versagern.

Zur Person des Verfassers

Wer denn könnte besser Auskunft geben über die Entwicklung dessen, zu dem ihn sein körperliches Leben geformt hat, als er selbst. Er hat es sich deswegen auch nicht nehmen lassen eine Parabel zu ziehen, die die wichtigsten Stationen seines Weges tangiert haben.

Ein zartes Kindlein, behütet von liebenden Eltern, heranwachsend auf dem Lande und oft verträumt in lauschigen Ecken eines großen Gartens vor sich hinspielend und meistens singend; das war seine Kindheit.

Unberührt von den aufschäumenden politischen Ereignissen taten sich vor ihm Welten auf, die er erst heute meint zu begreifen.

Er war zu Hause in fernen Welten, die von den Eltern als Sterne bezeichnet wurden oder auch als ferne Lichtlein. Wie sollte ich das wohl verstehen, wo doch Wunderwelten so nahe waren. Ich schwebte hinein in Lichtermärchen und sah unbeschreibliche Schönheiten. Die Märchenfiguren aus den Erzählungen meines Vaters waren greifbare Selbstverständlichkeiten und ich erinnere mich noch, dass ich verständnislos einer Äußerung meines Vaters zuhörte, meiner Mutter zugewandt, dass er dem Jungen nicht mehr so viele Märchen erzählen dürfe, da das wohl zu sehr seine Phantasie übererrege. „Der Schlingel weiß immer schon vorher wie die Märchengestalten aussehen müssen.“ Und ich wusste es doch auch wirklich besser.

Im Schulalter verlor sich nach und nach seine in sich Selbstbeschlossenheit. Was blieb, waren wache Träume während des Mittags- und Nachtschlafes. Wie Häwelmann radelte er zum Fenster hinaus und steuerte ferne Länder und Welten an. Wenn er seinen Eltern gelegentlich von Veränderungen in der näheren Umgebung berichtete, dass etwa ein Haus oder eine Straße neu gebaut oder ausgebessert würden in Gegenden, die er gar nicht kennen konnte, so bestätigten Nachforschungen der Eltern diese Mitteilungen, riefen jedoch stets ein relativ unfreundliches Echo hervor. Zumeist war Erschrecken, Unglaube bis Erstaunen die Reaktion, der in der Regel Schelte und Betrugsbezichtigungen folgten. Nicht selten Waren dann Tränen das Ende vom Lied.

Tags saß er nach der Schule viele Stunden in Gipfeln hoher Eichen und erlebte sich in fernen Ländern und Kontinenten, nicht ahnend, wie wirklich seine Induktionen waren. Natürlich vergaß man dann darüber Schularbeiten und häusliche Pflichten, was natürlich auch nicht ohne Folgen blieb. Als gebranntes Kind behielt er aus begreiflichen Gründen seine Erlebnisse dieser Art schließlich ganz für sich, zumal auch seine Schulfreunde seine Erzählungen für baren Unsinn hielten.

Mangels Echo begann somit allmählich diese geistige Komponente zu veröden, und schon gar als er in den Kriegsdienst einrücken musste, um wie er sagte, den Krieg zu gewinnen.

Drill und Gotteslästerung waren an der soldatischen Tagesordnung, was ihm irgendwie sogar ganz gut gefiel: „Ich schien nicht einmal zu bemerken, dass in meinem Leben etwas abzustumpfen begann.“
Glücklicherweise war sein Schicksal anderer Meinung. Durch Verwundung verlor er in Russland sein linkes Bein und katapultierte ihn in ein erstes voll bewusstes Erlebnis jenseits seines Körpers. Klang- und Farbenreichtum ließen ihn in der gewohnten Umgebung verwirrt erwachen.
Ein wenige Tage vorher gefallener Freund näherte sich ihm in eigenartig schwebenden Schritten und führte ihn behutsam zu seinem verwundeten Körper zurück. Nein, ich durfte nicht bei ihm bleiben. "Du gehörst noch zu den Lebenden und musst in Deinen Körper zurück." Alles das geschah in einer Lebendigkeit, für die es auf unserer irdischen Erlebnisebene keinen Vergleich gibt.
Dennoch, aus seiner naturwissenschaftlichen Erziehung heraus wies er, überheblich gegen sich selbst, den wahrhaftigen Seinsgehalt dieses Ereignisses als Schockphantasie zurück.
Erst fast zehn Jahre später begann ihn die Neugier bezüglich der außergewöhnlichen Lebendigkeit in seiner Erinnerung an das Geschehene zu packen, und er sagte sich, wenn hinter diesem ein Wahrheitsgehalt stehen sollte, müsse sich auf irgend eine Weise eine Wiederholung provozieren lassen.
Just zu diesem Zeitpunkt spielte ihm der Zufall das Kompendium eines Hamburger Heilpraktikers in die Hände. Offensichtlich hatte der Gleiches erlebt. Seine Anweisung zur Wiederholung dieses Ereignisses, die darin enthalten war, schien ihm einleuchtend und er begann zu üben.
Wie Münchhausen sollte man versuchen sich am eigenen Schopfe aus dem Körper herauszuziehen.
Wozu man so alles fähig ist .....! Tatsächlich gelang das nach ca. einem dreiviertel Jahr, die Überwindung sich von abertausend gummibandartigen Verbindungen in Armen und Beinen einzeln und nacheinander zu lösen. Sein Wesen löste sich aus dem liegenden Körper und begann in kindgewohnter Weise zu entschweben."
Wie bei seiner Verwundung fand er sich in gewohnter Umgebung wieder, und wie seinerzeit war alles farbig, transparent und außerordentlich klangreich: Das Klappen eines Ascheimerdeckels erschien ihm wie die Orgie vieler Symphonien. Bäume und Häuser waren von farbiger Schönheit und ungewohnter Wirklichkeit.
Eine sonderbar hutzlige Person schwebte an ihm vorüber und erst im letzten Augenblick erkannte er , dass es sich um einen Mückenschwarm handelte, der zu dieser Person zu gehören schien. Rasen, Bäume und Gebüsche waren belebt durch menschenähnliche Wesenheiten, die ihm zum Teil freundlich zuwinkten.

Heute weiß er, dass er sich in seinem damaligen Zustand in einem Resonanzbereich befand, der etwa dem eines gerade Verstorbenen entspricht.
In Gedankenschnelle konnte er sich in jede Richtung bewegen, was bei ihm den überraschenden Eindruck hinterließ, dass die Gegenstände auf ihn zugeflogen kämen. Panik erfasste ihn und daraufhin retirierte sein Geistkörper in Düsenjetgeschwindigkeit hinein in einen Materieleib. Das tat nicht nur weh, hinterher hatte er rasende Kopfschmerzen, die erst nach Ablauf von einigen Tagen wieder verschwanden.
Nach der dritten einer solchen Exkursion war er deswegen drauf und dran seine Übungen aufzugeben.
Wie jedoch wiederum der Zufall wollte, flatterte ihm ein Yogabüchlein auf den Tisch, dem er bruchstückhaft entnehmen konnte, was er alles falsch gemacht haben könnte.
Neue langwierige Übungsdisziplinen folgten mit dem schließlichen Ergebnis mühe- und folgenloser Exterroisation oder Evokation, wie man eine Astralwanderung zu nennen pflegt.
Viele Lehrjahre waren es, die ihm verdeutlicht haben, dass es falsch ist mit unzureichenden Kenntnissen und unrein in die Welt der Toten bei lebendigem Leibe vordringen zu wollen. Seine Erfahrungen aus dieser Lehrzeit möchte er dem Suchenden mit dieser Niederschrift versuchen nahezubringen.
Dieser Schritt vor **dem Schritt** ist offenbar in Vergessenheit geraten, weil die Materie triumphiert. Geistiges kann man schließlich nicht wie im Supermarkt in die Hand nehmen.
Eingesperrt in ein Gitter aus Wissenschaftlichkeit sind wir nicht mehr in der Lage, die natürlichsten Notwendigkeiten zu erkennen und nur deswegen, weil diese nicht in jedem Falle mit unseren irdischen Maßbändern zu erfassen sind. Aber Gott ist nun einmal **unermesslich** viel größer als unsere winzige kleine Wissenschaft und unsere fatalen Wirtschaftszwänge.
Die wissenschaftliche Analyse einer schönen und geistvollen Frau würde Angaben über den Gehalt an Aschen, Mineralien, Fetten und Kohlehydraten ergeben. Nicht einmal die Beschreibung des Lebens an sich würde dabei herausspringen, geschweige denn eine Beschreibung der Person und ihrer Sehnsüchte.
Ich erinnere mich diesbezüglich an meinen Physikprofessor Peter Paul Koch: Er sollte uns eine Vorlesung über Schwingungen zelebrieren und er begann diese mit den Worten: „Meine Damen und Herren, was ich Ihnen über Schwingungen sagen kann ist eigentlich gar nichts. Stellen Sie sich bitte eine Strecke zwischen Hamburg und dem Mond vor und tragen darauf ein tausendstel Millimeter ab, das meine Damen und Herren ist, worüber ich in der Lage bin in diesem Referat mit Ihnen zu reden.
Max Plank, den ich kurz vor Kriegsende als kleiner Studiosus ansprechen durfte, antwortete mir auf meine Frage nach der Art der elektrischen Energie:

>Wer Ihnen darauf eine schlüssige Antwort zu geben vermag, ist entweder ein Jahrhundertgenie oder ein Scharlatan. Glauben Sie ihm nicht. Wir stehen erst ganz am Anfang des Erkennens und nicht am Ende.“
Aus seinen vielschichtigen Erlebnissen hat der Verfasser neue alte Wege entdeckt und aufgetan.
Hier nun seine Einführung.
Der Chronist

Dr. Rudolf Rabe

Herr, der Du in unserem Herzen lebst,
erwecke uns zur Größe Deines Wirkens.
Erlöse uns vom Banne des Begehrens,
von kleinen Zieles Knechtschaft,
vom Wahne enger Ichheit.
Erleuchte uns mit Deiner Weisheit Licht.
Durchdringe uns mit Deiner Liebe Glut,
die auch das Dunkel einschließt und erfasst
wie das Licht den dunklen Kern der Flamme,
wie der Mutter Liebe
das neue Leben im Dunkel ihres Schoßes,
wie der Erde Leib
des Samens zarten Keim.
Lass uns Deines lebendigen Lichtes Same sein.
Gib uns die Kraft
der Selbstheit Hülle zu sprengen
um gleich dem Samenkorn
zu größerem Leben zu erwachen;
zum All umfassenden Leben
Deiner Liebe,
zur All umfassenden Liebe
Deiner Weisheit

Tibetanisches Gebet, leicht modifiziert, entnommen aus "Der Weg der weißen Wolke"

Dieses Gebet ist eine ganz besondere Einführung in die Esoterik. Wer es mit wachem Bewusstsein zu lesen vermag, bräuchte eigentlich überhaupt kein Buch mehr zu lesen.
Jedes Wort strahlt lebendigste Schwingungen aus, und wer diese zu empfinden vermag, kann alles, weiß alles und erkennt alles.
Er kennt die ganz große Liebe und wäre ein Guru.
Ich kann und will von mir nicht behaupten, dass ich einer wäre. Allenfalls bin ich ein guter Lehrer, weil ich ein schlechter Schüler gewesen bin.
Zwar habe ich eine strenge magische Schule durchlaufen, bin deswegen jedoch auch kein Magier.
Die Ableitung von Magier heißt *Magister*.
Ich sagte es schon: ich bin ein Magister, ein Lehrer mit fest umrissenen esoterischen Aufgaben, wie so viele andere, auch wenn diese sich Guru nennen lassen.
Eines aber nehme ich mir zuvörderst heraus als Magister; ich werde Dich Leser duzen, man kann nämlich viel besser du Dussel sagen als Sie Dussel.
Meine Aufgabe liegt in dieser kleinen Abhandlung zusammengefasst vor dir.
Jenen vergessenen Schritt möchte ich dir bewusst machen, der dich bisher gehindert hat, die Reifung zu vollkommnen. Jener Schritt ist es, der getan werden sollte, vor kontemplativen Übungen und schon gar vor Meditationen.
Zum Verständnis dieses Schrittes steht zunächst die Klärung verschiedener Begriffe an, ohne deren Kenntnis eine Verständigung im esoterischen Bereich unmöglich sein dürfte.

Esoterik

Was bedeutet das. Das Wort stammt aus dem Griechischen und heißt *geheim.*
In Wirklichkeit ist nichts auf der Welt geheim. Du musst es nur erkennen wollen. Was also soll dieses Wort, und ausgerechnet für den geistigen Bereich.
Nun es ist noch gar nicht lange her, dass alles was den Mächtigen missfiel, ob weltlich oder geistlich, einer gnadenlosen Inquisition anheim fiel.
Notwendigerweise waren die Menschen gezwungen, deren geistiger Horizont über den ihrer Zeitgenossen hinausging, Geheimbündelei zu betreiben, wenn ihnen daran gelegen war, ihr Wissen mit anderen zu teilen. Selbst heute noch läuft der Esoteriker Gefahr von seiner Umgebung verteufelt zu werden.
Ein weiterer Grund für dieses Wort ist aber auch die Tatsache, dass nicht alles geschrieben werden kann, was noch aussprechbar ist, und dass nicht alles aussprechbar, was mitgeteilt werden kann, wobei das Mitteilbare meistens geheimnisvolle Wege der Übermittlung geht, an der Grenze zwischen Bewusstsein und Unbewusstsein.

Okkultismus
wäre eigentlich ein dem Sinn entsprechenderes Wort für Esoterik. Okkult ist etwas nicht Sichtbares. Lange Zeit wurde dieses Wort auch sinnentsprechend verwendet. Im Wandel der Zeitläufe verlor jedoch dieser Begriff seinen umfassenden Rahmen, weil Modeerscheinungen den Okkultismus prägten durch den Versuch, Unsichtbares sichtbar zu machen. Diese Rückkoppelung aus dem Unbegrenzten ins Begrenzte hatte zur Folge, dass der Okkultismus sich selbst begrenzte.
Mittels Beschwörungsformeln versuchte man Geistwesen aus dem astralen Bereich erscheinen zu lassen.
Tischchenrücken, Buchstabenpendeln, Planchettesitzungen und Medienbefragung wurden und werden dazu benutzt, um Auskunft über Verstorbene zu erhalten.

Ohne Rücksicht auf Persönlichkeitsrecht, auch in jenseitigen Verhältnissen, wird nicht Sichtbares zur Verdichtung zitiert und z. T. gezwungen.
Esoterik meint jedoch nicht *Verdichtung,* sondern *Lösung* von Materie.
Ich finde es aus all diesen Gründen passend, dass Esoterik sich gegen den Okkultismus abgegrenzt hat; schon das Wort selbst passt zwar dem Sinn nach nicht so ganz, jedoch seinem geheimnisvollen Klang nach scheint es mir außergewöhnlich gut gewählt. Somit hat dieses hoch schwingende Wort sich seinen Platz auserwählt, um das Geheimnisvolle zu repräsentieren.
Seit Urzeiten haben sich Generationen mit der Suche nach dem Geheimnisvollen, mit mehr und auch weniger Erfolg gemüht. Eine fast unübersehbare Fülle entsprechender Literatur führt den nicht enden wollenden Nachweis, mit wie viel Ernsthaftigkeit und Scharlatanerie geforscht und betrogen worden ist.
Tenor der Ortsbestimmung in der ernst zu nehmenden esoterischen Literatur ist das Wort Meditation.

Meditation
Sie bezeichnet die Suche nach dem kleinsten Punkt in deinem oder meinem Universum, die Mitte des Wesens schlechthin. Der Laie wird fragen, was ihm schon dieser imaginäre Mittelpunkt bedeuten könne.
Ein Mittelpunkt ist , von der Peripherie her gesehen, immer ein ruhender und neutraler Punkt.
Denken Sie bitte an die Mitte eines Magneten, über dessen Mittelpunkt energetisch gesehen **null** ist.
Ein weiteres Beispiel mag das Kreuz darstellen: Jeder Rutengänger oder Pendler wird dir bestätigen, dass im absoluten Mittelpunkt kein Ruten- oder Pendelausschlag zu registrieren ist. *Null*!
Null ist jedoch noch lange nicht gleich Null, nicht Nichts. Im Gegenteil, die höchste Energiekonzentration steht hier auf dem Sprung, Leben zu schöpfen.

Dieser neutrale Punkt bedeutet folglich die Darstellung des Universum auf kleinstem Raum. Der Punkt als Symbol für die höchste Form der kosmischen Verdichtung steht der undenkbar größten Erweiterung, nicht nur symbolisch, gegenüber: *Materie,* hier stellvertretend für unsere Erde, dort der *Kosmos* in seiner gedanklichen Unfassbarkeit, dazwischen das *Spannungsfeld allen vorhandenen Lebens.*
Beide Pole posieren für uns diametral: Hier die ruhende große kosmische Energie und dorten die höchste Verdichtung und dazwischen das Chaos der Schöpfung.

Allvater schöpfte den Odem und sang vom Licht
und gebar seinen Sohn Agni.
Der wuchs heran und es entflammte ein Kampf
zwischen ihm und der Dunkelheit
und es vermischten sich die Elemente
und es ward daraus GINGACHGAGAB
das Chaos.

So haben es unsere Ahnen gesehen. Ihre Erfahrungen versuchten sie uns zu treuen Händen weiterzureichen. Welche Erfahrungen wirst du fragen. Nun, die der Meditation, die in fernen Zeiten offensichtlich noch viel besser gekannt und beherrscht wurden als heute.
Ich möchte sogar behaupten, dass es sich um Wissen und Erfahrungen längst vergangener Höchstkulturen gehandelt haben muss, vor deren Trümmern wir heute stehen, um die Scherben bruchstückweise wieder zusammenzusuchen.
Die Meditation ist eine der Möglichkeiten, um mit diesem geistigen Erbe wieder in Verbindung zu treten.
Ich habe soeben die Zweiseitigkeit der Schöpfung postuliert. Nichts Neues wirst du antworten, natürlich hat alles zwei Seiten. Das bestätigt sogar die Wissenschaft.
Weit gefehlt. Die Wissenschaft bestreitet das erbittert, wenn es sich um den geistigen Sinngehalt des Lebens handelt.
Leben ist für den Wissenschaftler einmalig und einseitig.
„Der Tod, dein Feind," predigte vor kurzem ein Eutiner Geistlicher anlässlich einer Beerdigung.
Selbst in vielen Religionen ist die Zweiseitigkeit des Lebens nicht mehr gegenwärtig und schon gar nicht im Christentum. Machtmonstren wie Zivilisationen und Materialismen gewinnen aus ihrer materiellen Gewichtigkeit zwangsläufig immer wieder die Oberhand.

Das ist auch gut und richtig, denn welchen Reifungswert hätte wohl die Erde ohne Zwistigkeiten, Meinungsunterschieden und Spannungslosigkeiten. Erst sie zwingen den Menschen nachzudenken, Erkenntnis zu suchen und Weisheit zu schöpfen.
Wie schon erwähnt sind Erkenntnisse seit allen Zeiten all überall vorhanden gewesen, ohne jemals geheim gewesen zu sein. Je nach Kulturkreis verbergen sie sich in unterschiedlichen Gebräuchen und Riten. Wenn auch Zeitgeistiges von Generation zu Generation versucht hat zu modifizieren, nach Launc und Mode, so hat sich doch die innere Substanz unbeschadet erhalten können. Die Religionen haben zur Überlieferung nicht unerheblich beigetragen. Und so unterschiedlich die Religionsformen auch sein mögen, ihr Wesen ist im Kern bei allen gleich. Alle wollen die *Rückbesinnung*. Schon das Wort RE LIGIO drückt das frei übersetzt aus.
Jedem Wesen, auch dem Menschen ist sie eingeboren, so areligiös es oder er auch sein mag und wie spät diese Erkenntnis aufzudämmern beginnt.
Das Wort *Rückbesinnung* vermittelt uns schon eine entscheidende Erkenntnis. Die *Erwerbnis*, das *Erlebnis des Weges zurück*, weist zwei sehr unterschiedliche Stationen auf: zum einen den Weg zu sich selbst und dann den über sich selbst hinaus.

Selbstverwirklichung
Es ist ein Wort mit fatalem Klang, bei dem geflissentlich die Silbe *ver* überhört wird. Sie birgt in jedem Falle etwas *Ver*kehrtes, *Ver*rücktes, *Ver*fälschtes in sich; und so frage ich jugendliche Heiratskandidaten ob sie sich verheiraten oder trauen lassen wollen.
Gut, die meisten möchten Ersteres; aber gerade an diesem Beispiel mag dir die Erkenntnis dämmern, was wohl gemeint ist.
Der Weg zu sich selbst möchte sich nicht unmäßig lang gestalten und nicht zu einem Endziel kultiviert werden. Jedenfalls scheint es mir frivol diesen Vorgang mit Meditation zu belegen, wie es leider heutigen Tages immer wieder geschieht. Wenn eine Selbstfindung zur Meditation führen soll, muss unter allen Umständen die Kontemplation über lange Zeit vorangehen.

Kontemplation
Sie ist Disziplin und der erste Schritt über sich selbst hinaus! Meditation ist Lösung, Lösung von der Lösung, Lösung vom Körper. Sie kann erst in Betracht gezogen werden, wenn die Kontemplation Selbstverständlichkeit geworden ist. *Der erste Weg über mich hinaus,* muss so selbstverständlich geworden sein wie beim Schriftsteller das Schreiben.
Die Möglichkeit, wie weit ein Mensch seinen Weg in diese Richtung beschreiten will und kann, liegt verankert in seiner Bereitschaft zur Disziplin. Schicksal? Nein, nein, man kann sein Schicksal auch verschlampen.

Bleiben wir zunächst beim Erlernen des Schreibens, der Kontemplation. Das Wort kommt aus dem Lateinischen und bedeutet Beschaulichkeit neben Gott. Hier ist allerdings nicht Gemütlichkeit gemeint, sondern sie hat etwas zu tun mit Anschauen, und zwar mit der Disziplin genauen Betrachtens neben Gott; d.h. im geistigen Bereich. Der Adept soll lernen das Angeschaute in sich so bewusst zu machen, dass er es malen oder zeichnen könnte. Da fällt mir der Ausdruck Anschauungsunterricht ein.

Um solches einwandfrei leisten zu können, bedarf es ganz fest umrissener, unverzichtbarer und seit Urzeiten bekannter Voraussetzungen.

Es ist heutzutage um so schwieriger diese zu erfüllen, weil die Moderne sie als unmodern verschrien hat. Zum Teil sind sie einfach schon vergessen.

Dieser **vergessene Schritt** meint die Reinigung von **Körper, Seele** und **Geist.**

Der vergessene Schritt Teil I

Bevor ich es unternehme, alt erfahrene Wege freizulegen, werde ich versuchen eine Standortbestimmung dreier Begriffe vorzunehmen: *Körper, Seele und Geist.*

Körper

Nun, wirst Du sagen, das ist doch alles, was man anfassen kann. Das stimmt zwar, ist jedoch noch lange nicht alles. Zum Körper gehört eine ganze Menge mehr, abgesehen davon, dass wir aus der Atomphysik wissen, dass das Anfaßbare nicht mehr an Materie enthält als gar nicht messbar ist. Gemeint ist jetzt die s.g. absolute Materie.

Sie, die absolute Materie der ganzen Erde, geht wie ich gelesen habe, zwanglos in einen Fingerhut hinein. Was also ist Materie, was ist unser Körper?

Ich will versuchen, dir eine Vorstellung zu vermitteln: Die Erde umkreist die Sonne in einer elliptischen Bahn in einem durchschnittlichen Abstand von 150.000.000 km. Ihr eigener Durchmesser beträgt ca. 1.392.700 km. Beides ist kaum vorstellbar. Würde man dieses Modell um 1:10 verkleinern, dann hätte unsere Sonne einen Durchmesser von 14 cm, etwa die Größe einer mittleren Apfelsine. Die Planeten, die die Sonne umkreisen, hätten dann einen Abstand von Merkur 6m, Venus 10 m, Erde 15 m, Mars 23 m, Jupiter 78 m, Saturn 143 m, Uranus 287 m, Neptun 450 m und der kleine Pluto 592 m. Schon diese Ausmaße sind kaum noch vorstellbar. Beziehen wir in dieses Verkleinerungsmodell den nächsten Fixstern, Alpha Zentauri ein, der von der Sonne 40 Billionen km entfernt ist, würde das in unserem Modell bedeuten, dass ca. 4.000 km zwischen Erde und diesem liegen.

Bei hundertfacher Verkleinerung hätten die Sonne und Alpha Zentauri die Größe eines Stecknadelkopfes. Sie stünden nunmehr ca. 40 km auseinander. Die Kräfte, die die Gestirne in ihrer Ordnung halten, sind immateriell und nicht sichtbar.

Die gleichen Kräfte und Größenverhältnisse bestehen auch im Mikrokosmos. Ein Atom hat den Durchmesser von einem 10millionstel Millimeter. In diesem befinden sich ein Atomkern, der von unterschiedlich vielen Elektronen umkreist wird, ähnlich wie die Sonne. Dieses Atom wäre vergleichbar einem Sonnensystem. Hätten wir nun die Möglichkeit, einen Atomkern auf 14 cm zu vergrößern, dann hätte das gesamte Atom ca. einen Durchmesser von 14 km. Die den Kern umkreisenden Elektronen hätten in diesem Modell etwa die Größe von einem zehntel Millimeter. Betrachtet man in dem vergrößerten Modell die Abstände der einzelnen Elektronen zum Atomkern, so würden die Atomschalen zwischen 140 und 7.000 m liegen. Das hieße jetzt übersetzt, du müsstest in einem Boot auf einem großen See schwimmen, eine Apfelsine in deinen Händen halten und an einer 7 km langen Schnur ein Elektron um dich

herumschwingen, das eine Größe von einem zehntel Millimeter hat. Das nächste Boot müsste 1.000 km weiter weg sein. Dazwischen ist nichts, was die Wissenschaft als Materie identifizieren könnte. Dieses ordnende Prinzip ist Bewusstsein, Liebe, Zeit oder Schöpfung, ganz gleich wie wir es nennen wollen. Unsere Vorfahren haben es Akasha genannt.
Die große Frage taucht jetzt auf: Ja, was sind wir denn eigentlich?
Die Antwort lautet: Wille zu ganz bestimmten Formen, und Geschwindigkeit. Geschwindigkeit ist eben wirklich keine Hexerei. Wirf getrost einen Tennisball gegen den laufenden Propeller eines Flugzeugs, so springt er zurück wie von einer Tischplatte. Wenn wir folglich Materie berühren, fassen wir nichts weiter an als modifizierte Schwingung.
Zur Modifikation gehört jedoch mindestens eine Idee, wenn nicht gar ein Bauplan.
Baupläne werden meines Wissens nach mittels des Intellektes geboren. Der Bauplan, die Matrize als übergeordnetes Prinzip der Materie, würde im medizinischen Bereich dem *Mesoderm* zugeordnet sein. Knochen, Bindegewebe und alles Feste, quasi alles Männliche gehört in diese Sparte. Jawohl, das männliche Prinzip wird durch den Intellekt repräsentiert. Er baut Häuser und zerstört sie auch wieder. Zäune, Schubfächer, Akten, Rechner, Bildschirme, Waffen, Atombomben, Reaktoren und Laserkanonen sind Ausgeburten im positiven wie auch im negativen Sinne.
Der Intellekt ist der Bauplan und entstammt dem Reich der Lemuren

Die Seele
ist nicht viel besser als ihr männlicher Bruder. Bitte verwechsele nicht die Seele mit dem Geist. Sie ist das weibliche Prinzip im Menschen und das, was der Psychologe als Psyche bezeichnet. Sie ist Gefühl schlechthin, Thermostat für Hitze und Kälte, für angenehm und unangenehm, für alle möglichen Gefühlsgegensätzlichkeiten im Leben eines Menschen.
Wie ihr männlicher Bruder ist sie Regulator für Positiva und Negative in deren Grundmuster.
Sie kann weder lieben noch herrschen wie das geistige Prinzip. Sie fühlt, dass etwas abstoßend ist oder besonders schön, Sie ist himmelhoch-jauchzend und zu Tode betrübt, begeistert oder traurig, heiß oder kalt, oben oder unten, stumpf oder scharf, gestern oder morgen, gut oder böse. So sind ihre Ausdrucksmöglichkeiten. Trotzdem versucht sie all zu gerne zu herrschen, wird dann nur zur Beherrscherin mit allen positiven und negativen Auswüchsen. Gut und böse sind aus ihr verursacht, und so kann sie sich lediglich verlieben, verirren, verzweifeln, verwünschen und vieles andere mehr.
Die Heimat der Seele ist im körperlichen Bereich der Organfunktionen zusuchen. Ihre medizinische Zuordnung bezieht sich auf das *Entoderm.* Nahrungsaufnahme im gröbsten wie auch im feinsten Sinne, hin bis zum Basisge-

schehen der Atmung, gehören in diese Sparte. Hier ist auch die Verbindung zur jenseitigen Schwingungswelt zu finden.
Die Psyche oder Seele ist zu verstehen als Feinmaterie im Astralen. Wie der Intellekt ist auch sie dem materiellen Bereich zugehörig. Beide zeichnen sich aus durch Zweiseitigkeit oder Bipolarität.

Der Geist
Er ist im Gegensatz zu den beiden anderen in seiner Struktur eindeutig. Für ihn existiert nicht Räumlichkeit, Begreiflichkeit oder Teilbarkeit. Insofern ist das Wort Struktur nicht richtig gewählt; aber wie so oft im esoterischen Sein fehlen die entsprechenden Vokabeln, die eben für uns immer nur Tangenten im Begrifflichen finden.
Empfindung und Liebe sind im Geistigen zu Hause. Bewusstsein, Motivation, Ordnung, Klarheit und Wille in ihrer eindeutigen Form prägen seinen übergeordneten Standort.
Dementsprechend finden wir seinen körperlichen Ausdruck im *Ektoderm.* Nerven und Haut sind dem *Ektoderm* entsprossen und sie halten für uns mehr oder weniger gut die Verbindung zum großen kosmischen Geschehen offen, je nachdem, wie wir diese spezifischen Gewebe gepflegt haben.

Mesoderm, Entoderm und Ektoderm
sind den meisten Menschen kein Begriff. Da ich jedoch häufiger auf diese Bezeichnungen zurückgreifen werde, möchte ich versuchen, diese in aller Kürze zu erklären.

Abb. 0

Zellhäufchen, Morula benannt — A

Durch Zellteilung ordnet sich dieses schließlich zu einem Keimbläschen, der Blastula — B

Dieses stülpt sich sodann ein zu einer Primitivform, die dem Pantoffeltierchen im Dorfteich ähnelt — C

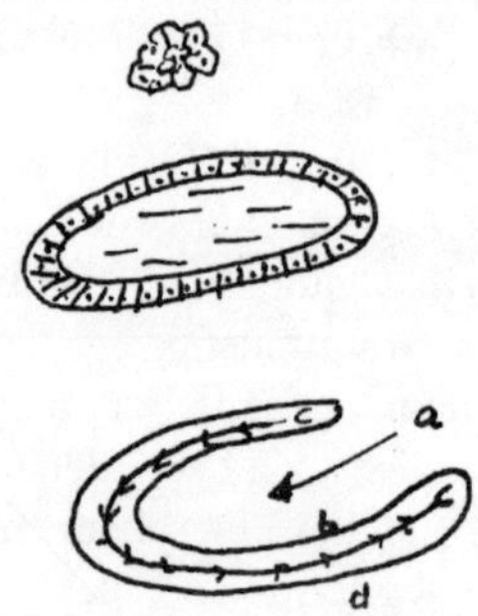

Ein Urdarm ist entstanden,(a), bei dem noch der zweite Ausgang fehlt.

eine innere,(b), und eine äußere,(d), Oberfläche haben sich gebildet.

Die Flüssigkeit des Keimbläschens ist eingetrocknet,(c), und bildet den Grundstock unseres Knochensystems und der Wirbelsäule

a	Urdarm mit nur einem EIN - und AUSGANG
b	ENTODERM, innere Oberfläche = Organe
c	MESODERM, Knochen und Bindegewebe
d	EKTODERM, Haut und Nerven

Bei der Entwicklung eines Menschen präsentiert sich nach der Befruchtung der Eizelle zunächst im Mutterleib ein scheinbar ungeordnetes Zellhäufchen, Morula benannt. Durch Zellteilung ordnet sich dieses schließlich zu dem s.g. Keimbläschen, der Blastula. Dieses Bläschen stülpt sich nach gewisser Zeit ein zu einer Art Pantoffeltierchen. Ein Urdarm ist entstanden, bei dem noch der zweite Darmausgang fehlt.
Die im Keimbläschen enthaltene Flüssigkeit ist derweil eingetrocknet und bildet eine feste Schicht, aus der später Knochen, Sehnen und Muskeln entspringen. Dieses Keimblatt wird *Mesoderm* genannt.
Das Innere unseres Pantoffeltierchens ist Keimblatt für alle Organe und den Darm selbst. Seine Bezeichnung ist *Entoderm.*
Natürlich ist nun auch noch die Außenschicht als Haut vorhanden. Aus dieser Schicht entwickeln sich schließlich Haut und Nerven. Dieses bezeichnet man als *Ektoderm,* das äußere Keimblatt (Abb. 0).

Reinigung der Dreieinheit
Wir waren von der Feststellung ausgegangen, dass zur Selbstfindung und der darüber hinausgehenden Kontemplation und evtl. der Meditation eine gründliche Reinigung von Körper, Seele und Geist unverzichtbar sei. Geschieht das nicht, ist es aus vielerlei Gründen nicht möglich, *den Weg* zu finden.
Wer nicht in der Lage ist, ohne regelmäßige Selbstdisziplin *einfach* und *rein* zu sein, kann mit dem besten Willen wohl starten, nicht aber an Höhe gewinnen. Seine Erdenschwere hält ihn konsequent auf der Erde zurück. Stell dir vor, du seiest eine Weltraumrakete; verzeih mir den Vergleich; nach neun Monaten aus der Vorfertigung im Mutterschoß geboren Abb. 1.

Abb. 1

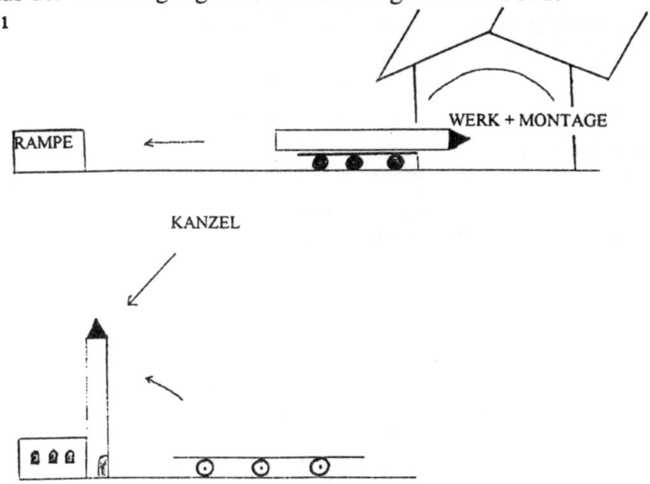

Mit der Entwicklungsphase im Elternhaus der Werkshalle beginnt schließlich auch das Schulalter, während dessen der Astronaut lernen soll mit seiner Rakete umzugehen.
Endlich ist es soweit, dass der heranreifende Mensch beginnt, sein näheres Umfeld zu verlassen: Die Rakete rollt bedächtig auf einer Lafette zur Startrampe.
Die Berufsausbildung hat eingesetzt. Dem heranreifenden Menschen bietet sich die Chance, neben seiner körperlichen Entwicklung, Erkenntnis zu erkennen. Wird er diese nutzen, um in den Kosmos vorzustoßen?
An der Startampe angekommen wird er erkennen müssen, dass der Start nur in aufgerichteter Form vorgenommen werden kann. Man spricht dann vom aufrechten und aufrichtigen Menschen.
Der Raketenmechanismus sollte natürlich funktionsgerecht und in Höchstform sein, um den aufzutankenden Treibstoff auch optimal zu verbrennen. Das gilt selbstverständlich auch für den Treibstoff. Er bedarf höchster Qualität, um nicht eine tödliche Katastrophe auszulösen.
Luftfilter, Kühlung und Abstrahlungsanlage haben gleiche Qualitätsanforderungen zu erfüllen, vergleichbar unserer Flüssigkeitsaufnahme, Nahrungsaufnahme, der Atmung, der Sekretion und Ausscheidung über Darm und Nieren.
Aber auch das ist noch nicht alles: Neben der einwandfreien Lebenshaltung bedarf es feinst geeichter Orientierungsaggregate, damit man immer die richtige Richtung findet, und letztlich sollte unser Weltraumkapitän mit seinen Gerätschaften so vertraut sein, dass er auch in Notfällen *recht zu handeln* versteht. Bewusstsein und Klarheit sind folglich wichtige Voraussetzungen, kontemplativ bzw. meditativ tätig zu werden.
Wer diesen Reinheitspfad nicht meint erreichen zu können, sollte den geistigen Weg nicht mal nur hier oder dort probieren. Es droht Gefahr der Zersplitterung und Diffusion in Geistesrichtungen, die weder gekannt noch nachvollzogen werden können.
Ich spreche von verschiedenen Kulturkreisen, Religionen, Philosophien, Lehren und Volksriten.
Ohne Frage haben alle einen gemeinsamen Kern. Schließlich ist Gott überall und überall gleich; aber die Erkenntnis dieses Umstandes ist zumeist so verschüttet, dass Krieg und Mord Gottes Dasein rechtfertigen sollen. Außerdem hat jeder Landschaftssprengel, jede Religion, jede Volksgruppe einen riesen Popanz an Riten und Gebräuchen um ihre geistige Einstellung herum aufgetürmt, dass keiner den Kern mehr erkennen kann.
Wem bekannt ist, dass jeder Gedanke eine materieschöpfende Wirkung durch Schwingungsänderung verursacht, weiß auch, dass durch die ungeheure Vielfalt, der sich an Religionen anheftenden Gedanken, riesenhafte Gott- und Göttervorstellungen angeheftet haben, in denen sich ein Nichtwissender heil-

los verfangen kann. Sei es nun mittels des Buddhismus im asiatischen Raum, mit 10.000fachen Wiedergeburten, sei es durch den Islam aus Mittelasien und Afrika mit seinen beherrschenden Riten und Vorstellungen oder sei es auch über unser heimisches Christentum, mit seinem Tode bis zum jüngsten Tag.
In jedem Falle ist des Vergessenen oberstes Ziel: **Reifung**.
Was aber, wenn ein Europäer, der ohnehin nichts von Wiedergeburt weiß oder wissen will, hineinschliddert in eine Einweihung buddhistischer Prägung. Shiva oder irgend ein anderes Mantram wird ihm zur ständigen Wiederholung oktroyiert, und schon ist er, ohne es zu wissen, in einen Strudel von zehntausendfacher Wiedergeburt hineingerissen. Allein steht er der Materie gewordenen Gedankenwelt abermillionen Gläubiger buddhistischer Gedankenwelt gegenüber. Riesig, gewaltig und mächtig sind Mantren wie **Han, Vishnu, Om** oder **Shiva**, o. ä.
Wer vermag sich ohne Kenntnis dagegen zur Wehr zu setzen oder zu verarbeiten?
Umgekehrt ist es schon makaber genug, wenn jemand gläubig dem Christentum verhaftet ist. Die Version von der Wiedergeburt am Jüngsten Tag verurteilt den Heimgegangenen zu strammer Haltung auf seinem Sarg bis zum Tag Sankt Nimmerlein. Missverständnis aus Verkennung sprachlicher Entwicklung hat zu dieser absurden Deutung geführt.
Jeder erlebt bei seinem Tode seinen ureigensten jüngsten Tag. Sprachlich gebräuchlich ist das Wort *jüngst* bisher keineswegs außer Mode gekommen. Jüngst hat mir ein Sprachforscher das bestätigt.
Bei jeder Geburt wird ein *JÜNGSTER TAG* erlebt und beim Tod desgleichen. Jenseits dieses unseres Körpers fangen wir nämlich praktisch wieder bei null an, wie man in der Fliegersprache zu sagen pflegt, wenn man seinen Standort gewechselt hat.
Zehntausende Fäden verbinden Körper, Seele und Geist. Bei jedem Tod und bei jeder Exterroisation müssen diese gelöst und bei jeder Geburt von neuem geknüpft werden. Sogar jeder Schläfer vollzieht diesen Akt in der Einschlaf- und Aufwachphase.
Ursprünglich hat das sicher der Buddhismus gemeint mit seinen 10.000 Wiedergeburten.
Wie oft wir denn nun wirklich wieder auf diesen unseren Stern geboren werden? Das hängt ausschließlich vom Reifegrad eines Wesens ab. Es kann ein einziges Mal sein und es können viele, z. T. sogar sehr viele Male sein. Das, Freund, hängt einzig und allein von deinem Verhalten ab. Unsere Gedanken sind es, die unsere Wirklichkeiten schöpfen.
Hier wird beispielhaft und abschätzbar, wie Wirklichkeiten entstehen. Eigentlich sollte Religion **Lösung** oder **Erlösung** bedeuten und nicht **Bindung.** Mein dringender Rat heißt deshalb: *Hüte dich vor jeder VERbindung. Sie ist*

lebensfeindlich und immer bedrohlich für die Entwicklung, auch wenn man es vielleicht zunächst nicht wahrnimmt.
Zutrauen ist etwas entscheidend anderes. Es lässt Freiheit gewähren, weswegen eine Trauung etwas anderes ist wie wenn man sich **ver**heiratet. Eine Bindung verbirgt sich all zu gern hinter sozialen Floskeln. Traue ihnen nicht.

Motivation
Sie ist für die Entfaltung eines Menschen grundlegendste Entscheidung, mit der zwangsläufigen Folgeerscheinung von Bewusstwerdung. Vor diese Entscheidung sieht sich irgendwann jeder Mensch gestellt: *Willst du deine Lebensmotive egoistisch/egozentrisch auf dich selbst richten und damit zur höchstmöglichen Verdichtung streben als Herrscher aller Reusen mit Reichtum, Geiz, Herz aus Stein, Krebs oder jeden anderen verhärtenden Krankheit; oder willst du dich über dich hinaus lösen, helfen, befreien, erlösen?*
Diese Entscheidung scheint offenbar sehr schwer zu sein. Was hindert den Menschen über sich hinauszuwachsen?
Eine kleine Auswahl interessanter Motivationen, die mir von Schülern anvertraut wurden, mag dir zeigen, wie leicht es passieren kann ein Motiv für rein zu halten, obgleich von Anfang an hochprozentige Verdichtung und Rückkoppelung erkennbar war. Verständlicherweise liegt der Wunsch nach Gesundheit an vorderster Stelle. Wie sieht jedoch dieser Wunsch in esoterischem Sinne aus?
Einerseits sollte man erkennen, dass Gesundheit nur die andere Seite von Krankheit ist. Nebenbei bemerkt wäre es grundsätzlich unrichtig von deren Mehrzahl zu sprechen. Gesundheiten sind dir vermutlich auch nicht in der Mehrzahl bekannt.
Krankheit ist also eine Funktion der Gesundheit, und wenn einem diese bewusst geworden ist, sollte der Schritt nicht mehr all zu groß sein zu der Erkenntnis, dass beide Schicksal bedeuten.
Der Wunsch nach Gesundung ist infolgedessen ein auf mich selbst gerichteter, gleichzusetzen mit Rückkopplung in Richtung Materie.
Tatsächlich ist es so, dass Krankheit oder Leiden als Schicksal erkannt und angenommen, nicht mehr vorhanden sind. Gemachte Schularbeiten sind nun einmal nicht mehr als Arbeit vorhanden.
Lao dsi (Laotse) sagt dazu: "Alles was du fortgibst wird dir geschenkt, was du behältst wird dir genommen."
Logisch,-----, schwer?
Jeder Wunsch für meine Person wäre in jedem Falle egoistisch und oft auch egozentrisch.
Stellt man aber die Krankheit unter den Aspekt der Reifung, so wird man feststellen, dass die Chance dazu in Krankheit oder Leiden wesentlich größer ist als im Wohlsein.

„Wünsche kriegen Kinder", spricht der Volksmund. Da jede Funktion umkehrbar ist, lässt sich auch diese Floskel umkehren. Leiten wir also ab, dass jeder Wunsch eine Verdichtung bedeutet, hinein in die Materie. Das Motiv im esoterischen Sinne ist deutlich genug, um sich heute und jetzt entscheiden zu können.
Wie will ich mein Leben gestalten? Soll alles auf mich gerichtet und kapriziert sein, Abb. 2a, oder möchte ich im **Du** und fort von meinen persönlichen Belangen mein Leben gestalten. Abb. 2b?

Abb. 2

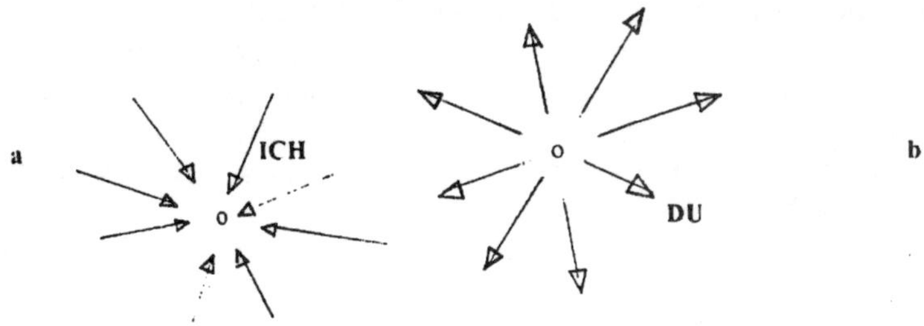

Ein von jungen Menschen oft vorgebrachter Wunsch ist der nach *kosmischem Erwachen.* "Bitte pendeln Sie doch mal, wann ich kosmisch erwache, und wer wird zuerst erleuchtet, **ich** oder mein Freund. „Road mi, road mi good, aber road mi ni af," sagt der Plattdeutsche. „Rate mir, rate mir gut, aber rate mir nicht ab," zu Hochdeutsch.
Der Fragende wollte natürlich hören, dass er der erste sein würde, möglichst schon vorgestern, weil er sich für unglaublich talentiert hielt. Eine solche Frage offenbart nicht nur Eitelkeit und Konsumdenken, sie schließt von vorn herein eine esoterische Entwicklung, geschweige denn eine Erleuchtung, aus.
Die Befragung dieses Freundes fiel zu meiner großen Überraschung völlig anders aus: „Och, dat is mi doch schietegal, is mi dat doch." Hochdeutsch übersetzt hört sich das nicht besonders gut an und darum lasse ich das auch. Sie werden schon verstehen, dass hier eine völlig andere Mentalität ihren Weg sucht. Aus diesem jungen Manne kann etwas werden.
Ebenso häufig werde ich nach **Geld und Reichtum** gefragt, und das ist wohl der stärkste Tobak an Wünschen in die falsche Richtung. Habsucht, Einengung, Verfestigung und Sorge um Besitz, lassen schließlich keinen Raum mehr für geistige Belange und es entsteht in seiner Endkonsequenz das schon erwähnte steinerne Herz des Geizigen mit allen seinen negativen Folgen. In den siebziger Jahren kam eines Tages ein Patient zu mir, der aus der damaligen DDR in den goldenen Westen entwichen war. Irgendwo hatte er in seiner Heimatstadt eine kurze, unvollkommene magische Ausbildung genossen. Als Zauberlehrling, geblendet von all den schönen Sachen im Westen, hatte er sich als erstes einen großen amerikanischen Straßenkreuzer magisch kontem-

plativ gewünscht und auch in kürzester Frist erhalten. Geschenkt, versteht sich.
Wenige Wochen später erzählte er mir, sei ihm auf gleichem Wege ein Haus mit 12 Zimmern zugefallen; aber damit nicht genug hatte er sich auch noch eine reiche, schöne Frau dazu kontempliert. Auch sie hatte er bekommen. Wenig später rollte die Lawine abwärts. Zuerst setzte er seinen Prunkwagen gegen einen Chausseebaum. Nicht lange und sein Zwölfzimmerschlösschen brannte ihm ab, und von nun an entpuppte sich sein reiches Weibchen als habgierige Xanthippe, die sich postwendend scheiden lassen wollte.
Nun, da Holland in Not war, kam er zu mir. Nicht die Magie war schuld an seinem Pech. Der kleine Zauberlehrling hatte vergessen an die Motivation zu denken.
Nicht die Magie ist schwarz oder weiß, der Magier ist es, der sich ihrer so oder so bedient.
Gewisslich haben viele Magier mit lauterem Herzen nach dem Gold der Erfahrung ge*sucht;* erst dann, wenn daraus eine *Goldsucht* wurde, verzerrte sich die Reinheit der Motivation.
Wie häufig kommen Angehörige Verstorbener zu mir in die Praxis, um Verbindung zu ihren Hinübergegangenen zu bekommen
Abgesehen davon, dass es dem Verstorbenen meist schon nach wenigen Stunden seines Abschieds von hier so viel besser geht, als es ihm jemals auf dieser Seite des Lebens geschehen war, so sollte man bedenken, dass die **Zeit** zwischen *jenseits unserer Wahrnehmung* und *hier* außerordentlich unterschiedlich zu bewerten ist. In zehn Minuten hier können Tage jenseits verstrichen sein.
Außerdem kehrt der Verstorbene in der Regel in eine ihm altgewohnte und vertraute Umgebung heim. Er findet Bekannte und engste Freunde und vor allem seinen Erfahrungskreis aus diesem und vielen vergangenen Leben vor. Seine dortige und wirkliche Lebensaufgabe reizt ihn, diese mit neuen Impulsen zu erhöhen. Und nun kommen die trauernden Angehörigen dieser Lebenssphäre und melden tränenreiche Ansprüche an, möglichst an der Stätte, die wir Grab nennen. Modernde, zerfallende Ekelhaftigkeiten warten dort auf ihn, mit denen er freundlicherweise von den Trauernden identifiziert wird. Wie pervers und egoistisch ist unser Totenkult geworden!
Unser verstorbener Freund kann sich den fordernden Gedanken seiner Hinterbliebenen nicht einmal entziehen. Nicht einmal trösten kann er sie, weil sie sich durch den Vorhang ihrer Tränen gegen seine Feinimpulse verschließen.
Unsere Friedhofs- und Kleinstgartenmanie sollte einmal bewusst gemacht werden, indem man den Vergleich mit einem ausgedienten Auto zieht, das auf dem Autofriedhof gelandet ist. Geben Sie dorthin etwa auch Kränze und Vasen mit Blumen und Schleifchen? Unwürdig.

Sollte man nicht lieber an Stelle solch makaberer Zeremonien zu Hause liebevoll an ihn denken, dort nämlich, wo er sich sonst wohl zu fühlen pflegte?
Sinnvoll ist die Totenmesse in feierlicher Umgebung, vor allem dann, wenn der Verstorbene keinerlei Beziehung zum Sterben gehabt hat. Dann nämlich kann es sein, dass er nicht begreift gestorben zu sein. Die Totenmesse kann ihm in solchem Akt seinen Tod bewusst machen und ihm damit den Weg ins Jenseitige, ihm gemäße Gefilde öffnen.
Natürlich habe ich Verständnis für die Trauer der Hinterbliebenen. Es gehört schon eine ganze Portion innerer Kraft dazu, mit dem *Egoismus Trauer* fertig zu werden. Ohne Frage fühlt sich der Zurückgebliebene allein gelassen und steht Problemen des Alltags hilflos gegenüber, deren Tragweite er zumeist nicht einmal abzuschätzen vermag.
Dennoch muss ich jedem Trauernden zu bedenken geben, dass Tränen den klaren Blick und die reine Empfindsamkeit vernebeln und verhängen. Und wenn man den Gegangenen wirklich liebt, sollte man sich an alle die schönen Stunden erinnern und Freude ins Reich der Toten projizieren. Das hilft dem Jenseitigen sich schneller zu orientieren und den Weg frohen Herzens zu schreiten.
Mir fällt bei dieser Gelegenheit immer das Märchen vom Tränenkrüglein ein.

Das Tränenkrüglein
Natürlich im tiefen, tiefen Wald, der Wald die Psyche repräsentiert, überreicht die sterbende Mutter ihrem Töchterlein zum Abschied ihren Ring aus purem Gold, das **Goldringlein** Zeichen der Treue und Fürsorge. Ihre Weisung, den Ring am Finger immer nur in Not zu drehen, wird vom Töchterlein gründlich in den Wind geschlagen. Die Mutter hatte ihr nämlich gesagt, dass sie dem Mädchen erschiene, wenn sie diesen Ring dreimal um den Finger drehen würde.
Töchterlein ist untröstlich und weint unausgesetzt. Natürlich dreht sie jeden Tag erneut und oft sogar zweimal, um die Mutter erscheinen zu lassen. So geht das Wochen, Monate und Jahre; und schließlich fällt dem Töchterchen auf, dass die Mutter jedes Mal einen etwas größeren Krug mit sich herumschleppt, der ihr bald zu schwer sein wird.
Als sie schließlich die Mutter nach dem Krug fragt, bekommt sie zur Antwort: "Ach mein Töchterchen, weißt Du denn nicht, dass ich all Deine Tränen mit mir tragen muss?"
Das ist bittere Wirklichkeit! Nicht gerade als Tränenkrug, aber als Bürde. Sie ist für den Verstorbenen die einzige und sehr schwere Bürde. Wie soll er denn den hier Lebenden mitteilen, wie gut es ihm gehen könnte, wenn er diese nicht zu tragen hätte?
Tränen sind ein ausgesprochenes Selbsttor, weil sie die sensitive Brücke zu dem zerstören, dessen geistige Erscheinung sie all zu gerne wünschen.

Ich halte es für wesentlich würdiger im **Du** an den Hinübcrgegangenen zu denken, evtl. sogar kontemplativ, um ihm seinen Weg, den er auf der anderen Seite beschreiten möchte, zu ebnen und zu beflügeln! Das kann wohl nur die **Liebe**.

Ihr armen, lieblosen Egoisten.

Entstressen

Weit verbreitet ist die Seuche STRESS. Was ist das überhaupt?

Weiter nichts als ein modernes Schlagwort, eine Ausrede für falsche Lebenseinstellung. Stress als Krankheit ist nicht existent, wenn er auch noch so professoral untermauert und diagnostiziert wird.

Ein einfaches Rechenexempel: Ich weiß, wie viel ich zu leisten vermag. Dieses Quantum an Leistung werde ich in aller Gemütsruhe einwandfrei erbringen können. Nichts MEHR an Leistung geht ohne Fehler. Versuche ich also mehr zu erreichen, als ich fehlerlos vermag, werde ich hastig und unkontrolliert. Meine gemachten Fehler zwingen mich unter Umständen zum doppelten Zeitaufwand. Die Hetze der Zeit, dein Chef, die Kunden, nein, nein, du selbst hast dich verschätzt und solltest schleunigst daraus lernen.

Im übrigen kann ich mir nicht vorstellen, dass es auch nur einen Chef auf der Welt gibt, der fehlerhafte und flüchtige Arbeit schätzt. Du solltest lernen NEIN zu sagen!

Würde ein Chef selbst der Unverhältnismäßigkeit in diesem Sinne huldigen, kann auch er an einer geduldigen Verhältnismäßigkeit genesen.

Außer Frage steht, dass der eine oder andere schneller oder langsamer arbeitet. Das kann keiner ändern und steht somit auch nicht zur Debatte. Natürlich kann es sein, dass man mit seinem Arbeitstempo an einem falschen Arbeitsplatz steht. Man sollte in einer solchen Situation die Konsequenzen ziehen und den Arbeitsplatz wechseln.

Stress ist fast dem Geiz gleichzusetzen und führt in die extreme Verdichtung mit allen gesundheitlichen und charakterlichen Folgen.

Egoismus liefert den Nährboden. Ständig will man irgend etwas mehr. Das geht schließlich so weit, dass Entstressen zum Entstressungsstress führt.

An viel Arbeit ist noch kein Mensch gestorben oder krank geworden. Ausschließlich die Einstellung zur Leistung lässt den Menschen an der Mode Stress erkranken.

Die Forschung

Wie diffizil die Frage nach einem Motiv sein kann, zeigt sich z.B. auch in der Forschung, ganz gleich in welchem Rahmen.

Wissenschaft kann aus reinen Motiven hergeleitet werden, wenn der Forscher sich seiner Verantwortung bewusst, den Dingen auf den Grund zu gehen versucht, um ihren Hintergrund zu erschließen.

Leider ist das wohl der seltenere Fall. Denken Sie z.B. einmal an die Anhäufung von Waffen, an die Conterganatastrophe und z.Zt. an die grassierende AIDS-Lüge.
Profit ist das Stichwort, dem sich alles unterzuordnen hat; aber auch krasse Neugier, mit der Betonung der letzten Silbe, rangierten in diese Sparte. Selbstbespiegelung bietet dafür den Nährboden, ganz gleich ob es sich um fliegende Untertassen oder Verfinderei auf elektronischen Sachgebieten handelt.

Alles Wissen führt beim REINEN zur kosmischen ***EINORDNUNG,*** *(EKTODERM).*

beim UNREINEN ***zur UNORDNUNG*** *(ENTODERM)*

oder zur ***VER****ORDNUNG (MESODERM).*

Egoismus
Wie weit selbst bei esoterisch angehauchten Menschen das egoistische Motiv plötzlich in den Vordergrund zu treten vermag, beleuchtet ein persönliches Erlebnis, das vor etlichen Jahren unverhofft meinen Weg kreuzte. Auf der Suche nach meinem heutigen Domizil bot sich uns ein Gehöft, belastet mit dem Wohnrecht einer alten Dame, weswegen wir Abstand von dessen Ankauf nahmen. Eine Patientin zeigte daraufhin Interesse an diesem Objekt und fragte mich, ob ich der alten Frau nicht den Tod anheischen könne. Sie sehen, es ereignen sich Ausrutscher in den besten Familien. Sie dürfen raten, was ich darauf antwortete.

Zutrauen
Nicht zuletzt, lieber Adept, hast du dich motiviert den Weg zur Meditation zu finden. Ich bitte dich herzlich, setze dir dieses nicht als Ziel; denn alsbald hast du deinen Weg von Anbeginn ins Materielle rückgekoppelt und begrenzt.
Mein dringlicher Ratschlag: „Geh diesen Weg ohne Ziel, einfach nur so! Nur dann hast du die Chance etwas zu finden, das deine Vorstellungen um ein Vielfaches übertrifft. Unerbittlich allerdings ist der Weg zur **Reinheit**. Unerbittlich ist auch die Mahnung, sich in keiner Weise binden zu lassen oder sich binden zu wollen, auch nicht in einer Ehe. Ein freies Miteinander, in getrauter Gemeinschaft, ist natürlich niemals ein Hindernis.
Freiheit des Körpers, der Seele und des Geistes bedeuten keineswegs Einsiedlertum. Nur durch Zutrauen und Liebe kann eine freie Gemeinschaft reifen.

Geistige Reinheit

Der deutsche Sprachgebrauch hat ein sehr wesentliches Wort ins Abseits befördert. Es lautet: **Tugend**

Ich gebe zu, dass durch Politisierung so mancher Tugendbegriff in den Kriegswirren schwer erträgliche Widerhaken bekommen hat. Denke z.B. an die **Ehre im Felde**, die doch eine ausgesprochene Verfremdung des ursprünglichen Sinnes darstellt.

Soldatische Tugend und viele andere solcher zweckentfremdeten Missverständnisse haben uns auf eine Erbschaft verzichten lassen, die uns von Alters her zu unserer Orientierung aus dem astralen Bereich überantwortet worden war.

Verschämt haben wir uns heute - wie so oft - geflüchtet in fremdsprachliche Begriffe wie ZEN, CHEN, THIEN oder THIAN. Sicherlich gibt es derer noch eine Reihe mehr.

Die beiden ersten Begriffe haben sich bei uns am wackersten gehalten. Fragt man den gebildeten Mitteleuropäer nach dem Sinn des ZEN, so bekommt man in der Regel ein verlegenes Lächeln zur Antwort mit verschwommenen Andeutungen über einen Weg oder der Suche nach einer nicht vorstellbaren Mitte oder über noch abwegigere Deutungen.

ZEN ist absolut gleichzustellen mit **TUGEND**. Beide bedeuten DEN WEG NACH ...

Unser schönes altes Wort **TUGEND** könnte man direkt übersetzen mit : TU GEN END (E). Ist das nicht etwa der Weg nach?

Nunmehr gesellt sich also zur **Motivation** und zum **Bewusstsein** auch noch ein **Ordnungs**faktor hinzu.

Emanation aller drei sind LIEBE, KLARHEIT, WILLE und TAT.

Diese Emanationen mögen nicht als hehre Motive anerkannt werden. Sie sollten in den Alltag umgesetzt und integriert sein. Nur auf diese Weise kann in uns wieder jene Ordnung entstehen, die es uns ermöglicht, über reine Kontemplation hineinzureifen in meditative Zustände.

Ohne Ordnung im Alltag, ohne geistesgegenwärtiges Bewusstsein, ohne reine Motivation, geht der esoterische Weg im Krebsgang, nämlich rückwärts.

In diesem Zusammenhang möchte ich Prentice Mulford zitieren, der im „Unfug des Sterbens“ äußert, dass die geistige Ordnung beim allmorgendlichen Zubinden des Schnürsenkels beginnt

Graue Theorie, mein Freund, wird jetzt wahrscheinlich die Mehrzahl der geneigten Leser denken.

Bitte sehr, doch wollen wir desbetreffend praktische Überlegungen in Angriff nehmen, die vielleicht geeignet sein könnten, dir den Weg eröffnen zu helfen.

Der Begriff **TUGEND**, was beinhaltet er eigentlich? Gekennzeichnet ist er ausschließlich durch seine Gegensätzlichkeiten:

TUGEND im Gegensatz zur UNTUGEND, REDLICHKEIT kontra UNREDLICHKEIT; WAHRHEIT kontra UNWAHRHEIT; usw.
An sich bedarf es nicht einmal eines Adeptentums um diese Gegensätzlichkeiten zu erkennen, um schon bei geringem Bewusstseinsgrad daraus die Möglichkeit von Entscheidungen resultieren zu lassen.
Mit dieser Entscheidungsmöglichkeit ist einem zusätzlich das Geschenk REIFUNG in den Schoß gelegt.
Welche weittragenden Konsequenzen beinhaltet das!
Bitte überlege doch einmal: **TUGEND** beinhaltet plus und minus. Lässt sich das etwa in Gut und Böse übertragen? Das ist keineswegs zulässig.
Welcher der beiden Pole in meinem elektrischen Lampenkabel hin zu meinem Schreibtisch wäre **gut** oder **böse** zu nennen?
Diese beiden Worte gehören einfach nicht in den esoterischen Sprachschatz. Sie haben ihre Heimat im psychischen bzw. im seelischen Bereich. Damit sind sie aber zwiegesichtig, wie wir ja schon festgestellt haben.
Beide Worte sind **Wertung**, ganz im Gegensatz zur **Bewertung.**
Ersteres wäre zugehörig rein subjektiver, Letzteres einer objektiven Betrachtung zugehörig.
Um ein Beispiel zu präsentieren: Bei uns ist die Einehe gut und richtig. In südlichen und fernöstlichen Gefilden gilt die Vielehe als erstrebenswerte Form des Zusammenlebens der Geschlechter.
Zeitgeist und Kulturprägung, jeweils zeitgebundene Wertungen, oktroyieren dieses ganz sicher nur für sehr begrenzte Zeitläufe.
Im geistigen Bereich zählt jedoch ausschließlich die Bewertung. Plus und Minus sind in jedem Falle lediglich Funktionen ein und des selben Um- oder Gegenstandes.
Lieber Leser, ich rate dir gut, spiele dieses als erste Übung die Wertungsfreiheit durch, alltäglich und immer wieder!
Natürlich möchtest du mich jetzt am liebsten aufspießen wollen mit der Frage nach den armen hungernden Kindern in Afrika und mit all den Ungereimtheiten und Grausamkeiten auf dieser Welt. Glaube mir bitte, dass auch mir das ans Herz geht; aber dennoch möchte ich dich bitten, dich nicht von deinem Gefühl überwältigen zu lassen. Schicksal **IST** - auch das von hungernden Kindern.
Dein Gefühl hat effektiv und ausschließlich die Aufgabe, wie ein Thermostat Lebensvorgänge zu regulieren. Nicht mehr und nicht weniger. Die Bewertung dagegen hält dir die Tür offen zum geistigen Prinzip, das notfalls über den Intellekt und schließlich über die Psyche Regulationsmechanismen in Gang setzen soll. Erst auf diese Weise ist es zulässig, sich plötzlich aufgerufen zu fühlen, ein Kind vor dem herannahenden Auto zu retten oder sich mit ihm überfahren zu lassen.

Ich sagte dir schon, dass tränenreiche und überschwängliche Reaktionen das geistige Prinzip verschleiern und seine Entfaltung hindern. Klicke also bitte nicht gleich aus, wenn dir dein Butterhändler ranzige Butter verkauft hat. Schon das Wort *angedreht* wäre bereits wieder eine Wertung! Überlege lieber vorher, bevor du versuchen willst etwas ungestüm auszudrücken. Überlegen ist das beste am Menschen und das schult gleichzeitig dein Bewusstsein.
Jede Wertung führt dich im Kreis herum, und wenn du davon nicht lassen kannst, wirst du am Ende verzweifelt feststellen, dass du dir den Ausweg selbst versperrt hast. Häufig endet das dann in einer Abwärtsspirale, die sich immer enger und schneller dreht. Das nennt man dann eine Psychose. Also Vorsicht!
Lao Dsi hat einmal gesagt, dass auch der Scharfrichter in den Himmel komme, wozu mir just diese kleine Geschichte aus dem Chinesichen einfällt. Sie ist überschrieben als:

Die Kunst des Scharfrichters
Ein Scharfrichter am Hofe des Kaisers war als besonders fromm und tüchtig bekannt. Sein höchstes Ziel war, den Delinquenten so wenig wie möglich leiden zu lassen.
Als er seine letzte Hinrichtung in seinem Berufe zu vollziehen hatte, wurde das zur Krönung seiner Kunst. Der Schwerthieb war so geschickt, schnell und genau, dass der Verurteilte danach zu ihm sprach: " Was soll´s denn, dass du mich schonst, schlag doch richtig zu."
Da sprach der Scharfrichter zu ihm: „Nick doch mal."
Gewiss, im psychischen Sinne der Wertung ist diese kleine Erzählung makaber. Als Bewertung findet sie plötzlich einen ganz anderen Stellenwert.

Der Kompass
Zu dem Weg der Tugenden möchte ich dir etwas ganz Besonderes schenken. Er ist zwar unscheinbar, aber du wirst ihn brauchen, so lange du lebst. Es ist der kleine Kompass für Kinder, wie man ihn auf Jahrmärkten zu kaufen pflegt. Abb.3

Abb. 3

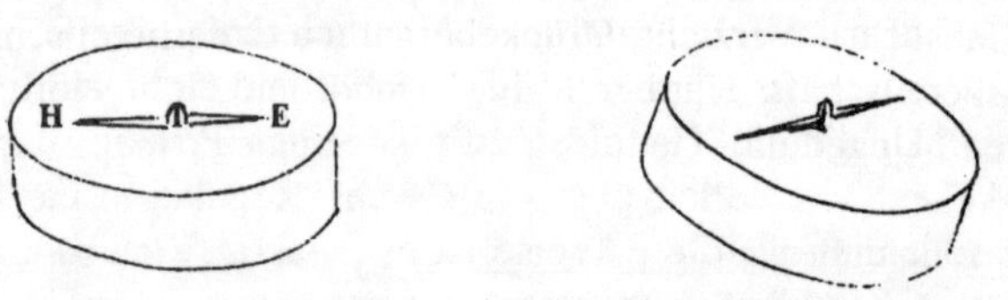

Schau ihn dir nur genau an. Nord, Süd, Ost und West sind bei diesem Instrument allerdings nicht mit dem üblichen Buchstaben bezeichnet.

Für **N** und **S** findest du **H** und **E;** für **O** und **W** stehen **F** und **T**. Was soll das denn? Na ja:
H steht für harmonisch und **E** für einfach; **F** heißt fest und **T** meint treu. In der Mitte unsere Kompasses befindet sich ein winzig kleines Nadelchen, welches senkrecht stehen muss, wenn sich die darauf gelagerte Kompassnadel drehen soll. Ist das der Fall, so kannst du jederzeit mittels dieser einfachen Orientierungshilfe die richtige Richtung finden. Alles in dir und um dich herum ist einfach und harmonisch, fest und treu.
Was aber geschieht, wenn du das Zifferblatt nicht mehr waagerecht hältst. Nicht nur, dass jetzt das kleine Nadelchen schräg steht, nein auch die Kompassnadel verhakt sich am Zifferblatt; und nun kannst du dich drehen und wenden so viel du willst, du findest deinen Weg nicht mehr.
Mittelachse und Zifferblatt stehen für dein lebendiges Gewissen, und sind beide aus ihrer Normallage herausgedrängt, so sagt der Volksmund: „Nun mach dich man erst mal wieder gerade," oder „man richtet jemanden wieder auf," damit er zu sich selbst wieder aufrichtig sein kann.
Notwendig zum Aufrichten ist die Kenntnis und Erkenntnis von Tugenden. Bin ich z.B. in der Lage zu erkennen, dass ich ungeduldig war, sollte es ein Leichtes sein das Gegenteil zu üben, nämlich Geduld. Ohne Zögern kann sich im Augenblick geistesgegenwärtiger Erkenntnis meiner Fehlhaltung, meiner Gewissensachse, diese wieder in ihre Normallage begeben, und mein Organismus wird sich mit einem befreienden Atemzug wieder aufrichten können. Die Kompassnadel kann wieder frei schwingen. Sie lässt die Orientierung nach **H** und **E** und nach **F** und **T** ohne Hemmung wieder zu. Die Harmonie ist wiederhergestellt.
Wissen und Gewissen können sich ohne **Wenn** und **Aber** ins Gleichgewicht bringen.
Zu deiner Orientierung füge ich eine Liste von Tugenden an. Sicher gibt es noch eine ganze Reihe mehr davon. Dieses hier sind jedoch die Wichtigsten.

Tugenden und Untugenden

1 Selbstsucht - Individualisierung: Uneinsichtigkeit - Einsicht, Verstocktheit - Reue, Stehen bleiben - Umkehr, Lüge - Wahrheit, Unredlichkeit - Redlichkeit, Habsucht - Verzicht, Drückebergerei - Opferbereitschaft, Schadenfreude - Hilfsbereitschaft, Härte - Milde, Unhöflichkeit, - Höflichkeit, Kleinmut - Großmut, Ungeduld - Geduld, Zweifel - Hingabe.

2 Selbstentäußerung - Anpassung: Unverantwortlichkeit – Verantwortlichkeit, Unverständnis - Verständnis, Unfreundlichkeit - Freundlichkeit, Feindseligkeit - Furchtlosigkeit, schädigen oder verleumden - nicht schädigen oder verleumden, Furcht haben oder machen - Friedfertigkeit.

3 Oberflächlichkeit – Selbstausdruck: Unordnung, innere und äußere Unreinlichkeit - Ordnung innere und äußere Reinlichkeit, Leichtfertigkeit - Überlegung, Kritiklosigkeit - Kritikfähigkeit, innere Schwäche - innere Stärke, Unstetigkeit - Stetigkeit, innere Schwäche - innere Stärke, Unstetigkeit - Stetigkeit, Untreue - Treue, Unbedachtsamkeit - Bedachtsamkeit, Unzuverlässigkeit - Zuverlässigkeit, Weichlichkeit - Festigkeit, Überheblichkeit - Tiefgründigkeit

4 Sturheit - Organisation: Dummheit - Klugheit, Unbelehrbarkeit - Lernbereitschaft, Stumpfheit - Gedankenschärfe, Rücksichtslosigkeit - Rücksicht, Unberechenbarkeit - Berechenbarkeit, Verschlossenheit - Offenheit.

5 Genusssucht - Freiheit: Konsum - Gebrauch, Begier - Nichtbegier, Unreinheit - Reinheit, Schamlosigkeit - Scham, Unfreiheit - Freiheit, Genusssucht - Genuss.

6 Tyrannei - Ausgleich: Disziplinlosigkeit - Disziplin, Unlogik - Logik, Destruktion - Konstruktion, Unkameradschaftlichkeit - Kameradschaftlichkeit, Unausgeglichenheit - Ausgeglichenheit

7 Zurücknahme - Weisheit: (Selbsterkenntnis): Hast - Ruhe, unüberlegtes Handeln - Überlegung, Trübsinn - Frohsinn, kränkeln - gesunden, nicht handeln - handeln, Krankheit - Gesundheit, Verschlossenheit - Offenheit.

8 Nachträgerei - Freiheit: Ungeduld - Geduld, destruktive Kritik - konstruktive Kritik, Unbescheidenheit - Bescheidenheit, Kleinlichkeit - Großzügigkeit, gekränkt sein, kränkeln -heilen, ordnen, anordnen, sich und andere ärgern - sich und andere nicht ärgern, äußere Schwäche - Kraft, materielle Unfreiheit - Freiheit von der Materie, nachtragen - verzeihen.

9 Egozentrik - Universalität: Genusssucht - Hingabe, Materialismus - Esoterik, Protzigkeit - Feinfühligkeit, Rücksichtslosigkeit -Rücksicht, Zotigkeit - Humor, innere Kleinheit - Universalität, Egozentrik - soziales Verhalten.

11 Fanatismus - Offenbarung: Sturheit - Beweglichkeit, Verführung - Führung, Anstifterei - Lehren, innere Blindheit - Offenbarung, Kleinmut - Großmut, Fanatismus - Freizügigkeit

22 Anstifterei - Meisterschaft über die Materie: Schadenfreude - Freudbereitschaft, Feigheit - Leidbereitschaft, Disharmonie - Harmonie, Anstifterei - Anleitung, materielle Abhängigkeit - Meisterschaft über die Materie.

* Die unterstrichenen Begriffe sind die negativ - positiven Charakteristika der kabbalistisch zugehörigen Person. Das vorangestellte Zahlengefüge hat kabbalistische Bedeutung. Nähere Erläuterungen finden Sie in der kleinen Kabbala erläutert. Einen kurzen Umriss der Kabbalistik will ich jedoch an dieser Stelle geben.

Kabbalistik
Nähere Ausführungen wirst du im Band III dieses Werkes finden, *Schicksal in Zahl und Zeit.*
Was ich dir darin offenbaren werde ist eine Arbeit von vielen Jahren. Die Aufstellung mit den Tugenden/Untugenden habe ich in eine ganz bestimmte Rangordnung zu schwingungskonformen Schicksalswegen zusammengestellt, an Hand deren Zahlenwerten jeder sein Grundmuster selbst errechnen kann. Darüber hinaus ist es dadurch möglich geworden, die Deutungsmöglichkeiten der großen Kabbala zu präzisieren.
Kabbalistik ist die Zuordnung von Zahlen zu Begriffen und Buchstaben als Schwingungs-Resonanz-Systeme. Mit ihrer Hilfe ist es möglich, Schicksalswege eindrucksvoll zu deuten und erkennen.
Sie ist eine der wichtigsten Säulen der Selbst - und Menschenerkenntnis. Bei Beschreiten des esoterischen Weges ist sie aus diesem Grunde unverzichtbar.
Dieses sei als Kurzerklärung vorangestellt.
Angemerkt sei außerdem, dass Tugend niemals eine Eigenschaft oder gar Eigentum zu sein vermag. Tugendbolde sind unerträgliche Leute, die gleich nach dem Geizigen rangieren
Tugend kann immer nur ein Weg in Richtung --- sein. Das Merkwürdige ist, dass man die Richtung wohl einschlagen kann, jedoch niemals dort ein Ziel findet. Das liegt daran, dass sich beim Beschreiten dieses Pfades eine unmerkliche Bewusstseinserweiterung einstellt, die den Adepten unversehens in höhere Bewusstseinsebenen hebt. Und ehe man sich dessen versieht, liegt das bislang gesuchte Ziel unter einem. Abb. 4

Abb. 4

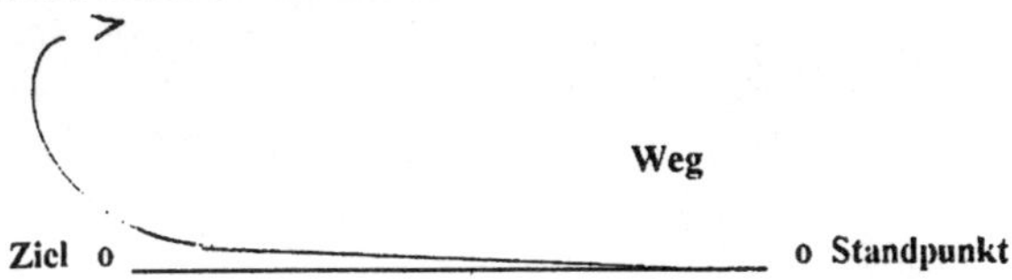

Ist das wohl der Grund dafür, dass ein Wüstenwanderer mit seinem Körper immer im Kreise seine Bahn zieht ?

Der Sinn des Lebens
Zur geistigen Neuorientierung gehört auch die Frage nach dem Sinn des Lebens, nach dessen Entstehung und letztlich die Frage nach GOTT.

Wenn ich zurückdenke an die schon eingangs erwähnten Vorlesungen Professor Planck´s, und wenn mir von dem wissenschaftlichen Teil nur verschwindend wenig in Erinnerung geblieben ist, so hat sich mir doch der Schlussteil seiner letzten Vorlesung tief in mein Gemüt eingeprägt. Es waren Forschungsergebnisse referiert über Ultraschall in verschiedene Medien eingestrahlt. Auch andere diverse Energieformen hatten Verwendung gefunden. Dabei hatte der Durchschuss von Lichtquanten durch ein elektromagnetisches Feld aufsehenerregende Ergebnisse gezeitigt.

Zur Erläuterung dessen zeichnete Max Planck quer über die Wandtafel lauter parallele Linien, die zu verstehen waren als elektromagnetisches Feld. Mitten hinein markierte er einen Kreidepunkt und bat uns sich vorzustellen, dass dieses der Durchschuss eines Lichtquanten sei.
Folge dessen sei spiralig sich anordnende Materie, wie ein Sternennebel. Herum um diese Materiepartikelchen sei eine begrenzte Aberration der Feldlinien zu beobachten gewesen. „Das, meine Damen und Herren, ist Schöpfung. Aus Energie ist Materie geworden, und wir können nur in Ehrfurcht vor diesem Ereignis den Kopf neigen.“ Abb.5

Abb. 5

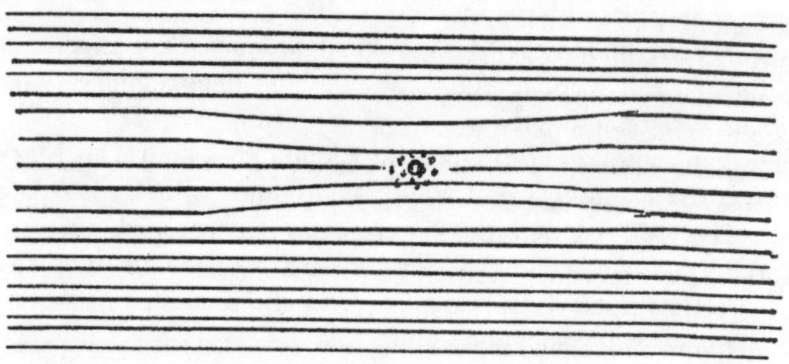

Aus meinen heutigen Einsichten füge ich dem hinzu, dass aus dem geordneten ruhenden Potential des Energiefeldes, durch Aktivierung mittels LICHT, zunächst einmal ein Materiechaos entstanden war, dessen Existenz nach einer begrenzten Zeit wieder in den alten ruhenden Zustand zurückkehren musste.
Werden und Vergehen, ---- Luzis, das Licht ist folglich Voraussetzung für Schöpfung schlechthin.
Luzifer war also nicht Feind Gottes, sondern sein Helfer oder sogar sein Geistesblitz.
Die überlieferten Darstellungen bezüglich dieses Schöpfungsvorganges, die sich bis heute erhalten haben, zeugen von höchstem Wissen und weichen nur der äußerem Form nach voneinander ab, und es ist schon interessant, wie und in welcher Form diese Darstellungen absolut gleiche Aussagen machen.

Das Symbol der Azteken gleicht der Planck´schen Darstellung aufs Haar. Abb. 6

Abb. 6

Die Darstellung der Azteken gleicht der Max Planckschen Darstellung fast aufs Haar

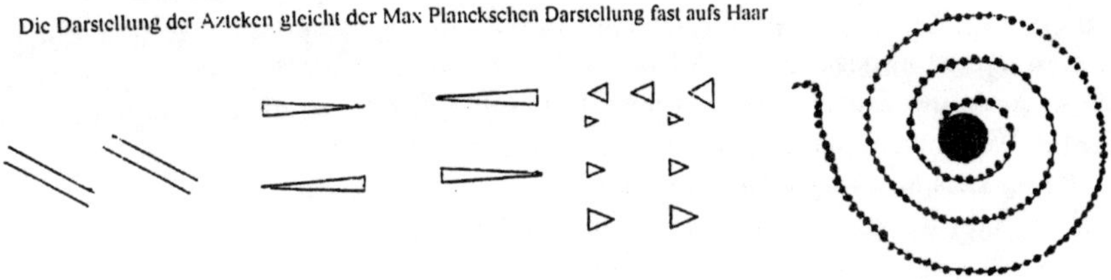

Das Rad des Lebens aus der buddhistischen Lehre versucht sogar weitergehende Differenzierungen darzustellen. Abb. 7

Abb. 7

Das Rad des Lebens aus der buddhistischen Lehre versucht sogar weitergehende Differenzierungen darzustellen

In dessen Radnabe finden wir unseren Weltenmittelpunkt. Von ihm ausgehend die abgeteilten Zeitalter, untereinander verbunden durch das Unendlichzeichen, gleichzeitig eine Abgrenzung symbolisierend zwischen Feinmaterie und Feinstmaterie im makrokosmischen Bereich.
Die Radnabe ist Symbol für die Grobmaterie, unserer hiesigen Lebensbereich. Zwischen Radnabe und der Begrenzung durch das Unendlichzeichen wird Feinmaterie oder der Astralbereich repräsentiert.
Jenseits dieser liegenden Achten bis zum Ende der Speichen ist der feinstmaterielle Bereich oder der Mentalbereich, der keine sichtbare Abgrenzung aufweist zum ruhenden Energiefeld, der s. g. Ursachenzone, zu finden. Hier beginnt NIRWANA.
In Dänemark findet man immer noch für unser A ein A mit einem ° darauf. Das ist exakt ein Ausschnitt aus dem Rad des Lebens. Der europäische Magier kennt diesen Buchstaben als AKSHA, in genau dieser Schreibweise. AKASHA beschreibt den Lichtquant, so wie wir ihn von der Atomphysik her kennen.
Aber auch das A ohne Kringelchen zeigt gleiche Qualitäten. Es stammt aus Arabien, woher auch unsere Zahlen überliefert worden sind.
Die 1 als Zahl Gottes steht dort heute noch in hohem Ansehen als solche. Gut, bei der 1 fehlt der Querbalken des A; aber dafür ist der vordere Schenkel verkürzt und hier bei meinen Computerzahlen unzulässig stark. Im Prinzip dürfte das jedoch keinen Unterschied ausmachen.

Erde, Astral, Mental und Ursachenzone sind gleichermaßen angedeutet.
Das Y der Griechen ließe sich verstehen als von oben betrachtete dreischenklige Pyramide, deren Ähnlichkeit mit dem Rad des Lebens postuliert werden könnte. Y hat übrigens den kabbalistischen Wert 1.
Haben vielleicht auch die Pyramiden Mexikos und Ägyptens den gleichen Sinngehalt offenbart ?
Mehr als heute, war man früher gewohnt in Symbolen zu denken und zu überliefern.
In China finden wir die Monade und die Darstellung der Quelle, beide unter dem Zahlenwert 1. Abb. 8

Abb. 8

In China finden wir die Monade und die Darstellung der Quelle unter dem Zahlenwert 1. Letztere Darstellung ist vom Ende des Querstriches als Projektion eines Kegelsektors zu betrachten, dessen nicht sichtbare Grenzen als bekannt vorausgesetzt wurden. Die Spitze des Kegelsektors symbolisiert den Beginn der Schöpfung.

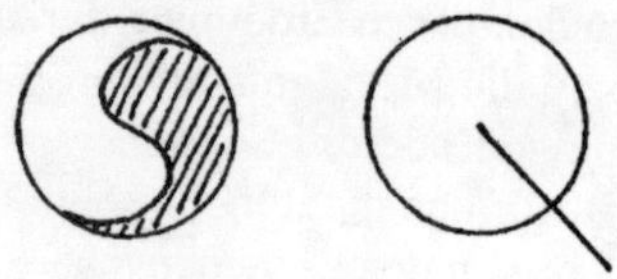

Letztere ist wohl zu betrachten vom Ende des Q - Striches als Mittelachse eines Kegelsektors, dessen hier nicht sichtbare Grenzen einfach fortgelassen wurden, als bekannt vorausgesetzt.
Die Spitze dieses Kegelsektors symbolisiert den Beginn der Schöpfung und dessen Kreis deren Ende. Ganz sicher ist es nicht Zufall, dass alle diese Darstellungen den kabbalistischen Wert EINS verkörpern.

ALLES IST EINS UND DAS EINE IST ALLES

Wenn ich nunmehr auf meine eigenen Erfahrungen zurückblende, so muss ich diese Darstellungen in Bezug auf ihren Wahrheitsgehalt nicht nur bestätigen, ich kann sie sogar noch um einiges präzisieren.
Bitte betrachte die Darstellung in Abb. 9 .

Abb. 9

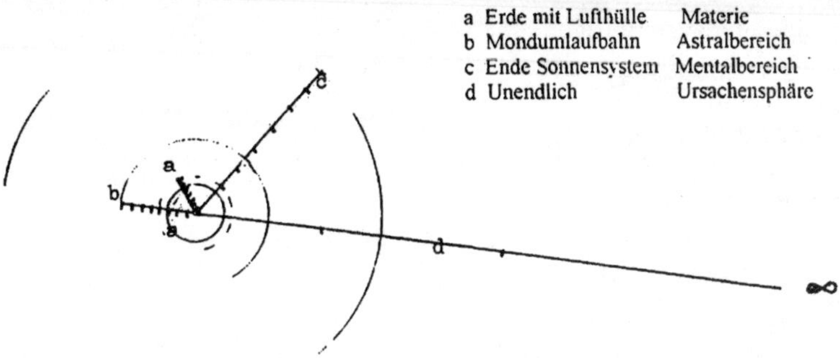

a bedeutet die Erde mit ihrer Lufthülle als Symbol der Materie
b soll die Mondumlaufbahn darstellen, damit Symbol des Astralbereiches
c möge Ende des Sonnensystems sein, damit Symbol des Mentalbereiches
d ist für uns nicht mehr vorstellbar, unendlich, Symbol des Kausalbereiches oder auch der Ursachensphäre.

Diese Darstellung kann und soll weder räumliche Verhältnisse noch Wiedergabe von Form und Größe übermitteln, und ich schreibe das, damit sich keine falschen Vorstellungen einschleichen.
Dennoch lässt sich an der vorliegenden Skizze erkennen, in welchem kosmischen Verhältnis der Mensch, in seiner irdischen Inkarnation, zum von uns erkennbaren Gesamtsystem steht.
Natürlich ist die Erde nicht aller Welten Mittelpunkt, wie diese Darstellung glauben lassen könnte. Immerhin bildet andererseits jede Materie und jedes Lebewesen einen Resonanzmittelpunkt, der für unser irdisches Sein ausschlaggebend ist. Die kosmischen Größen haben wir ja eingangs schon einmal versucht klarzulegen. Hier nun eine graphische Darstellung dieser in Abb. 10 .
Die Masse des gesamten Planetensystems entspricht etwa 1% der Sonnenmasse.
Die Entfernung der Planeten voneinander beträgt zwischen 45 Millionen bis zu 4.5 Milliarden Kilometern.
Zurück zur Abb. 9: Die Materie Erde (a) ist unser materieller Mittelpunkt, dessen Zone etwa oberhalb der Lufthülle endet, und zwar je nach Entwicklungsgrad der Bewohner dieser Sphäre etwas weiter außerhalb oder ein wenig weiter innerhalb dieser als sichtbar empfundenen Grenze. Würden wir uns einen Standort auf dem Mond schaffen, wäre der Mond Mittelpunkt unserer dortigen Existenz im materiellen Bereich und Mittelpunkt unseres dortigen Seins, hin bis zum Ende unserer künstlichen Lufthülle. Für einen Mondbewohner völlig anderer Struktur wäre das absolut nicht zutreffend.

Abb. 10

Zum Vergleich : die ungefähren Verhältnisse

für Größe und Entfernung

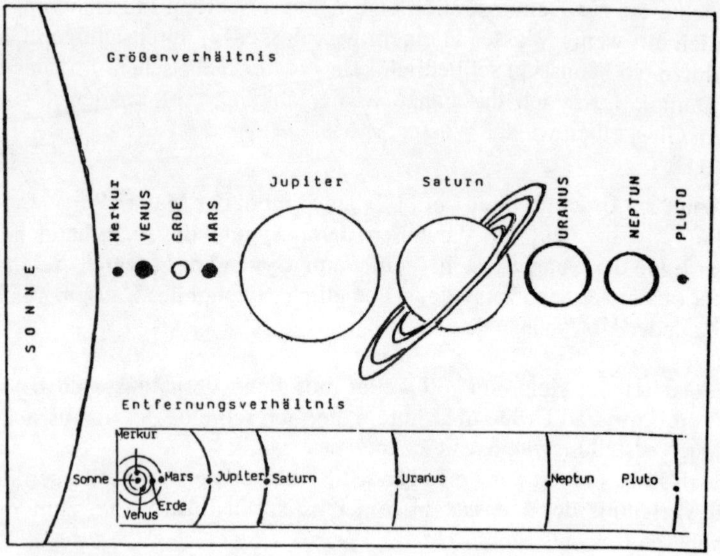

Dir Masse des gesamten Planetensystems entspricht etwa 1 % der Sonnenmasse.

45 Millionen bis 4.5 Milliarden Kilometer beträgt die Entfernung zwischen den Planeten.

Die Sphäre, in die ein normaler Bundesbürger hineinstirbt, der Astralbereich, erstreckt sich etwa bis zur Mondumlaufbahn (b). Er liegt also außerhalb unserer Körperlichkeit, durchzieht aber auch den gesamten Materie-Bezirk, angefangen vom Erdmittelpunkt an.

Diese Schwingungsebene ist dem Märchen vom Pfannkuchenberg zu vergleichen. Jeder Wunsch, jeder Gedanke setzt sich in diesem Aggregatzustand sofort, und schneller als wir zu denken vermögen, in Feinmaterie um. Das bedeutet, dass mit jedem Ich-Bezogenenwunsch gleichzeitig Materie um diesen angehäuft wird. Dieses, und nur dieser Umstand, ist Ursache für Wiedergeburt und Schicksal. Du wirst einfach zu schwer für den Astralkörper. Die Schwere wird unerträglich und treibt dich zurück in die Materie.

„Oh, wünsche nicht!" liest man deswegen in fast jedem Absatz der ägyptischen und tibetanischen Totenbücher.

Lao dsi meint dazu: „Alles was du tun musst, sollst du auch lassen können“. Wie im Erdbereich finden sich auch in diesem Schwingungsspektrum sieben, durch nicht sichtbare Grenzen markierte Frequenzstufen, quasi *sieben Himmel,* in sich nochmals dreigeteilt. Wie ich schon beschrieben habe durchziehen diese Lebensbereiche einander, ohne dass der eine vom anderen etwas wahrnimmt.
Ich möchte dir zur Demonstration eine Alltagserfahrung in Erinnerung rufen: Wenn ich ein wenig Wasser in einem geschlossenen, durchsichtigen Glaskolben erhitze, so kannst du schließlich kein Wasser mehr sehen. Im Glas ist nur noch Dampf. Lasse ich das ganze wieder abkühlen, so kondensiert sich in meinem Glaskolben wieder Wasser, wie zuvor. Abb.11.

Abb. 11

Unterschiedliche Aggregatzustände des Wassers

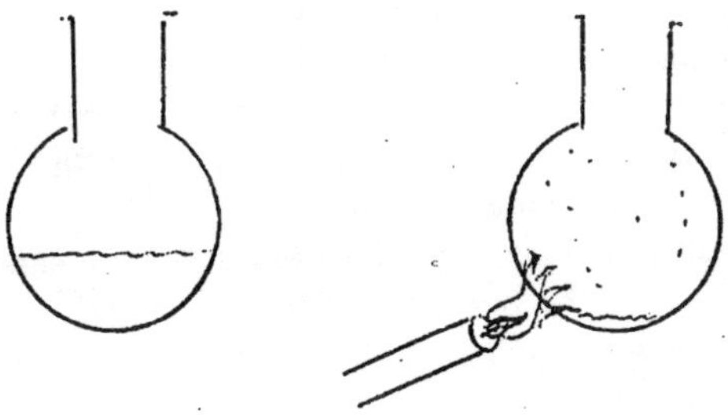

Der Astralbereich ist der unserer Märchen mit Zauberer, Hexen, Gnomen, Elfen und unserem ganz gewohnten normalen Dasein, so wie wir es uns während unserer Erdenlebenszeit erworben haben; es sei denn, dass unser Resonanzzustand so sehr an Materie und damit an Gewicht verloren hat, dass wir durch Reifung den Aggregatzustand des *siebenten Himmels* erreift haben. Dein Reinheitsgrad hätte dann Qualitäten erreicht, dass kein Wunsch mehr nach Körperlichkeit vorhanden ist.
Damit wäre auch die Voraussetzung erfüllt, die nicht sichtbaren Grenzen im Mentalbereich passieren zu können. (d) Die Lebensform dort hat nichts mehr zu tun mit unseren Vorstellungen von Form und Raum. Dennoch gliedert sich dieser Lebensraum ebenfalls in sieben Abschnitte, bis hin zur Ursachensphäre. Sieben Reifungsstufen sind von den dortigen Entitäten zu durchlaufen, wiederum mit den schon erwähnten Dreierunterteilungen.
Bitte frage mich nicht weiter. Ich kenne keine Vokabeln, die hier noch Gültigkeit haben könnten.

Ohnehin sind viele Dinge und Ereignisse bereits aus dem Astralen nicht mehr mit unseren Worten darzustellen.
Selbst Bilder und Vorstellungen aus den Märchen reichen selten aus, um sie dem Wissensdurstigen nahe zu bringen.
Was gelehrt werden kann ist durch unser Leben in der Begrenzung begrenzt.
Ausschließlich die persönliche Erfahrung, verstanden als Erlebnis, kann sich dem Einzelnen, je nach Grad seiner Reife, in jenseitiges Erkennen erschließen. Bei fortgeschrittenen Schülern ist es möglich, Rücken an Rücken nicht mitteilbare Induktionen zu übertragen; aber auch das hat natürliche Grenzen.
Hier erst beginnt die wirkliche Wissenschaft. Was als solche bezeichnet wird, pflegt himmelweit davon entfernt zu sein.
Aber mein Freund, glaube bitte nicht, dass wer solcherart seine Nase aus dem Meer unseres Erdenlebens hinausgestreckt hat, einzig ausgestattet sei mit dem Geheimnis der Wahrheit.
Nur eine Winzigkeit mehr hat der Weltraumsäugling in Erfahrung gebracht.
X hoch unendlich wäre mathematisch betrachtet die absolute Wahrheit. Wir sind schon froh, wenn wir die vierte Dimension begreifen.
Unsere gewohnte Resonanzzone ist der Raum, wahrgenommen über unsere Sinnesorgane, Augen, Ohren, Nase und Haut.
Nun versuche dir einmal vorzustellen, dass du alles das, was du sehen kannst, hören würdest; dass du alles hören müsstest, was du fühlen kannst, alles fühlen, was du riechen und alles was du riechen kannst sehen müsstest.
Wie anders ist schon das Weltbild eines Blinden! Ein Pferd sieht alles ca. siebenmal so groß wie das menschliche Auge. Ein Schmetterling kann seinen Geschlechtspartner auf über 200 km wahrnehmen, Funksignale über den Duft? Und alles das sind ganz begrenzte Beispiele aus unserer alltäglichen kleinen Umgebung.
Das Wunder der Schwingung ist uns weitgehend nicht bewusst und trotzdem überall gegenwärtig.
Ich sitze hinter meinem Schreibtisch und empfange an ihm Patienten und Besucher. Papiere und Rezeptblöcke liegen auf ihm mehr oder weniger geordnet herum. Viele meiner Besucher behaupten, er sei ein besonders schönes Stück. Ich finde ihn ausgesprochen unbequem und lasse ihn nur aus Pietät stehen. Ja, was stimmt denn nun? Was bitte ist dieser Schreibtisch wirklich?
NICHTS!
Verschwindend wenige Materie in Form von Atomkernen und herumvagabundierenden Elektronen spiegeln mir mit unvorstellbarer Geschwindigkeit meinen Schreibtisch, und alles was darauf herumliegt, schamlos vor. Und wir selbst haben auch noch Schuld daran, dass dem so ist.
Materie ist nur ein Traum, eine Vereinbarung mit unserem jeweiligen Zeitgeist, dessen Spielregeln wir miteinander ausgemacht haben, um zu lernen

unser Schicksal sinnvoll zu gestalten. Widerstände müssen zu dem Zweck überwunden werden. Nur so ist Reifung möglich.
Wie ich schon gesagt habe, die Speichen eines schnell rotierenden Fahrrades täuschen uns eine stabile Fläche vor, auf der man einen Ball springen lassen kann. Steht das Rad still, wird mein Tennisball zwischen den Speichen hindurchfallen.
Diese Erkenntnis ist für den esoterischen Bereich von fundamentaler Bedeutung:
Je höher die Schwingung, um so dichter erscheint uns die Materie.
Je niedriger sie ist, desto durchlässiger wird sie.
Wie in allen Sektoren geistigen Geschehens finden wir auch hier Gesetzmäßigkeiten, die unseren wissenschaftlichen Kenntnissen exakt zuwiderlaufen!
Aus dieser Erkenntnis folgt z.B., dass zur Entkörperung oder Exterroisation des Astralleibes aus dem Materiekörper wichtige Voraussetzung ist, alle Lebensvorgänge im Organismus zu verlangsamen .Damit das aber ohne Schäden für den Materieleib vor sich gehen kann, darf dieser auf keinen Fall mit Giftstoffen irgendwelcher Art überlastet sein.
Der Waagebalken zwischen r e i n und u n r e i n würde sich zu Lasten der Giftzufuhr neigen und kränkend bis tödlich wirken.
Das Beschreiten des esoterischen Weges erfordert unmissverständlich nicht nur die Kenntnis von Reinigungsbemühungen auf geistigem Sektor.
Gleichermaßen müssen Psyche und Intellekt peinlichster Revision und Reinigung unterzogen werden.

Reinigung der Seele bzw. der Psyche
Nehmen wir zunächst die Seele oder Psyche unter die Lupe. Sie gehört zu unserem Astralleib und gebietet den Organen; sie ist somit dem ENTODERM zuzuordnen.
Du wirst es schon erkannt haben : es handelt sich um die Probleme der EIN- und AUSFUHR: „Wo sich kein reiner Körper befindet, kann sich auch kein reiner Geist erheben," hat Hippokrates uns hinterlassen.
Kneipp hat zu diesem Thema geäußert, dass jede Krankheit im Mund beginnt, und das hat nicht nur mit dem Zahnarzt zu tun.
Und was geschieht alles so durch den Mund? Essen, Trinken und Atmen gehen gemeinsam durch Mund und Rachen. Jawohl, auch der Atem gehört dazu. Ohne Atmung keine Verbrennung im Stoffwechsel; und der Atemtrakt ist schließlich nur eine Aussackung der Verdauungswege. Die Lungen zweigen davon wie ein Rucksack ab.

Der Odem, zu spätdeutsch der Atem.
Wenn ein Kindlein geboren wird, ist es das Allererste, und noch vor dem berühmten und erwünschten Urschrei, dass es Luft und noch mancherlei anderes in die Lungen, den Kreislauf und den Stoffwechsel hinein befördert.
Der erste Atemzug ist ein Wunder in seiner umfassenden Wirkung. Und abgesehen davon ist auch der letzte Atemzug aus dieser materiellen Existenz von gleich gewaltiger Bedeutung.
Zwischen diesen beiden vollzieht sich nämlich das, was wir Leben nennen.
Beide dieser initialen Ereignisse gehorchen dem Hauchlaut "H".
Nicht nur die physiologische Wirkung der Atmung ist umstritten. Von der psychologischen und geistigen Phase dieses Geschehens ist bis heute allenfalls Bruchstückhaftigkeit zu eruieren. Gerade deswegen möchte ich dir zu diesem Thema einige Anregungen weitergeben.
Unsere gehetzte **kurzatmige** und modebewusste Zeit hat nicht mehr Muße Luft zu holen. Von Atmung, geschweige denn vom Odem, ist ohnehin keine Rede mehr. Der Odem mit seinen reichen Empfindungsmöglichkeiten ist aber der Schlüssel zu GOTT.
Die Atmung in ihrem unterbewussten Geschehen dient dem Gefühl und ist Steuerimpuls für sämtliche Lebensvorgänge.
Luftholen müssen wir um den Stoffwechsel zu tätigen. Nimmst du noch die Signale ihres Wesens wahr? Kannst du wenigstens des Morgens noch herzhaft gähnen wie ein kleines Kind? Vergessen, wie? Dieser Morgengähner ist der Umschalter für deinen gesamten Hormonhaushalt im Körper. Er ist wie die Geburt, mit der bekanntlich **alles** anfängt, Beginn deines Tagesstoffwechsels.
Er ist völlig anders als der Gähner am Abend, der den Tagbetrieb abschalten soll, den gesamten Lebensbetrieb.
Morgens strömt die Luft mit ihrem gesamten Energiegefüge des Biotages tief in uns hinein, verhält im Gipfel der Einatmung, um in dieser Pause alles an Schwingungen für den Tagesbedarf einzulagern.
Der Abendgähner ist gekennzeichnet durch einen langen Ausatemzug, der dazu angelegt ist, die Tagesenergie wieder hinauszulassen. Die nun im Ausatemtal folgende Atempause wirkt entspannend und lässt alle negativ geladenen Teilchen der Bionacht in uns hinein.
Ein voll erfülltes Leben ist von diesen beiden Ereignissen abhängig. Es gibt sogar Leute, die in umgekehrter Reihenfolge gähnen. Die haben dann die Nacht zum Tag gemacht und wissen nicht, wie schwer sie sich dadurch schaden.
Wie bitte, du kannst gar nicht mehr gähnen?
Steh rechtzeitig auf, zur biologischen Aufstehzeit gegen 4.15°Uhr Normalzeit im Sommer und gegen 5.15°Uhr Normalzeit im Winter. Du wirst sehen, wie angenehm es ist, mittels Rekeln und Recken herzhaft zu Gähnen.

Solltest du des Abends vor dem Fernseher noch die bitterböse Gewohnheit haben Dein Abendgähnen zu überhören, fügst du dir gleichfalls Schäden zu. Es ist trotz des interessanten Programms höchste Zeit ins Bett zu gehen.
Für einen von Herzen kommenden Gähner musst du dich auch nicht entschuldigen, auch nicht wenn Gäste den Weg ins Bett zu blockieren drohen. Im Gegenteil halte ich es für unhöflich, wenn Gäste diese unmissverständliche Geste eines sanften Rausschmisses überhören würden. Wer Sorgen wegen eines zu tiefen oder zu hohen Blutdruckes haben sollte, findet in der Regel hierin die Ursache.
Die Prämisse lautet: Wer nicht richtig gähnen kann, kennt keine rechte Atmung; und wer nicht richtig atmen kann, wird niemals gesund bleiben und frei und glücklich leben können.
Die Mechanik der Atmung verrät uns schon eine ganze Menge über unser Befinden.
Physiologisch gesehen sollte vorwiegend das Zwerchfell die Atmung beherrschen und nicht, wie allgemein gelehrt wird, die s. g. Atemmuskulatur des Brustkorbes. Abb. 12 und Abb. 13 .

Abb. 12

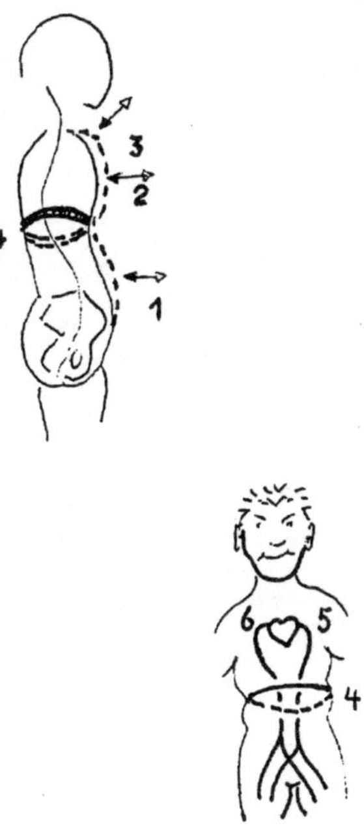

1 Bauchdeckenbewegung

2 Brustkorbbewegung

3 Brustkorbhebung

4 Zwerchfellarbeit, wie sie sein soll

5 Aorta

6 Vena Cava

Hier die Beschreibung zu Abb. 12: A bei Senkung des Zwerchfelles (4) muss zunächst der Bauch nach außen Platz machen, (1).
Weitere Einatmung hebt den Brustkorb und spannt das Zwerchfell bis zur Waagerechten aus, (2).

In der nächsten Einatemphase hebt sich der Brustkorb fast senkrecht nach oben, (3).
Das Zwerchfell bleibt ausgespannt.
In der Ausatemphase fallen alle drei Areale zusammen und das Zwerchfell kann wieder nach oben wandern.
12 B: Diese Abbildung zeigt in etwa die Längendifferenz, die Aorta (5) und Vena cava (6) mit jedem Atemzug durch die Zwerchfellabsenkung zu bewältigen haben.

Abb. 13

Kreislaufschema:

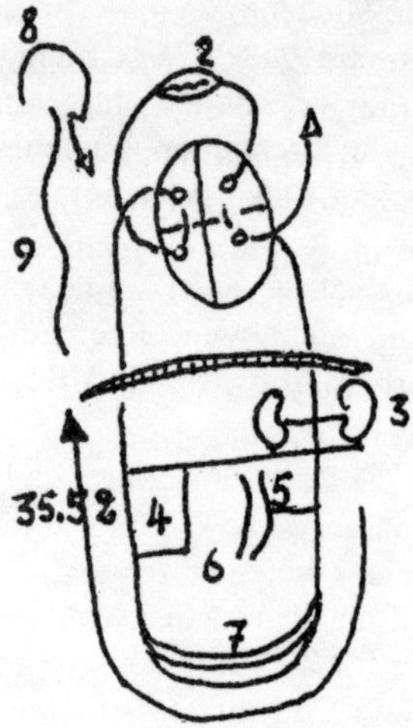

Dieses Kreislaufschema soll dir verdeutlichen, wie eng Atmung und Kreislauf miteinander verzahnt sind.

Nach Professor Hansen und von Staa beträgt die Tagesmenge der Blutzirkulation durch das Herz ca. 10.000 Liter.

Dafür verbraucht werden:

für Wärme und Energie	5.000 l,	davon gehen	2.500 l über die Wirbelsäule
für die Atmung	4.500 l,	davon gehen	1.000 l über die Wirbelsäule
für die Ernährung	450 l,	davon gehen	0 l über die Wirbelsäule
für Wasserhaushalt	50 l,	davon	20 l über die Wirbelsäule
	10.000 l	davon	3.520 l über die Wirbelsäule

das sind 35,2%, die nur zu 2/3 mit Nährstoffen belastet sind. Das restliche Drittel versorgt das Gehirn

1 = Herz
2 = Lunge
3 = Nieren

4 = Leber
5 = Eingeweide
6 = Pfortadersystem
7 = Unterkörper und Extremitäten
8 = Kopf mit Epiphyse Hypophyse und Thalamus
9 = Wirbelsäule mit begleitenden Blutgefäßen

Mit jeder Atemaktion sollte sich das Zwerchfell um so viel heben und senken, als die *Speckfalte* unterhalb unseres Brustkorbes ausmacht. Durch diesen größten Muskel des Menschen zieht vom Herzen kommend, die Aorta mit einem Lumen, (Weite), wie es entsteht, wenn man Daumen und Zeigefinger zu einem Kreis mit den Fingerkuppen zusammenhält. Das Gleiche gilt für die rückführende Hauptvene, die Vena cava. Beide sind hochelastische Schläuche, die im Zwerchfell festgewachsen sind. Ihre Länge beträgt zwischen Herz und Zwerchfell gerade so viel, als deine Handspanne zwischen Daumen und Mittelfinger beträgt.
Nun trage getrost einmal die Breite deiner Speckfalte auf diese Strecke ab, dann weißt du, dass Aorta und Vena cava mit jedem richtigen Atemzug um 3/4 bis 2/3 ihrer Länge ausgedehnt werden müssten.
Notwendigerweise bedingt eine so immense Ausdehnung hochelastischer Schläuche eine Ausdünnung, (Lumenverringerung), von der du dir wiederum ein Bild machen kannst, wenn du dir beide Endglieder von Daumen und Zeigefinger fortdenkst und sie so aneinander legst.
Jetzt kannst du dir ein Bild machen, wie groß der Bluthub sein muss, wenn alles seinen rechten Gang bei der Atmung gehen würde.
Zu diesem Hubvolumen hinzuzurechnen wäre außerdem die Presswirkung der Zwerchfellabsenkung auf Leber, Bauchspeicheldrüse, Milz und schließlich auf das ganze Darmgekröse und den Unterleib von Mann und Weib.
Wie Tafelschwämme werden alle diese Organe ausgewrungen und über das Blut ihrer Gifte entledigt. Was ist das für ein gewaltiger Blutumsatz und Reinigungseffekt. Beispiellos! Der Laie wundert sich.
Der Blutumsatz ist insgesamt so groß, dass nach Professor von Staa, vom Herzen nur ca. ein Viertel dieser Menge aufgenommen werden kann. Der Rest geht über Wirbelsäulen und sie begleitende Gefäße zum Hirn hinauf, umspült dort die oberste Kommandozentrale und fällt von dort mit eigenem Gewicht zum Herzen zurück.
Das Herz eine Pumpe? Hier stimmt wohl etwas nicht. Schon 1928 hat der große Hamburger Herzspezialist, Professor Mendelsohn darauf hinge-wiesen, dass unser Herz gerade soviel Kalorien zur Verfügung hat, um **gegen** diesen Druck seine Klappen zu schließen, plus ein Drittel Leistungsreserve. Das Herz will nicht Pumpe sein, sondern Litermaß und Verkehrspolizist, damit das Blutangebot gleichmäßig in die richtige Richtung geleitet werden kann.

Wird allerdings die Leistung des Zwerchfelles reduziert, so muss das Herz mit seiner Leistungsreserve herhalten, die es eigentlich für die Nacht aufheben müsste, da nachts ca. ein Drittel flacher geatmet wird. Außerdem kann das Blut in der waagerechten Schlaflage nicht mit seinem Eigengewicht zum Herzen rücktransportiert werden. Das wiederum bedeutet eine unzweckmäßige Überlastung des Herzmuskelsystems bei nicht ausreichender Beatmung des Antreibers Zwerchfell. Der Laie wundert sich, wenn ich behaupte, dass die Schonphase des Herzen der Tag ist, natürlich bei normaler körperlicher Belastung. Hier ist auch der Grund zu finden für die vielen nächtlichen Herztode.
Ja, da fragst du nun, warum du nicht von Natur aus richtig atmest. Die Antwort ist einfach:
Falsche Körperhaltung und falsche Kleidung durch Mode.
Das beginnt schon beim Schuhzeug. Ein Fuß der sich nicht biologisch entfalten kann, verändert die gesamte Körperhaltung.(Abb. 15 a und b, und 16 a und b).

Abb.14

a = richtige Schuhform
b = schwer schädigende Schuhform

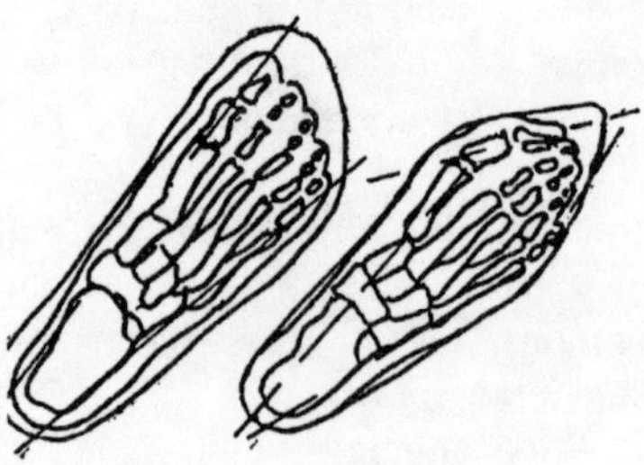

Abb. 15
a = gesunder elastischer Gang
b = stöckelnder kränkender Gang

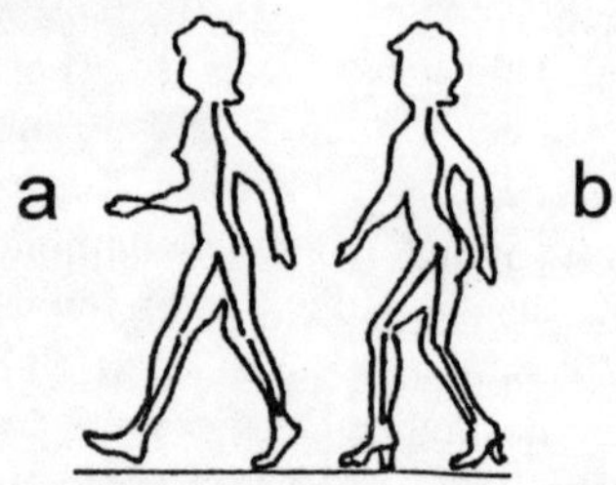

Aus der Abbildung kannst du sehen, wie sich die Gleichgewichtslinie von hinten nach vorne verlagert. Wenn schon Hochlagerung der Ferse erwünscht ist, so sollte diese auf jeden Fall in eine Mulde gebettet sein, (Abb.16 a), und nicht auf einer Rutschbahn (Abb. 16 b).

Abb. 16

a richtig mit Fersenlagerung **b = falsch. Sohle ist Rutschbahn**

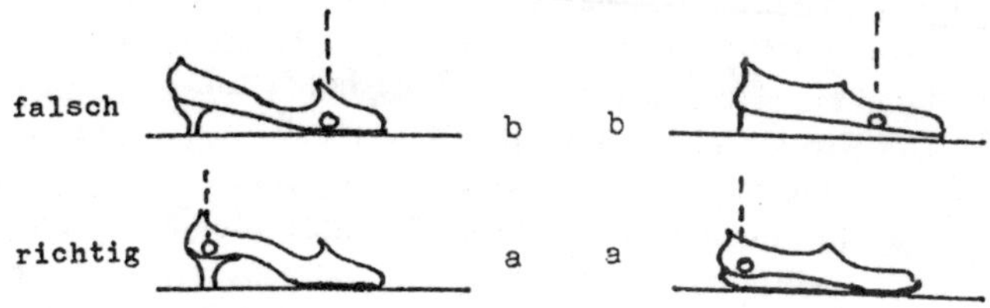

Die Zehen werden in die Schuhspitze hineingepresst und die Grundgelenke müssen sich verformen und arthrotisch werden (Abb. 17 b).

Abb. 17

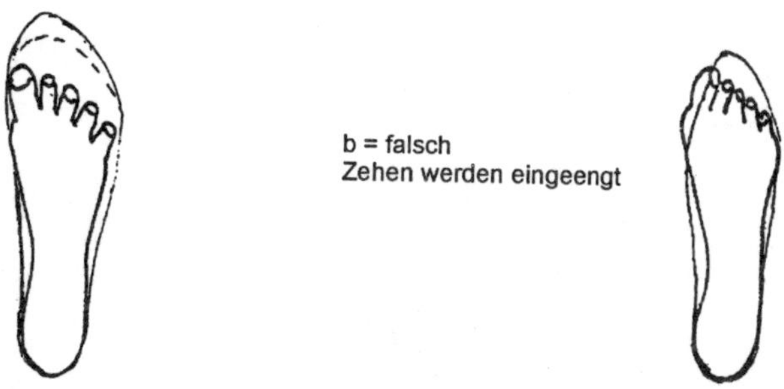

a = richtig

b = falsch
Zehen werden eingeengt

Das ist auch deswegen schlimm, weil im Vorfuß Energiebahnen beginnen, die Leber, Galle, Nieren, Blase und Bauchspeicheldrüse versorgen. Selbst der Magen meldet auf diese Misshandlung Störungen an.
Mach einmal bei dir selbst folgende Kontrolle und setze deinen Fuß auf ein Schreibmaschinenblatt DIN A4 und umrande ihn mit einem Filzschreiber. Auf dieses Kunstwerk setzt du nun deinen Schuh. Wenn du jetzt die Ungereimtheiten entdeckst, wie in der Abb. 17, dann wird es höchste Zeit neues Schuhwerk zu beschaffen. Selbst wenn deine Zehen schon deformiert sein sollten, wirst du trotzdem noch feststellen müssen, wie sehr zu eng deine Fußbehausung geraten ist. Die Abknickung der Großzehe in Richtung Kleinzeh wird Hallux valgus genannt. Auswirkung solcher Schädigung signalisiert immer einen Schaden an der Bauchspeicheldrüse, und ich habe noch keinen Patienten erlebt, bei dem es anders war. Besonders der Zucker verdauende Teil dieser Drüse ist betroffen, was für Stoffwechsel und Herz Folgen hat, die nicht sogleich Diabetes mellitus und Herzinfarkt heißen müssen, aber deren Vorläufer ankündigen in Form von Blähungen, Darmbesaftungsstörungen mit Wurmbefall und Herzsensationen. Die Blähungen drücken das Zwerchfell nach oben und belästigen nicht nur das Herz, sondern vor allem die Atmung,

die ohnehin nicht mehr regelrecht funktionieren kann, weil die Wirbelsäule mit ihrer Gleichgewichtsverlagerung den Brustkorb eindrückt. Damit ist dann gleichfalls der gesamte Kreislauf nachteilig verändert.
Der kleine Zeh mit seinen Signalen für Blasenstörungen bewirkt ähnliche Folgen (Abb. 14a und b).
Schauen wir uns das Spielwerk eine Etage höher an. Zwischen den beiden Beckenhälften des Beckenringes sitzt das Kreuzbein. Bei Verkantung dieser beiden Ringhälften durch Verlagerung der Gleichgewichtsachse, oder durch all zu übliches Überschlagen der Beine, löst sich die feste Verankerung und die gesamte Wirbelsäule muss sich wie ein getretener Wurm ringeln. Gleichgewichtsgründe zwingen sie dazu. Natürlich kommt dabei der Brustkorb in Bewegungsnot. Die regelrechte Atmung wird dadurch zu zwei Dritteln heillos blockiert. (Abb. 18).

Abb.18

Das Überschlagen der Beine hat meistens als Fogle diese Fehlstellung im Becken

Kreuzbein und Becken von oben gesehen

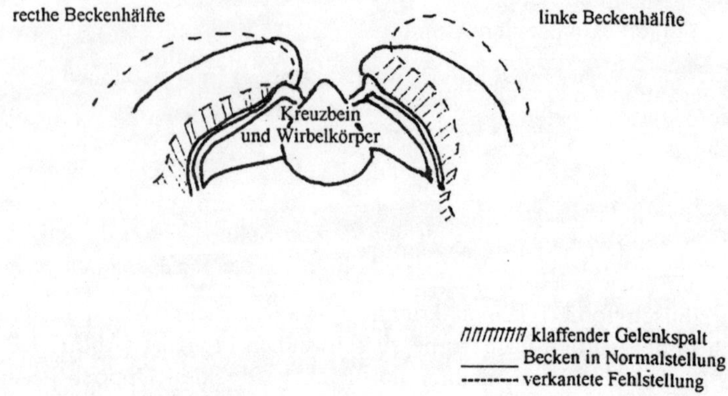

Falsche Sitzhaltung und nicht zuletzt Fettleibigkeit lösen ähnliche Haltungsanomalien aus. (Abb. 19).

Abb. 19

Skoliotische Abberration der Wirbelsäule durch verkantetes Dauersitzen

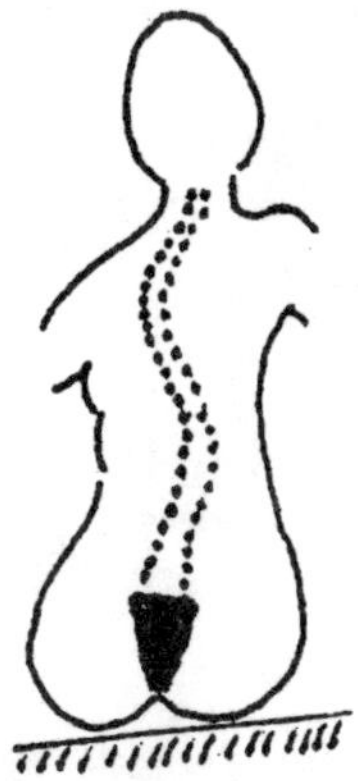

Selbstverständlich kann jeder gesunde Körper kurzfristige Fehlhaltungen ohne Folgen kompensieren und verkraften. Gemeint sind Angewohnheiten und Dauereinwirkungen auf Becken und Wirbelgefüge, wie z.B. berufliche Zwangshaltungen, Fehlhaltungen auf Schulbänken, vor dem Fernseher und nicht zuletzt durch das Verschränken der Beine. Das ist falsch und wird nicht richtiger, weil es gerade Mode ist. Notwendig wären für länger dauernde Sitzperioden nach vorne geneigte Sitzflächen, deren Hinterkante um so viel höher ist, als deine Handbreite ausmacht. (Abb. 20 A). Wenn du es mal probieren möchtest, wirst du augenblicklich merken, wie entlastet sich dein Rücken auf einer solchen Sitzfläche anfühlt. Auch ein Vorbeugen über deinen Schreibtisch fordert keinen krummen Rücken mehr, weil du nunmehr nur noch in den Hüften nach vorne zu schwenken brauchst (Abb. 20 B und A). Die Wirbelsäule kann in ihrer normalen gestreckten Doppel-S-Schwingung verbleiben und die Atmung darf frei durch den Körper strömen. Kopf- und Organbeblutung bleiben ungestört und die Qualität der Arbeitsleistung kann sich in jeder Beziehung nur verbessern.

Noch eine Etage höher geraten wir in eine Zone allgemeinen Unmutes und Widerstandes gegen den normalen Menschenverstand, und ganz besonders bei der holden Weiblichkeit. Gemeint ist der Hosen- bzw. Rockbund.

Abb. 20

Unterschiedliche Sitzhaltungen können erhebliche Störungen im Kreuzbein - Beckenbereich auslösen.

A Schreibtischhaltung bei schräg nach vorn geneigter Sitzfläche. Das Zwerchfell hat freie Entfal tungsmöglichkeit. desgleichen der Brustkorb und die Wirbelsäule.

RICHTIG

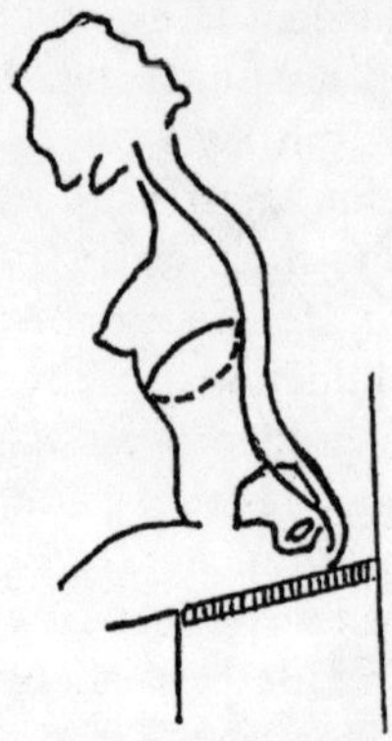

B Schreibtischhaltung bei wagerechter Sitzfläche. Das Zwerchfell wird nach oben gefaltet, die Wirbel säule nach vorn überstreckt. das Becken nach vorn gekippt mit der Gefahr des Ausrastens des Kreuzbeins. Der Gedankenfluß wird stark gebremst.

FALSCH

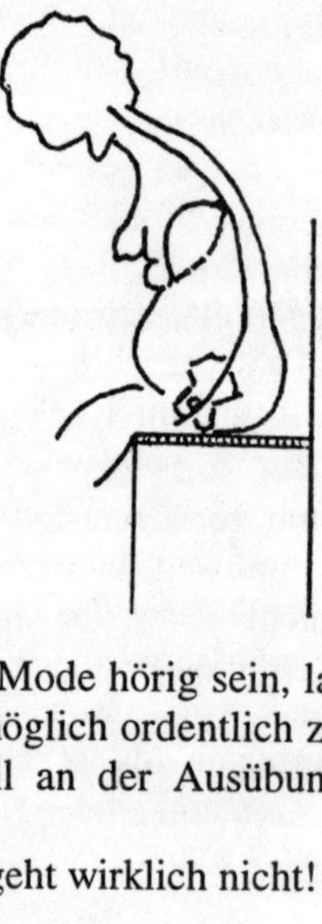

Solltest du, lieber Leser dieser Mode hörig sein, lass´ lieber deine Hände von der Esoterik. Es ist nicht möglich ordentlich zu atmen, wenn dein Hosen- oder Rockbund das Zwerchfell an der Ausübung seiner Pflichten hindern sollte.

Ganz im Ernst, glaub´s mir, es geht wirklich nicht!

Als ich aus meiner Jungmännerzeit zu den Soldaten wechselte, stieg ich aus den damals gebräuchlichen kurzen Lederhosen in eine grüngraue Gürtelbundhose um.
Nicht lange und ohne dass ich begriff woher, bekam ich Kopfschmerzen, Wadenkrämpfe, Sodbrennen, Blähungen, und allgemeines Unwohlsein gesellte sich in unregelmäßigen Abständen dazu. Irgendwann sah ich mich veranlasst dem Truppenarzt mein Leid zu klagen.
Tröstend entließ mich der mit dem Hinweis, dass dieses alles Symptome der Angst seien, die mit der Zeit abklingen würden. Sie klangen aber nicht ab, sondern eher auf. Da damals ein Arzt für mich noch als ein Halbgott galt, glaubte ich ihm trotzdem; denn Angst hatte ich schon hin und weder gehabt.
Als ich schließlich in Russland mein linkes Bein verlor, geschwächt und mit großen Schmerzen in einem Behelfslazarett liegend, waren plötzlich und unvermittelt alle vorab geschilderten Beschwerden verschwunden. Zunächst vermutete ich, dass wohl die großen Schmerzen die kleineren vertrieben haben könnten und wunderte mich deswegen auch nicht.
Ein Jahr später konnte ich die Krankenpflegeanstalt verlassen und die großen als auch die kleinen Schmerzen waren verschwunden. Mir ging es bestens.
Mein erster Weg führte mich zu einem altehrwürdigen Schneidermeister. Er sollte mir meinen ersten richtigen Anzug fertigen, natürlich hüfteng.
Sehr deutlich erinnere ich noch, wie der alte Meister seinen Kopf wiegte bei Entgegennahme meiner Wünsche. Er sagte aber nichts und so bekam ich nach einiger Wartezeit, was ich mir gewünscht hatte. Aus meinem bequemen Overall wechselte ich in meine neue hüftenge Bundhose. Den Bauch einzuziehen war ich ja durch die Komissallüren gewohnt und dieses mal ganz ohne Angst.
Nach knapp acht Tagen bekam ich Kopfschmerzen, Sodbrennen und Wadenkrämpfe.
Wieso und warum ich meinem Schneidermeister das erzählt habe, weiß ich bis heute nicht, jedenfalls lachte der und sagte: „Ja, junger Mann, das habe ich mir schon gedacht, denn so kann ja auch kein normaler Mensch richtig atmen. Die Büx ist zu eng. Wenn Sie gesund bleiben wollen, muss der Hosenbund so weit sein, dass er Ihnen von den Hüften rutscht. Hosenträger sollten Sie tragen.“
Zwei Wochen habe ich mit mir gerungen und seitdem trage ich Hosenträger, sehr breite sogar, um den Lymphweg über die Schultern nicht zu gefährden. Du siehst, selbst ich habe nicht widerstandslos die Fronten gewechselt. Ich habe es nicht bereut. Meine Beschwerden haben sich niemals wieder bei mir gemeldet.
Jawohl, Hosenträger sind das Zauberwort, außer bei ganz schlanken Mädchen, die mit elastischen Hosen- oder Rockbünden ausreichend ausgestattet sind. Ansonsten möchte ich der holden Weiblichkeit empfehlen, die Hosen-

trägerkreuzung zwischen die Brüste zu verlegen. Natürlich wären Kleider, Trägerröcke oder Latzhosen ein Vorschlag zur Güte. Alles das gibt es heute sogar in Samt und Seide.

Mordinstrument gleicher Qualität wie der zu enge Hosenbund ist der leidige BH = Büstenhalter.

So um die sechzig Lymphbahnen werden durch dieses Monstrum auf den Schultern und um den Brustkorb herum abgeschnürt. Tag für Tag kerben diese zentimetertiefe Gräben ins Gewebe.

Die Lymphe kann nicht mehr abfließen, zumal außerdem die Brüste zur Bewegungsinaktivität verurteilt werden, anschwellen und schwer werden.

Bewegung aber ist allüberall Lebenselixier. Ohne sie können die unzähligen kleinen Spiralmuskeln, die sich um die Lymphgänge winden, diese nicht ausmelken; denn das geht erst, wenn vorher die Brust beim Schreiten nach abwärts geschwungen ist. Die Brust erstickt im eigenen Müll, und wen wundert´s dann noch, dass fast ausschließlich Frauen an Brustkrebs erkranken.

Abgesehen von all dem bedeutet die Einengung des Brustkorbes eine starke zusätzliche Behinderung der Atemmuskulatur dieses Bereiches. Und gerade sie ist der Gegenpol zum Zwerchfell, von dessen Funktion wir ja soeben berichtet haben. Wenn beide nicht harmonisch miteinander spielen können, kommt es zum Zwerchfellkrampf, der das Herz in erheblicher Weise einzuengen vermag. Gleichzeitig unterbleibt die Entgiftung der Eingeweide, die nun ihrerseits mit verlangsamtem Nahrungstransport zur Gärung und Fäulnis gezwungen werden. Die entstehenden Gase treiben das Zwerchfell nach oben und stellen das Herz zusätzlich zu seiner Übehrbelastung auch noch quer. Eine Kette von Durchblutungsstörungen ist die Folge. Sauerstoffmangel bewirkt Zellatmungsstörungen. Disharmonie an allen Fronten ist angesagt.

Quintessenz des bisher Geschilderten wäre: Freisetzung der Atemaktivitäten durch vernünftiges Schuhzeug, körpergerechte Sitzhaltung und Verzicht auf zu enge Kleidung. Damit ist aber nur die eine Hälfte zur rechten Atmung erfüllt.

Die andere Hälfte bezieht sich auf die Frage, wie sich denn die fehlgeleitete Atmung wieder an notwendige förderliche Bahnen gewöhnen soll. Von alleine tut sie´s nämlich nicht.

Ich höre dann immer die Vokabel: *Atemgymnastik* weit gefehlt. Bitte überlege einmal, ist etwa die Atmung ein bewusstes Geschehen ?

Sie ist es nicht. Die Impulse der Atmung sind absolut unterbewusst, vegetativ. Sicherlich sind wir in der Lage den Atem kurzzeitig bewusst zu manipulieren, notfalls mit gymnastischen Zählmethoden = 1,2,3 und 1,2,3,4 usw.

Zu erwarten, dass auf diese Weise vegetatives Geschehen umgekehrt werden könnte, halte ich für ausgemachten Schwachsinn. Kein lebender Mensch wird jemals in der Lage sein, wie eine Gouvernante neben der Atmung einherzuwandeln, um sie mit Zählmethoden am richtigen Funktionieren zu halten.

Unbewusstes kann man nur unbewusst wieder zur Funktion locken.
Wie das möglich ist, wirst du fragen - ganz einfach.
Fünf Minuten vor jedem Einschlafen befinden wir uns in unmittelbarer Nähe unseres Unterbewusstseins, sei es nun mittags vor dem Mittagsschlaf oder zur Abendzeit. Leg´ dich auf den Rücken und strecke alle VIERE von dir, sodass kein Glied den Rumpf berührt. Stell dir vor, du wärest wieder ein kleines Kind von sechs bis zwölf Jahren, total abgeschlafft vom Umhertollen und lägest jetzt hineingeflegelt in eine blühende, duftende Sommerwiese. Lerchen singen ihr Lied dazu, begleitet von den Kommentaren einer frechen Spatzen-crew. Glücklich, entspannt, frei von allem Alltagsgeschehen. Hast du diesen Zustand erreicht, dann versuche bitte ganz vorsichtig der Atmung mit inneren Ohren zu lauschen; aber wirklich nur lauschen, nicht versuchen das Geringste zu ändern! Die Atmung ist nämlich sehr geschamig und lässt sich nur sehr ungern zuhören. Fühlt sie sich belauscht, hält sie einfach an. Lass´ dich davon jedoch nicht entmutigen oder ängstigen. Nach kurzer Frist wird sie sich in einem stackatierenden tiefen Seufzer Luft schaffen. Genieße das, was sich nun ereignet: ein Atemerlebnis, und das nimmst du mit hinüber in den Schlaf. Was hier geschehen ist, bedeutet bewusst gewordener Rücktransport vegetativen Geschehens ins Unterbewusstsein. Du hast deinen Atem als unterbewusstes Ereignis erfahren, bewusst werden lassen, und nun gleitest du damit in deinen Schlaf hinüber. Das ist wie eine neue Prägung deines Unterbewusstseins. Wenn du diese *Übung* nur ein viertel Jahr durchführst, wirst du eine gravierende Befreiung spüren und sogar mit dem Blutdruckmesser nachmessen können.
So weit wären die körperlichen Aspekte der Atmung ausreichend erörtert, um den materiellen Bereich deiner Leistungsfähigkeit zu umreißen.

Der seelisch - psychisch - astrale Bereich darf darüber hinaus jedoch nicht vergessen werden. Erinnern wir uns: zur Psyche gehört die gesamte Organfunktion, und hier finden wir zunächst die Nase, ein Organ, das tief in den seelischen Körperzustand hineingreift. Denke bitte einmal daran, wie man sich fühlt, wenn ein Schnupfen alles trübe und traurig erscheinen lässt.
Bei der Nase beginnt unsere Atmung normalerweise. Sollte es der Mund sein, ist in jedem Falle mit psychischen Störungen zu rechnen. Sie ist ein kompliziertes Kanalsystem mit Ausstülpungen in den Atemkanal hinein, Muscheln genannt (Abb. 21).

Abb. 21

Die Nase ist ein kompliziertes Kanalsystem mit jederseits drei Einstülpungen, Muscheln benannt, wodurch auf beiden Seiten vier Kanäle entstehen. Diese führen, wie in der Zeichnung angedeutet, in unterschiedliche Richtungen.

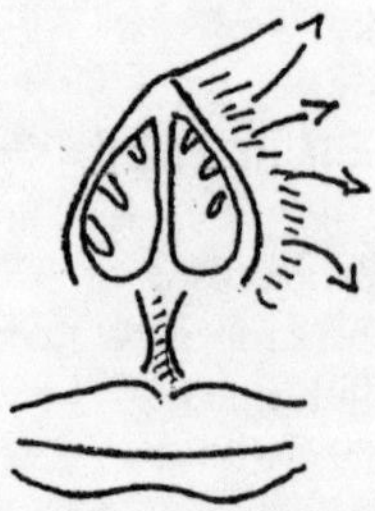

Sie entspringen an den beiden Außenwänden der Nase und reichen fast bis zur Nasenscheidewand. Dadurch entstehen acht Atemkanäle, die jedoch keineswegs in gleiche Richtung führen. Die beiden oberen ziehen schräg nach oben zum Gehirn, zu einem Areal mit reichlich – Fernmeldezellen -. Das zweite Gangpaar zielt waagerecht gegen den oberen Rachenbogen. Drittes und viertes Paar ziehen schließlich schräg abwärts, lassen aber, wie die anderen auch, den Luftstrom gegen die hintere Rachenwand strömen. Diese ist ein hochsensibles Meldezentrum, in acht Areale unterteilt, die wiederum verschiedenen Organen reflektorisch zugeordnet sind.

Der Atemstrom läuft nun nicht etwa gleichzeitig durch alle vorhandenen Kanäle. Immer nur zwei sind jeweils geöffnet, und das bei allen Menschen auf der nördlichem Erdhalbkugel zur gleichen Zeit. Hält sich deine Nase nicht an diese kosmische Verabredung, ist dein Organismus gestört und krank.

Im Uhrzeigersinn rotieren diese Öffnungszeiten. Zwei aufeinanderfolgende Nasengänge sind jeweils für den Luftstrom freigegeben und signalisieren auf diese Weise über die zugehörigen Areale im Rachen den entsprechenden Organen: „Jetzt werdet ihr mit Sauerstoff und Energie versorgt." Ist eines der Empfängerorgane krank und will weder Energie noch Sauerstoff haben, um die Erkrankung nicht noch mehr anzuheizen, so signalisiert er zur Nase per Fax: Bitte Zufuhr dicht machen!" Die entsprechenden Nasenmuscheln schwellen an und reduzieren so die Zufuhr auf ein Minimum. Weitreichende Folgen werden auf diese Weise verhindert.

Ist ein Organ chronisch geschädigt, kommt es bisweilen vor, dass aus gleicher Ursache die Nasenmuscheln sich vergrößern, die Scheidewand oder sogar beide sich verbiegen.

Operativ solchen Selbstschutz zu beseitigen verbietet sich eigentlich von selbst, und Operationen an dieser Stelle haben immer psychische Folgen. Allerdings muss ich dazu sagen, dass schon eine ganze Portion Atemdisziplin

dazu gehört, solche Verunstaltungen kontemplativ auszuschalten; aber homöopathisch lässt sich ausgezeichnet gegenregulieren.
Die beiden oberen Nasengänge bewirken neben der Sauerstoffbeflutung die Aufnahme von AKASHA, A , der Emanation der Lichtquanten.
Nasengang zwei und drei links transportieren neben den normalen Atemeffekten APAS, U, die Emanation des Wasserelementes aus dem Lichtquant aus AKASHA.
Rechts in den gleichen Etagen finden wir TEJAS, I, Emanation des Feuerelementes aus AKASHA.
Rechts und links, in der untersten Etage liegt als Gegenpol zum AKASHA, PRITHIVI, E , die Emanation des Erdelementes aus AKASHA.
Die Emanation des Luftelementes zieht sich durch alle vier Etagen entlang der Nasenscheidewand, wahrscheinlich um auf diese Weise einen Minimaltransport von Luft und Energie zu gewährleisten (Abb. 22).

Abb. 22

Die acht Nasenkanäle werden niemals alle gleichzeitig beatmet. Jeder dieser Kanäle hat eine ganz bestimmte Beziehung zu einem der fünf Urelemente.

Å = Akasha
E = Erde
I = Feuer
O = Luft
U = Wasser

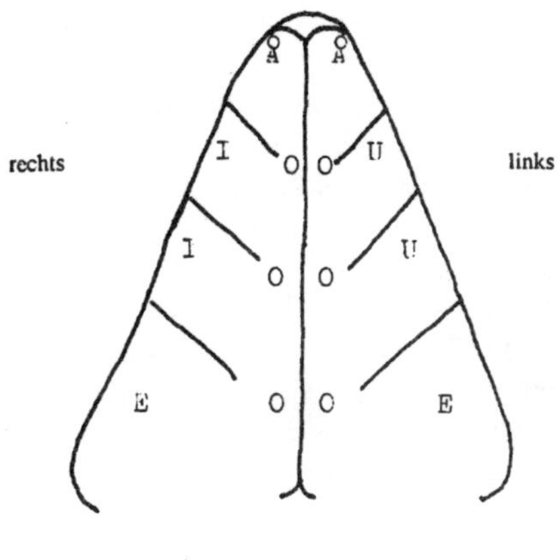

Neben den Atemkanälen befinden sich Resonanzräume, Nebenhöhlen benannt. Sie haben die Aufgabe die aufgenommenen Energien hochzutransformieren. Sind diese Kondensatoren verstopft, versagt die Energieübertragung und der Mensch fühlt sich schwach. Diese Energie hängt ausschließlich mit der Steuerung der Organe zusammen und ist minuspolig. Der Chinese würde von YIN sprechen. Das bedeutet letztlich, dass diese Wirkungen sich ausschließlich auf den Stoffwechsel beziehen und somit auch auf unser Seelenleben bzw. auf unsere Psyche.

Am Rande sei vermerkt, dass dieser kosmische Energiefluss über die Nase gleichzeitig die Ohren versorgt. So könnte man die Ohrtuben und die Ohrhöhlen als Nebenhöhlen und Nebenhöhlengänge der Nase verstehen. Hier befindet sich folglich ein wesentlicher Teil der Verbindung zu den Resonanzräumen hinter den Ohren.
Die Augen, die ihre Emanationen des Feuer- und Wasserelementes über die Nebenhöhlen empfangen, bedürfen ebenso der ungestörten harmonischen Funktion wie Ohren und alle anderen Organe des Körpers.
Gefühl und Wohlbefinden hängen folglich wesentlich vom freien Luft- und Energietransport über die Rachenrückwand und die Nebenhöhlen ab. Dabei fällt mir die Modetorheit des Kopfbandes oder Kopfreifens ein, soweit es sich nicht um ein wohl angepasstes Kleidungsstückes handelt. Natürlich gilt das auch für Hüte und Kronen.
Jede Beeinträchtigung der Kopfbeblutung, auch über die äußeren Gefäße, unterbricht nicht nur die Blutzufuhr zu einem erklecklichen Teil, sondern vor allem, und das sehr viel mehr im energetischen Bereich.
Wir hatten festgestellt, dass die Atmung ein Teil der Verdauung sei. Tatsächlich ist der Lungensack effektiv nur eine Aussackung des Verdauungsweges (Abb. 23).

Nur mit Hilfe des eingeatmeten Sauerstoffes und des Energiepotentials ist ein regelrechter Stoffwechsel denkbar. Und nicht nur das; der größte Teil des benötigten Energiepotentials wird über die Haut aufgenommen, ebenfalls gesteuert mittels der Atmung. Wenngleich das wissenschaftlich längst nachgewiesen worden ist, spielt das in der Medizin bislang nur ein Schattendasein. Der Mensch kann nicht ohne Atmung existieren. Flüssigkeit kann er über einige Tage entbehren, feste Nahrung sogar über mehrere Wochen, aber die Atmung nicht einmal eine Stunde.

Ein ernstes Wort an die Raucher unter den Esoterikern:
Bitte, bitte, liebe Freunde, verseucht nicht auch noch dieses göttliche Medium. Nach Prof. von Weizegger haben wir auf der Erde ohnehin nur noch für kümmerliche 25 Jahre atembare Luftreserven. Wisst ihr eigentlich, dass Raucher und Autofahrer mit Benzinmotoren die größten Luftzerstörer sind? Die Industrie vernichtet die Luft nicht, sie belastet sie nur, was auch schlimm genug ist.
Der Raucher jedoch verwandelt den wichtigsten Teil der Luft in das giftige Schwelgas Kohlenmonoxid C O. C O kann jedoch von der Natur nicht rückverwandelt werden in $C O^2$, Kohlendioxid. Wollt ihr wirklich, dass unsere Enkel nur noch mit einer Sauerstoffmaske existieren können?

Abb. 23

Die beiden Lungenflügel in Verbindung zur Nase.

Tatsächlich sind sie nur ein "Rucksack" zum Verdauungstrakt

Nasen- Rachenhöhle

Bronchialtrakt

Speiseröhre

Magen

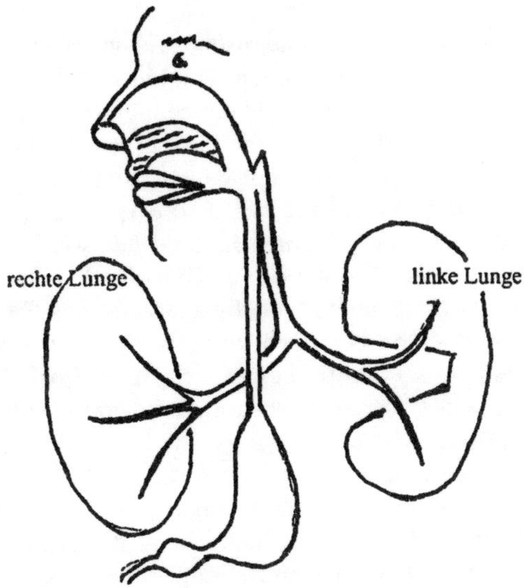

Ist es nicht auch bedrückend zu wissen, dass Kinder stark rauchender Frauen körperliche und geistige Schäden davontragen. Natürlich sind Raucher keine Verbrecher, eher bedauernswerte Gehirnkrüppel, Menschen, die nicht die Kraft aufbringen können, dem Zwang ihrer Sucht Einhalt zu gebieten. Allerdings müssen sie sich den Vorwurf der vorsätzlichen Körperverletzung gefallen lassen, da sie wissentlich die Gesundheit anderer schädigen, vor allem dann besonders, wenn sie in geschlossenen Räumen und in Gegenwart von Kindern und Nichtrauchern ihren Smog ablassen. In geschlossenen Räumen gibt es erwiesenermaßen keine größere Schadstoffkonzentration als den Tabakqualm. Dabei ist es unerheblich, ob es sich um Zigaretten-, Zigarren-, oder Pfeifenrauch handelt.

Der größte Teil der mehr als 40 nachgewiesenen Giftstoffe wie Kohlenmonoxid, Nikotin, Blausäure, Teerstoffe, Arsen und seit Tschernobyl siebenmal so viel an Radioaktivität und viele andere Belastungsstoffe, werden nicht über den Hauptstrom des Rauchers selbst inhaliert, sondern über den Nebenstrom an die Umgebung abgegeben. Ein Kubikmeter Zigarettenrauch enthält über 1.000 mal so viele Schmutzteilchen als Luft an Verkehrsknotenpunkten mit starker Belastung. Ausdünstungen aus Bauteilen, die in letzter Zeit von sich reden machten, spielen dagegen nur eine bescheidene Rolle.

Tabak ist außerdem für den Menschen eines der größten Energieprobleme, ganz gleich, in welcher Form er konsumiert wird: als Pfeifenrauch, Zigarrenqualm, Zigarettengas oder gar als Kautabak. Ca. 20 Zigaretten am Tag zu konsumieren bedeutet, dass sich im Verlaufe eines Jahres ein Becher voller Giftstoffe angesammelt haben.

Fast eineinhalb tausend chemische giftige Verbindungen von Phenolen, aliphatischen und aromatischen Kohlenwasserstoffen, Ketonen, Aldehyden, Alkoholen, Glyzerinen und Säuren ordnen sich zu einer energetischen Armee, die tausendmal stärker ist als die bioenergetische Abwehrfront im Menschen.

Der entstehende Teer mag gut taugen zum Isolieren von Lichtleitungen und zum Bepflastern von Straßen; für die Lungen ist ein solcher Belag jedoch quälend tödlich. Die gesamten Innenwände werden verklebt und der gequälte Organismus versucht sich vergeblich durch Hustenstöße dieses Drecks zu entledigen. Ca. 25 chemische Bestandteile des Teers sind energetisch angereichert mit Krebs erzeugenden Schwingungen elektromagnetischer Natur. Auf Grund ihrer Polarität heften sich diese Stoffe blitzartig an die entgegengesetzt gepolten Körpergewebe im Blut und besonders im Darm und im Bereich der Blase.

Bevorzugt wird bei Rechtshändern die linke Körperseite, und da beobachtet man die vielen linksseitigen Raucherbeine, den Herzinfarkt oder den Schlaganfall. Hauptsächlich ist die linke Seite betroffen. Dazu sei angemerkt, dass ein linker Apoplex im Gehirn immer die entgegengesetzte Seite trifft und somit nur scheinbar dieser Regel widerspricht.

Die heute vielfach besprochene Osteoporose findet gleichfalls durch den hohen Kalk-Eiweißverlust einen gut bereiteten Nährboden.

Jährlich rechnet man in der Bundesrepublik Deutschland mit rund 140.000 Rauchertoten, die zweifellos dem sozialen Netz zur Last gelegt werden.

Unsere Lebensenergie ist **Yin** in Harmonie mit **Yang**. Yin heiß bei uns **Minus** und **Yang** bedeutet **Plus**. Der Raucher bringt dieses Gleichgewicht ins Wanken. Die Plus-Überflutung beziffert sich bei einer Zigarette bereits auf das 900-fache der normalen Yin-Lebensenergie. Man kann nur feststellen: Keine Chancen!

Das Argument mit dem hundertjährigen Großvater, der immer geraucht haben soll, zieht nicht, denn als dieser Großvater geboren wurde, schrieb man das

Jahr 1890. Damals war das Rauchen lediglich der hauchdünnen ständig kränkelnden Oberschicht vorbehalten.
Als Volksseuche machte sich das Rauchen erst im und nach dem letzten Weltkrieg breit durch reichliche Tabak-Gratisbelieferung der Fronttruppen. Zu der Zeit war unser Großvater aber mindestens fünfzig Jahre alt und nicht mehr fronttauglich. Vielleicht hat er nach der Währungsreform damit angefangen, weil´s halt alle machten. Ganz sicher ist er mit seinem Tabakgenuss sehr mäßig geblieben; denn das war bei jenen Jahrgängen so.
Zu dieser Zeit war er schon mindestens 60 Jahre alt. Ich schätze, dass wer 60 Jahre gesund gelebt hat, ohne Zweifel große Bioreserven gesammelt hatte, die dann für den Rest des Lebens ausgereicht haben dürften, um auch einmal über die Stränge zu schlagen.
Da sich die Raucherei extrem der Bio-Energie entgegenstemmt, ist eine esoterische Reifung ohne absoluten Verzicht darauf undenkbar.
Mein Tipp: „Hör noch heute auf!"
Ich weiß, dass es sich einfach anhört und keineswegs ist. Dennoch, wenn du reifen willst, wenn du den esoterischen Weg konsequent weiterschreiten willst, bleibt dir keine andere Wahl, und du wirst erstaunt bemerken, wie dir plötzlich Dinge gelingen, die vorher immer wieder an deinen Zielen vorbeigerieten. Also, greif' es an! Mach mit dir einen schriftlichen Vertrag, den du anschließend unterschreiben solltest. Ein Muster, wie man das macht, findest Du unter den Abbildungen (Abb. 24).
Über die eigene Unterschrift kann man nur mit Gesichtsverlust hinwegspringen. Du könntest dir dann nicht mehr im Spiegel in die Augen schauen.
Robustere Naturen brauchen zusätzlich eine Trumpfkarte: Man versammelt viele Bekannte und Verwandte um sich und verkündet, dass dieses die letzte Zigarette im Leben ist.
Jedem wird in die Hand versprochen, dass wenn er dich jemals mit einem Glimmstängel erwischen sollte, dein ganzes Monatseinkommen kassieren kann.

Die einzige Sünde auf Erden ist vorsätzliches Schaden.
Rauchen ist vorsätzliches Schädigen!

Abb.24
Willenserklärung vor meinem Gewissen

Hierdurch verpflichte ich mich, im Rahmen meiner beabsichtigten biologischen Lebensweise,

das Rauchen aufzugeben.

Mein Entschluss ist ab sofort gültig und schließt jeden Rückfall aus. Somit verpflichte ich mich, mir täglich im Spiegel zu begegnen und in meinen Augen den ehrlichen Willen dazu bestätigt zu sehen.

Ich bin mir darüber im Klaren, dass diese Augenkontrolle nicht mehr möglich ist, wenn dieser innere Vertrag mit meinem Gewissen gebrochen wurde.

Um mein Versagen zu vermeiden, werde ich mir, - ohne Ausflüchte, - die Gründe für meinen Entschluss täglich zu Gemüte führen.

Ich will mir bewusst bleiben, dass die reine Atemluft das göttlichste Geschenk an Natur und Mensch ist. Sie ist wichtiger als Essen und Trinken.

Diesen Vertrag schließe ich freiwillig mit meinem Unterbewusstsein und besiegele ihn feierlich bei Kerzenlicht mit meiner Unterschrift.

________________, den 20__
Unterschrift

Dieser Vertrag wurde angeregt durch HP B. Chales - de Beaulieu Schule Klein Schlamin 23730 Marxdorf Tel.:04564311.

Dritter Teil der Atmung ist **der geistige Aspekt.**
Eingangs dieses Kapitels sprach ich von **Odem**, der uns von Anbeginn unseres irdischen Daseins begleitet bis hin zum Verlassen dieser materiellen Sphäre. **Odem** ist nicht nur hier bei uns zu Hause. Er durchwallt den ganzen Kosmos, und wenn jemand den Tag der Rückkehr erreicht hat, so möchte ich ihm eindringlich mit auf den Weg geben: „Freund atme weiter! Du brauchst nicht ohnmächtig zu werden. Du kannst von einem Bewusstsein ins andere hinüberatmen. Schließlich verhältst du auch nicht den Atem, wenn du aus deinem Auto aussteigst."
Wie schon erwähnt möchte ich dich veranlassen, dich von der Vorstellung zu lösen, in *strammer Haltung* auf deinem Sarg auf deinen *Jüngsten Tag* zu warten.
Gott schuf den Menschen aus Erde oder Lehm, keiner weiß das so ganz genau, und hauchte ihm den Odem ein. Odem ist unser heiligstes Gut, **überall**!
Jeder Atemzug besteht aus einer Dreieinigkeit. Keineswegs ist er, wie es in der Schule gelehrt wird, zweischenklig.
Ein- und Ausatmung entsprechen Geburt und Sterben. Die Geburt geschieht in Richtung Materie und das Sterben in Richtung Astralebene. Mit jedem Atemzug schwanken wir zwischen Dies- und Jenseits, zwischen Schlaf und Wachsein. Da ist jedoch ein Drittes, meist nicht mehr Gewusstes, geschweige denn getätigtes: die *Atempause* der Seeligkeit.
Mein Schwimmlehrer wusste zu meiner Jugend Maienblüte exakt darüber Auskunft zu geben, als er versuchte mir das Tauchen beizubringen. „Nach der Ausatmung, nicht nach der Einatmung musst du die Atempause machen! Dich treibt sonst die eingeatmete Luft wieder rasch an die Wasseroberfläche zurück, und du kannst dabei deine Besinnung verlieren. Hast du tief ausgeatmet, kannst du bei einiger Übung lange unter Wasser bleiben ohne das Bewusstsein zu verlieren."

Bewusstsein
Ob er wohl geahnt hat, was er mir da für mein späteres Leben geschenkt hat?
Das Bewusstsein hat seine Wurzeln im Mentalbereich. Es ist der Schwingungsaggregatzustand reinsten Geistes in materieloser Körperlosigkeit. Ausschließlich durch die Atmung sind wir mit diesem kosmischen Energiebereich verbunden, eben durch die Atempause. Wer sich in der zweischenkligen Atmung in Hast und Eile verliert, wird um sich herum einen immer dicker werdenden Isolierpelz aus komprimierten, fast materiellen Resonanzschwingungen errichten. Einen Käfig, für den jeder selbst verantwortlich zeichnet.
Allein die Atempause lässt diesen Käfig wie Butter an der Sonne schmelzen. Selbst Ungeübte können das zumeist auf Anhieb in den Handflächen spüren. Probier´s nur: lege die Handflächen gen Himmel gerichtet auf deine Oberschenkel. Ganz entspannt bitte, auch Schultern und Oberschenkel müssen frei

von Spannung sein. Richte dich sehr gerade auf und lasse nach der Ausatmung deinen Atem für einige Sekunden ruhen, und augenblicklich wirst du in der Innenhandflächen etwas Sonderbares wahrnehmen, und wenn du noch einige Sekunden weiter lauschen kannst, so wirst du ein intensives Hineinlasten in deine Hohlhände empfinden. Das ist *das Wasser des Lebens, das nicht deine Hände netzt.* (Bibel).
Du wirst von Atemzug zu Atemzug deiner Atemruhe in steigendem Maße bewusst, und auch deine Empfindungsfähigkeit wird sich steigern.
Was du hier empfunden hast, war nicht das Element Wasser; es handelt sich vielmehr um die vier QUINTESSENZEN der vier klassischen Elemente: Feuer, Erde, Luft und Wasser.
Die Quintessenz wird sowohl in Europa als auch in Indien und Amerika von den Magiern, Yogis und Gurus, von Alters her *Akasha* genannt.
Na, sag´ doch mal, kennst du dieses Gefühl nicht schon aus einer ganz anderen Ecke? Denke doch einmal ganz scharf nach. Immer noch nicht, probier´s noch einmal! Oder ist es schon so lange her, dass du geliebt hast? Dieses Gefühl ist L I E B E, reinste kosmische Liebe
Wie war´s denn, als ich jung und frei vor der Haustüre meiner Angebeteten stand, um ihren Eltern meine Aufwartung zu machen, natürlich mit einem riesen Blumenbuschen unter dem Arm. Vor Erregung und innerem Vibrieren wagte ich kaum den Klingelknopf zu drücken. -
Und sie, meine Angebetete, sie stand auf der anderen Seite der Tür, ebenso bebend und wartete darauf, dass ich´s doch endlich tun möge.
Dieses heilige Vibrieren, mein Freund, gilt es wieder zu erringen!
EIN - und AUSatmung sollten zu diesem Zweck absolut und entspannt und ohne dein Zutun ablaufen. Die Atempause dagegen muss im Anfang dieser Übungen sehr aufmerksam belauscht werden.
Bitte keine Superatempause erzwingen. Das bringt überhaupt nichts. trainingsmäßig und außerordentlich vorsichtig solltest du lernen sie zu verlängern. Es muss ein zärtliches Unterfangen sein. je zärtlicher um so effektiver gestaltet sich alles.
Ich sagte bereits: Die Atempause nach der Ausatmung ist *die Pause der Seeligkeit.*
Sie ist die Entspannung im Sinne der angehäuften Tagesenergien. Sie ist es auch, die einen Hand - bis meterdicken Energie - Isolierpelz zerschmelzen lässt, der uns beständig von kosmischen Einstrahlungen trennt. Wie ich schon sagte ist er ein selbst gezimmertes Gefängnis, dessen Gitterstäbe immer dicker werden, je mehr wir die Atempause missachten.
Im Gegensatz zur Ein - bzw. Ausatmung darf die Atempause geübt und bewusst verlängert werden. Als mentale Phase des Geschehens zeigt sie sich bei einiger kontemplativer Übung farbig, und das um so intensiver, je länger

diese Pause gestaltet wird. Bitte höre genau, was ich gesagt habe: Diese Pause sollte **gestaltet** werden und **nicht in die Länge gezwungen sein!**
Nur Zärtlichkeit gewährleistet, dass dieser *Lichtschalter* auch funktioniert. Sehnsucht allein darf ihre Dauer bestimmen.
Die direkte Berührung mit dem Kosmos, mit Gott, findet auf diese Weise, und ausschließlich auf diese Art, statt. Sie ist der direkte Telefondraht zu IHM. Ich kann dir nur wärmstens raten, diese Verbindung nicht einrosten zu lassen; denn wenn du einmal in Not darauf angewiesen sein solltest, kann es dir sonst passieren, dass du nicht weißt, wie die Telefonnummer zu wählen ist. Auf keinen Fall darf die Länge der Atempause die beiden anderen Atemphasen beeinträchtigen.
Solltest du bei deinen Kontemplationsübungen außer Atem geraten sein, unterbrich die Übung und verpuste dich: du hast etwas falsch gemacht! Beginne neu und vergiss nicht die Zärtlichkeit. Die Dauer der Atempause muss nicht sogleich eine Meisterleistung von 36 Minuten betragen. Zehn bis dreißig Sekunden sind schon eine gute kontemplative Grundlage, soweit man auf diesem Gebiet von Leistung sprechen darf. Nach einiger Zeit der Übung wirst du bemerken, dass bei Verlängerung der Pausen die Tiefe der Atmung abnimmt (Abb. 25/1).

Abb. 25

Tatsächlicher Verlauf der Meditationsatmung. Das Energiegefüge wächst schließlich so sehr an, daß die Atemzüge immer kleiner werden können. Man versinkt im Ozean der Energie.

1 

Der Asiat spricht dann vom Versinken im Meer des Lebens. Tatsächlich ereignet sich folgendes: Wenn du in der Atempause jenen kosmischen, energetischen Gesamtkomplex als leises Strömen oder Rieseln - mal kühl, mal warm - wahrnimmst, legt sich dir während der Einatmung dieses deinem ganzen Organismus an. Eine sehr kurze oder gar keine Atempause lässt es mit der Ausatmung eben so schnell wieder verschwinden. Erst eine Atempause von zirka fünfzehn Sekunden, in hochgradiger Zärtlichkeit, lässt einen Restteppich von Energie in dir zurück. Mit jeder Atempause wird der Teppich dicker, bis die Atmung in der angestauten Energie versinkt (Abb. 25/2).

2 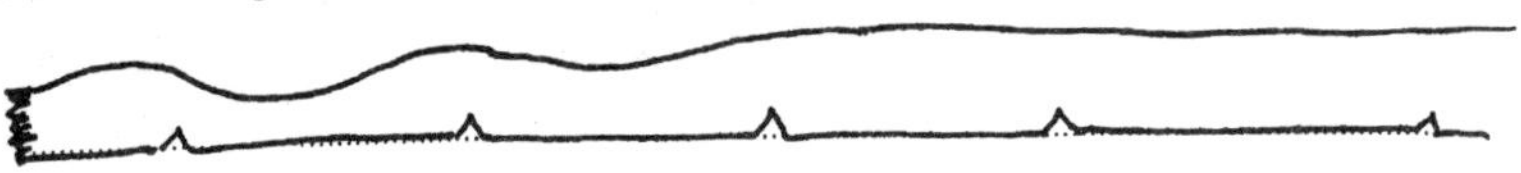

Das erhöhte Energieangebot macht zudem den Organismus immer unabhängiger vom Sauerstoffangebot. Zunächst empfindet der Kontemplierende noch die über ihm zusammenschlagenden Wellen. Versinkt er weiter, vergeht auch diese und er wird zum Adepten der Meditation, der schließlich bis zum Grund des Meeres vorstößt.

Ein Mensch kann *zu Grunde gehen*, er kann etwas *ergründen* und er kann schließlich wie ein Fisch *gründeln.* Das sind Stufen der Reifung, abhängig davon wie weit er in der Lage ist, diese zu beschreiten. Natürlich ist das bei jedem unterschiedlich veranlagt. Keineswegs ist es gleichgültig, ob dieser Vorgang im Akasha oder in einem oder mehreren der übrigen vier Elemente provoziert wird. Darüber jedoch später mehr. *Ungemein wichtig ist es, jedes Mal die angestaute Energie insgesamt an den Kosmos zurück zu erstatten.* Mit vollem Bewusstsein muss zu diesem Zwecke der Ausatem stoßweise und spürbar alles wieder abgeben. Bitte versäume das niemals, sonst wirst du gesundheitliche Schäden davontragen.
Vergiss gleichfalls nicht - auch wenn du durch Zufall in einen kontemplativen Zustand geraten sein solltest - den ganzen Körper nach dem Abatmen zu recken und zu strecken, so wie du es nach dem morgendlichen Erwachen auch tun solltest.

jedes Mal die angestaute Energie insgesamt an den Kosmos zurück zu erstatten. Mit vollem Bewusstsein muss zu diesem Zwecke der Ausatem stoßweise und spürbar alles wieder abgeben. Bitte versäume das niemals, sonst wirst du gesundheitliche Schäden davontragen.
Vergiss gleichfalls nicht - auch wenn du durch Zufall in einen kontemplativen Zustand geraten sein solltest - den ganzen Körper nach dem Abatmen zu recken und zu strecken, so wie du es nach dem morgendlichen Erwachen auch tun solltest.

Die flüssige Nahrung und Wasser

Getränke sind nächst der gasförmigen Feinnahrung für den Stoffwechsel zunächst notwendig, was allerdings der moderne Mensch so in sich hineingießt, das kann sehr positive, aber ebenso negative Auswirkungen haben. Positive sind natürlich solche, die zur Erhaltung und Erneuerung von verbrauchten Geweben und zur Umsetzung neu zugeführter Energie notwendig sind. Negative tun absolut das Gegenteil und man sollte meinen, der Vernunft begabte Mensch sei so logisch in seinem Handeln, dass er überwiegend ersterer Möglichkeit zugeneigt sei. Falsch geraten, das gerade Gegenteil ist der Fall.

Kaffee
Wer trinkt heutzutage keinen Kaffee? Dabei sollte eigentlich hinlänglich bekannt sein, dass er einer von vier Ursachen des nicht tödlichen Schlaganfalles ist. Außerdem ist nach amerikanischen Forschungen dieses Getränk krebserregend.

Wenn es nur auf das Koffein ankäme, wäre das Ganze noch gar nicht einmal so schlimm. Koffein und Teein schaden in den wenigsten Fällen. Die *Röststoffe* sind es, die wir fürchten lernen sollten. Sie sehen unter dem Mikroskop aus wie ein Schrotthaufen von Benzinkanistern, unter denen eine Handgranate explodiert ist, scharfkantig, widerborstig und riesig ineinander verhakt. Alle Röstmoleküle sehen so aus und sind gleich gefährlich. Sie dürften eigentlich die Darmwand nicht passieren, weil ihre Teilchengrößen zu gewaltig für die Poren in den Darmzotten sind. Dummerweise wirken Eiweiße wie auch Kohlehydrate auf sie wie Traktoren, die diese Unholde auf den Haken nehmen und durch die Darmwand hindurchzerren, da ihr Weg durch die Darmwand nun einmal vorgezeichnet ist. Die Darmwand ist darüber gar nicht glücklich und ist verschnupft. Jenseits der Darmwand rauscht nunmehr diese Horde der Rache auf die Leberpforte zu und verletzt bereits bei einer Tasse Kaffee zirka 8.000 Leberzellen. Bitte stelle dir das einmal als Bombenangriff auf eine Stadt wie Lübeck oder Kiel vor. 8.000 Häuser in Schutt und Asche. Das hat doch was! Der angerichtete Schaden muss in etwa einer dreiviertel Stunde wieder ausgebessert sein, damit wir weiterleben können.

Glücklicherweise ist die Leber eine Großproduktionsstätte für *Baustoffe,* die *Mauersteine, Zement und Bindemittel* herstellt; wir bezeichnen diese als Cholesterin, Lipide und Triglyzeride und noch einiges mehr. Natürlich entnimmt die Leber davon zur Selbstheilung; nur: Sie darf lediglich von ihrer Gesamtproduktion 7% abzweigen und bräuchte das Doppelte. Das reicht schon bei einer Tasse Kaffee nicht aus, und damit die Firma Leber nicht Pleite anmelden muss, produziert sie das Doppelte ihrer Gesamtproduktion und kann sich nun in aller Ruhe sanieren. Ich weiß nicht, wer von wem abgeguckt hat, die Bundesrepublik nach der Währungsreform von der Leber oder diese von der Bundesrepublik. Allerdings gelingt der Leber die Sanierung nicht so vorbildlich wie sie vorher ausgesehen hat. Es entstehen Narben. Bei zwei Tassen Kaffee wird drei mal so viel an Baustoffen hergestellt. bei 5 Tassen 6 mal so viel, und so weiter !So weit, so gut oder schlecht; die Überproduktion von Baustoffen Allerdings gelingt das nicht so vorbildlich wie der ursprüngliche Bauplan das vorgesehen hatte. Es entstehen Narben! So weit so gut; die Überproduktion von Cholesterin schlammt durch die Straßen des Lebens, die Blutgefäße, und zwar unangefordert. Keiner will sie haben. Das Ende vom Lied ist die Einschlemmung der Überproduktion in die Gefäßwände, wie bei uns auf den Straßen im Winter, wenn der Schneee auf die Fußsteige geschoben wird. Leider schmelzen aber die Baustoffe nicht. Der Stoffwechsel bleibt hinfort gezwungen den Transport von Nährstoffen über die Schneeberge hinweg zu vollziehen. Das ist mühsam, und jede Hausfrau kann beim Einholen im Winter ein Lied davon singen.

Cholesterin dickt die Viskosität, die Fließfähigkeit des Blutes, ein. Wie bei einem langsamer fließenden Fluss sinken Schwebstoffe des Blutes zu Boden.

Im Blut geschieht das überwiegend in kristalliner Form. Ich ziehe dazu wieder einen Vergleich aus dem Alltag heran: Hast du schon einmal einen Unkrauthaufen angehoben, der einige Tage vergessen wurde? Wenn ja, dann weißt du, wie der Erdboden unterhalb ausgesehen hat: Tot, weich, porös und schwarz. Genau so sieht die Gefäßwand unter Ablagerungen aus, mürbe und porös. Sie ist durchlässig geworden. Sie weiß das und kann das nicht dulden. Sie hebt den Telefonhörer ab und telefoniert zur Leber: "Du, ich habe hier ein kleines Tschernobyl, bitte schicke mir Beton, damit ich das einbetonieren kann. Die Leber versteht unter Beton LDL-Cholesterin, das s.g. Böse, ohne das wir allerdings alle längst tot wären. Der Organismus tut natürlich nichts Böses. Klein Tschernobyl wird also einbetoniert, das gelingt auch, nur die *Unkrauthäufchen* wurden wie in Tschernobyl nicht fortgeräumt. Sie gammeln unter der Oberfläche weiter - wie in Tschernobyl - und es dauert nicht lange, bis die Cholesterinhülle gerissen ist und wie in Tschernobyl nachgebessert werden muss. So kann sich die s.g. Verkalkung oder Cholesterinose stetig ausbreiten unter der Überschrift, *wie mache ich mich schneller alt.*

Wie ich schon bemerkte, alle Röststoffe tragen diesen gefährlichen Keim in sich.

Hinzuzudenken ist außerdem, was wohl mit den Trümmern in der Leber geschieht. Diese werden schön in *Butterbrotpapier aus Cholesterin* gepackt, und ab geht´s in die Galle. Gallengrieß, Gallensteine bilden sich hier. Das ist die Hauptursache. Cholesterin gemischt mit Zelltrümmern und Röststoffen lagert sich schalenförmig an. Kommt es schließlich zusätzlich zu Mineralverwertungsstörungen, wird die Sache ernst, denn dann beginnen die verkalkenden Gebilde in der Galle Schmerzen zu bereiten. Bis dahin weiß leider der Patient gar nichts von seinem Steinreichtum. Während der kurzen Zeit der Bluteindickung ist zusätzlich auch die Gefahr bestimmter Nierensteinbildungen gegeben. Binnen Sekunden kommt es in solchen Fällen zur Zusammenballung von Feststoffen, da die elektrischen Ladungen durch Viskositätsänderungen gleichfalls verändert werden. Steinbildungen sind in jedem Falle Verfestigungen, Verfestigungskrankheiten. Kaffeesucht zeigt dir folglich - wie bei jeder Sucht - wohin die Psyche dich verschleppen möchte. Cola und der schwarze Tee sind in dieser Beziehung direkte Verwandte.

Alkohol

Der Konsum ist in den letzten Jahren um fast das Doppelte angestiegen, vor allem bei Jugendlichen. Nicht nur, dass die handelsüblichen Alkoholika auf Grund ihres Gehaltes dieses Grundstoffes Nerven- und vor allem Hirngifte sind; die Anzucht der Getreide, Trauben und des Hopfens werden mit einer unglaublichen Menge von starken Giften begleitet, dass alleine diese schon den Genuss verbieten sollten. Hinzu kommt aber noch der Zusatz von Giften bei der Herstellung. Die deutsche Weinordnung erlaubt z.B. nach wie vor

dreiunddreißig mehr als weniger schwere Gifte. Ein Winzerpatient bestätigte mir vor kurzem, dass klammheimlich sogar noch mehr an diesen Zusätzen dazukommen.
Das DDT z.B. ist seit über 10 Jahren verboten. Im Bier sind jedoch immer noch hohe Werte davon nachzuweisen.
Bier hätte allerdings auch ohne giftige Zusätze so seine *Haken und Ösen*. Die Strobuli des Hopfens, aus denen das Bier gebraut wird, sind von Natur aus so hoch mit Östrogen dotiert, dass man s. Zt. erwogen hat, die *Pille* daraus herzustellen. Wen wundert´s da, dass der Prototyp des Bayern so wohlbeleibt ist. Gynäcomastie nennt man diesen Zustand und das bedeutet, dass das Bäuchlein größere Dimensionen annimmt und der Schnippeldillerich sich fast in den Leib zurückzieht. Zeugungsfähigkeit und Sex verschwinden zu Gunsten weiblicher Rundungen schon sehr frühzeitig, Grund genug für sehr häufige Zeugung von *Hieseln,* sprich geistig Behinderten. Wer das vermeiden möchte, trinke Weizenbier; aber giftig ist das auch, oder traust du unserer heutigen Landwirtschaft giftfreie Anbaumethoden zu? Selbst hergestellte geistige Getränke aus dem eigenen Garten wären in kleinen Mengen erlaubt. Verschiedentlich tauchen im Handel s. g. Bioweine auf. Ehe du die trinken willst, überzeuge dich vorher, ob der Wein biologisch gezüchtet und auch biologisch gekeltert wurde. Wird das attestiert, so solltest du zusätzlich auf eine Riechprobe nicht verzichten. Ist nämlich ein Wein wirklich in Ordnung, so muss er einen überwältigenden Duft auf mindestens drei Meter Entfernung ausströmen. Tut er das nicht, lass das Gesöff lieber im Regal, wo es dir nicht schaden kann. Cognac ist ohnehin „out". Er besteht aus einer Reihe verschnittener Weine, die zum Direktverkauf ohnehin nicht taugen. Professor Kern spricht in diesem Zusammenhang von direkter Infarktgefährdung. Korn ist ebenso indiskutabel, weil das Getreide mit Höchstmengen an Pestiziden, Insektiziden, Herbiziden und Halmwuchshemmenden Hormonen versetzt ist. Allein der echte russische Wodka, der Kartoffelschnaps wäre in kleinen Mengen akzeptabel.

Fruchtsäfte
aus heimischen Früchten, mit Wasser verdünnt, sind ein Labsal für unseren Mineralhaushalt, wenn es sich nicht um die ganz Sauren handelt, wie Rhabarber, rote Johannisbeeren und Sauerkirschen. Die Säfte der Zitrusfrüchte gehören nicht in unsere Landschaft. Sie entziehen unserem Organismus Kalk und andere Mineralien, wobei der Vitaminwert mehr als kümmerlich ist. Zum Vergleich sei die Brennnessel zitiert. Sie hat pro einem Meter hoher Pflanze einen Vitamin C Gehalt von 2.500 bis 3 000 Milligramm. Eine Apfelsine begnügt sich mit meistens weniger als zwanzig Milligramm. Sie hat außerdem auch weiter nichts zu bieten. Die Brennnessel hingegen wartet mit einem Gesamtspektrum an Mineralien, Spurenelementen und Vitaminen auf, unter

Ausschluss der Vitamin B-Gruppe. In den Samen dieser Wunderpflanze finden sich hormonähnliche Stoffe, s. g. Phytone, die dem Spektrum der Nebennierenrinde bis auf ein Atom gleichen. Phytone zeigen sich deswegen unseren Nebennierenrinden gegenüber als ausgesprochene Anreger, ganz im Gegensatz zu den menschlichen Hormonen, die die Hormonproduktion als Substitut behindern bis verhindern. Brennnesselsaat kann effektiv erloschene Nebennierenrinden ersetzen. Diese Pflanze wächst bei uns Mineral - Kleinstrentnern und wir sollten reichlichen Gebrauch davon machen. Zitrusfrüchte wachsen bei den Dunkelhäutern in Afrika, auf dem Balkan und in Spanien. Die Menschen dort sind Mineral - Milliardäre und benötigen die heimisch gedeihenden Fruchtsäuren. Die Brennnessel würde sie kränken. Dieses Mineralangebot wäre zu überschüssig.

Milch

Sie ist ein Getränk für Kälber, Kinder und Säuglinge. Kein gesundes Tier im Erwachsenenzustand trinkt freiwillig Milch. Sie ist ein Gebilde aus vorwiegend Kalk und Eiweiß und noch einigen sehr gesunden Beigaben. Kalk ist ein sehr schweres Gebilde. Er ist aus sich nicht in der Lage in flüssigem Milieu zu schwimmen. Überzeuge dich selbst, wenn ein Maurermeister seinen Kalk ins Wasser schüttet. Zunächst ist alles milchweiß, doch der Spaß ist nach kurzer Zeit vorüber, das Wasser hat sich wieder geklärt und der Kalk liegt brav auf dem Boden des Gefäßes. Wieso also schwebt das Zeug in der Mich? Luftballons aus Eiweißmolekülen haben sich seiner angenommen und tragen ihn in der Schwebe. Die Physiker unter den Lesern werden wissen, dass dieses ermöglicht wird durch unterschiedliche elektrische Ladungen. Auch der Weitertransport hängt von solchen Ladungen ab. Beim Säugling gerät die Muttermilch in den Säuglingsmagen und trifft auf Fruchtsäure, die einzig in der Lage ist Kalk und Eiweiß voneinander zu trennen, was wiederum unverzichtbar ist, weil auf Grund der unterschiedlichen Ladungen Kalk durch die Arteriolen und Eiweiß durch die Venolen aufgenommen werden muss. Beide müssen also getrennte Wege gehen und tun das auch, nachdem sie den Säuglingsmagen passiert haben. Irgendwann bekommt der heranwachsende kleine Mensch sein erstes Fleisch zu essen und sieht sich gezwungen, im Magen die Salzsäure und Pepsindrüsen zu öffnen. Beide Magensäfte haben sodann nichts Eiligeres zu tun, als die Fruchtsäuredrüsen zu verätzen. Fortan verbietet sich jeder Milchgenuss und der Genuss von allen Milchprodukten, außer dem des Milchfettes. Salzsäure und Pepsin sind nicht nur nicht in der Lage, Eiweiß und Kalk zu trennen. Im Gegenteil, sie verkäsen das Ganze und das bedeutet, dass deren Bindung noch fester wird. Im Dünndarm angekommen, möchte der eine Partner hier hinein und der andere dort. Beide bleiben liegen und wachsen z.T. sogar in den Aufnahmeorganen fest. Kalk ist Mörtel, und Eiweiß habe ich in meiner Kinderzeit zum Einkleben von Oblaten gebraucht.

Das pappt wie Uhu. Wandputz mit Eiweißtapete könnte man lächelnd sagen. Mir ist aber gar nicht zum Lächeln zu Mute. Was sich hier anbahnt ist Fäulnis und Gärung, Blähungen, Kreislaufbeeinträchtigungen, Atembehinderungen und Degeneration der Dünndarmwand unter Ausbildung eines Pilzes, dem Mucor, den man von feuchten Hausecken her kennt. Er bildet nicht nur die hoch krebsgefährlichen Aflatoxine, sondern sie stehlen dem Stoffwechsel bis zu 80 % des Sauerstoffes und produzieren zusätzlich noch einen ganzen alten Hut voll Stickstoffe, Erzfeind des Organismus. Milch und Milchprodukte, alle, sind in diesem Sinne zu betrachten unter Ausschluss der Milchfette. Ohnehin ist Milch durch ihre unbiologische Verarbeitung stark verändert. Früher war sie aus ihrer Stallumgebung mit Milchsäurebakterien behaftet. Diese wiederum waren dafür verantwortlich dass der Kohlehydratanteil der gefressenen Pflanzen zu Milchsäure abgebaut wurde. Das war die natürlichste Art der Haltbarmachung.

Mit der Einführung moderner Kühlsysteme und geschlossener Melkkreisläufe meinte man über die Milchsäuerung erhaben sein zu können. Diese Wirklichkeit hat jedoch ihre Pferdefüße. Der lange Transportweg und die vielfältigen Verarbeitungsmethoden rufen statt der Milchsäurebakterien Fäulnisbakterien auf den Plan, die keineswegs Milchzucker abbauen, sondern sich vom Milcheiweiß ernähren, wobei Schwefelverbindungen frei werden, die den bekannten Gestank auslösen. Da Fäulnisbakterien vorwiegend dem Erdboden und dem Wasser entstammen, können sie sich auch bei niederen Temperaturen ernähren und vermehren. Da nun jedoch der Regulator Milchsäurebakterium fehlt, breiten sie sich hemmungslos in Keller und Kühlschrank aus. Da die Milch nun nicht mehr säuern kann, fängt sie an zu stinken, faulen und schleimen. Kommt so etwas in den Darm, ist das symbiotische Gleichgewicht gestört und somit ebenfalls der Fäulnis preisgegeben. Selbst die s. g. Vorzugsmilch macht da keine Ausnahme.

Ein weiteres wichtiges Problem ergibt sich aus der Zentralisierung der Milchverarbeitung.

Man geht von der Tatsache aus, dass durch die langen Transportwege und durch deren mechanische Belastung ein erheblicher Anstieg der freien Fettsäuren zu verzeichnen ist, u.a. der Buttersäure, die immer ein wenig ranzig schmeckt. Um dem zu begegnen wird zum einen die Milch auf 80° C erhitzt und zum anderen wird sie homogenisiert. Letzteres bedeutet, dass die Milch unter hohem Druck durch Düsen gegen Edelstahlplatten gesprüht wird. Das hat zur Folge, dass aus den Bio-Vita - Negativteilchen der Milch positiv geladene Kränkungsteilchen entstehen. Das ist für den Kreislauf und den Stoffwechsel eine Katastrophe.

Außerdem werden die Fettteilchen durch den Aufprall so zerkleinert, dass eine wesentlich größere Fettoberfläche entsteht, die auch noch porenschlüpfrig geworden ist, wodurch es nicht nur zur Einsinterung in die Gefäß- und

Herzinnenwände kommt; der Herzinfarkt hat grünes Licht bekommen. Ein Enzym nämlich, die Xanthoxydase, gelangt auf Grund der entstandenen Homogenisierung durch die Verdauungssäfte ins Blut und greift gleichfalls die Innenwände von Herz und Gefäßen an, was allemal Reizung bedeutet, und was davon zu halten ist, habe ich an anderer Stelle bereits erklärt.
Die Milchprodukte aus denaturierter Milch durchlaufen aus obigen Gründen einen vielfältigen Wechsel zwischen Gelierung, Erhitzung, Eindampfung und Einsäuerung.
Wenn du diesen Satz dreimal gelesen hast, entspricht das etwa der Häufigkeit der Vorgänge. Die Qualifizierung für Herzerkrankungen wird dementsprechend erhöht. Die Qualität entspricht in keinem Falle deinen Erwartungen bezüglich biologischer Gesundkost.
Hohe Haltbarkeitsgarantie sollte dich von vorn herein in höchstem Maße misstrauisch sein lassen und warnen.

Kräuter - Blüten - Früchte - Wurzel - Tees

Ja, was soll man denn eigentlich trinken, wirst du fragen. Obige Antwort in der Überschrift wird dir zunächst eingleisig und langweilig erscheinen, weil du dir wahrscheinlich gar nicht die ungeheure Vielfalt dessen vorstellen kannst, was ich dir empfehlen möchte.
Wahrscheinlich hast du es noch gar nicht probiert, einzelne Komponenten miteinander zu mischen. Es kann fast nichts schief gehen. Deine Nase soll dabei entscheiden, was für dich zueinander passt. Lediglich bei Mistel ist Acht zu geben, die zum Bluthochdruckler nicht passt. Spearmint dagegen ist für den Menschen mit Blutunterdruck gefährlich.
Eine gute alte norddeutsche Teeregel sagt: „Mische mindestens drei Tees miteinander, aber höchstens neun. Vergiss nicht Gewürze und frisches Obst hinzuzufügen." Zu den Gewürzen möchte ich allerdings sagen, dass nach meinen Erkenntnissen schwarzer und weißer Pfeffer, Muskat und Curry grundsätzlich nichts in unserer Nahrung und schon gar nicht im Tee zu suchen haben. Drei Gramm Muskat z.B. würden dir einen äußerst schmerzhaften Tod bereiten. Senf ist nur für sehr gesunde Nieren erlaubt, passt jedoch ohnehin nicht in einen Tee hinein.
Chilli oder Cayennepfeffer sind dagegen in sehr kleinen Dosen ein ausgezeichnetes Herz- und Kreislaufmittel. Zimt lässt Lymphdrüsen besser arbeiten. Die Selbstreinigung wird gut und kräftig angeregt. Außerdem schmeckt´s sehr angenehm. Unvergiftete Apfelschalen, Apfelsinenschalen oder Zitronenschalen verfeinern den Teegeschmack außerordentlich. Gleiches gilt für die Blätter oder Früchte der schwarzen Johannisbeere. Erlaubt ist auch der Zusatz von einem Teelöffel voll Korn oder Wodka pro 1/2 l Tee. Bitte auf keinen Fall mehr hinzusetzen, da sonst der Tee stirbt. Mit diesen Zusätzen machst du einen Kräutertee zur gesellschaftlichen Sensation.

Eine weitere einfache Teeregel ergibt sich aus dem Säuregrad des jeweiligen Tees: Ein saurer Tee repräsentiert immer die Tendenz zum Wecken der Lebensgeister. Der Basische, der rund und mollig schmeckende Tee, tendiert zur Beruhigung der Nerven bis hin zum Schlummertrunk. Allerdings kann ein saurer Tee zum Schlaftee umfunktioniert werden, wenn man ihm Honig hinzufügt. Fruchtzucker dagegen verstärkt die Weckeigenschaften. Einen basischen Tee zum Wecker umzufunktionieren geht leider nicht.
Als Anregung werde ich dir einige gängige Tees aufführen, die nach ihrer Wirkung und tageszeitlichen Einordnung aufgeschlüsselt sind. Das sollte dich in die Lage versetzen, selbst deine Auswahl zu bestimmen.
In der nun folgenden Liste steht der Buchstabe

A für abends
M für morgens
M/A für morgens und abends.

Weck - Tees sind

Hagebuttenschalen und Kerne
Malvenblüten und Blätter Johanniskraut(M)
Zitronenmelisse
Pfefferminze
Orangenminze
Spearmint, Achtung nur für Tiefdruckler,
Weißdornblüten

Schlaftees sind Ehrenpreis

Hopfen (A)
Lavendelblüten
Schlafmützchen (A)
Weißdornberen

Dünndarm und Magen

Anis beruhigt
Angelikasame regt an
Apfelminze beruhigt
Fenchel beruhigt
Kamillenblüte beruhigt (M / A)
Malvenblüte schwarz beruhigt, auch Magengeschwüre (M)
Malvenblüte rot regt an
Pfefferminze & Gewürzminze regt an (M)
Orangenminze

Dickdarmtees sind

Fenchel, beruhigt
Huflattich, beruhigt (M / A)
Tausendgüldenkraut führt ab

Lebertees sind

Benediktenkraut
Enzian
Kalmuswurzel, (kochen !)(A)
Marienblatt
Schöllkraut
Thymian Wermut, (nur 3 Sekunden ziehen lassen !)
Nierentees sind
Biebernellwurzel, (kochen)
Birke (M / A)
Huflattich M
Johanniskraut
Leinsame
Wachholderbeeren
Zinnkraut
Pankreastees (A)
Löwenzahnblätter (M / A)
Holunder

Blasentees

Bärentraube, (längstens 3 Tage)
Bibernellwurzel, (kochen)(M / A)
Bruchkraut
Kürbiskerne, (auch essen)
Kleinblättriges Weidenröschen
Eberraute

Bindegewebstees

Alantwurzel, (kochen) (M / A)
Beinwell,Blätter und Wurzeln Bruchkraut
Brennesselblätter, (besser essen)

Nerventees

Brennesselsame, (besser essen)Hormonregulierend
Baldrian (A)
Brombeere (M / A)
Ehrenpreis (A)
Frauenmantel, besonders für weibliche Störungen (M / A)
Hopfen (A)
Johanniskraut (M)
Lavendelblüten machen gute Laune (M / A)

***Kreislauf - ****Eberraute*

Herz- Durchblutungstees

Mistel für Bluthochdruck
Spearmint nur für Bluttiefdruck

Schafgarbe (M / A)
Weißdornbeeren
Weißdornblüten für tiefen Blutdruck (M / A)
Arnika für Bluthochdruck nur (A)
SchleimhautteesHolunder (A)
Brombeere (A)
Hopfen (A)
Huflattich (M / A)
Lindenblüten (M / A)
Heublumen (M / A)
Quecke(M / A)
Ringelblume
Rosmarin (M / A)
SalbeiSpitzwegerich
Tormentill, stillt Blutungen
Wollblume Hirtentäschel, stillt venöse Blutungen

Krampftees
Gänsefingerkraut (M/A)
Heidekraut, auch so aufgelegt (M /A)

Rheumatees *sind immer mit Nieren und Lebertees zu koppeln*
Weidenrinde (M /A)
echtes Verbenenkraut (M/A)
Huflattich
Queckenwurzeln und dessen Kraut (M/A)

Diese kleine Auswahl kann dir helfen dich in die Verwendung von Tees hineinzutasten. Natürlich erhebt sie keineswegs den Anspruch auf Vollständigkeit. Wer jedoch erst einmal Tee geleckt hat, kann von den vielen möglichen Wohlgeschmäckern nicht mehr lassen, und wer sich erst einmal daran gewöhnt hat, wird mit der Zeit feststellen, dass der Geschmackssinn sich trainiert und verfeinert hat, was auch im übertragenen Sinn zu verstehen ist.
Im Kräutertee findest du den wirklichen **Duft der großen weiten Welt.**

Wasser

Alles Leben auf unserer Erde hat seinen Ursprung im Wasser.
Oft habe ich als Kind an Flüssen und Bächen gesessen und sinnend in das hastige Gefließe und Gestrudele hineingeschaut. Drehend und rotierend zwängt es sich zwischen Steinen hindurch, windet sich um Brückenpfeiler und Ufervorsprünge, die einem Gesetz folgend, meandernd besonderen Schwingungen zu gehorchen scheinen. Wie oft habe ich als heranreifender Jüngling einige Körnchen Kaliumpermanganat von einer Seite einer Brücke

ins Wasser fallen lassen, um auf der anderen Seite die angefärbten Formen der Strömung zu beobachten und zu deuten.
Pferdeköpfe, Ohrmuscheln, Schlangen, Tierbilder und sogar ganze Menschenbilder, Sinusschwingungen und vieles andere bot sich meinen neugierigen Blicken.
Ist das Wasser selbst unser Formbildner ?
Man bedenke doch, dass unser materielles Sein und Erscheinungsbild zu 76% bis 84% aus Wasser zusammengesetzt ist. Die restlichen 24% bis 16% bestehen zu etwa 3/4 aus Kleinstlebewesen, und erst der kümmerliche Rest sind wir. Eine Qualle im Meer besteht im Vergleich dazu aus 84% bis 86% Wasser. Und wenn ich mir das so vorstelle, sind wir Säugetiere weiter nichts als Quallen auf Stelzen. Vielleicht hast du schon einmal im Meerwasser-Aquarium eine Qualle von unten betrachtet. Wenn nicht, fahre nach Bremerhafen und hole das schleunigst nach. Es ist nämlich hoch interessant zu sehen, wie in einem großen Fallschirm ein kleines menschenähnliches Wesen schwebt Abb. 26.

Abb. 26

So sieht eine Qualle von unten aus. Beobachtung im Meerwasserbassin Bremerhaven.

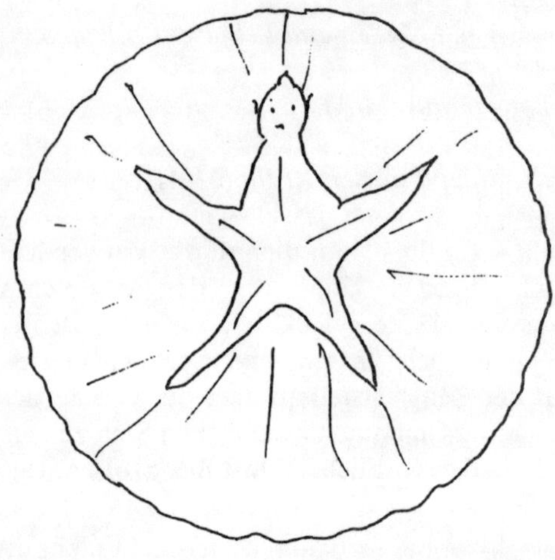

Die Verdauungsorgane hängen als flusenartige Ausstülpungen nach unten aus dem "Leib" des Wesens. Sie sind verantwortlich für Aufnahme und Ausscheidung der Nahrung.

Wasser will fließen. Bedenke bitte, dass unsere Flüssigkeitszufuhr nur etwa zu einem Zwanzigstel aus der festen Nahrung stammt. Den notwendigen Rest müssen wir folgerichtig trinken.
Noch heute ist unser Wasser zahlenmäßig um ein Vielfaches belebter als die Erdoberfläche.

Wie schon gesagt besteht der Mensch zu 76% bis 84% aus Wasser. Im Alter sind seine Gewebe etwas trockener und in der frühen Jugend befindet er sich häufig effektiv im *Überfluss*.
Wasser, lebendiges Wasser ist der Garant für ein gesundes Leben. Bitte mach nicht den Versuch, deine Zimmerpflanzen mit Kaffee, Tee oder Alkohol zu begießen. Du würdest die wehrlose Wesenheit quälen und evtl. töten.
Ich denke zurück an großelterliche Verhältnisse und erinnere mich sehr deutlich die großen Wasserkaraffen, die gefüllt zu jeder Mahlzeit auf dem Tische standen und auch leergetrunken wurden.
Persönlichkeit Wasser.
Alle Lebensvorgänge, bei wem auch immer, sind abhängig von diesem fließenden Schwingungselement, gleichgültig, ob es freundliche oder unfreundliche Wesenheiten beherbergt.
Leider ist heutzutage das Gleichgewicht zwischen s.g. freundlichen und unfreundlichen Inhalten zu unseren menschlichen Ungunsten lebensbedrohlich verschoben. Kein Mensch kommt heute mehr auf die Idee, seinen Durst aus einem vorüberfließenden Bach zu löschen.

Gift im Wasser
Die Trinkwasserversorgung steht unmittelbar vor ihrem Kollaps. Chlorierte Kohlenwasserstoffe sind z.B. so hoch angestiegen, dass ursprünglich geplante EG Gesetze zurückgestellt werden mussten, weil die beabsichtigten Richtwerte inzwischen mehrfach den gestiegenen Giftpegeln angepasst werden sollten. Dass diese Genschäden und Krebs auslösen können, ist inzwischen allgemein offenkundig; aber auch, dass die Wasserversorgungsbetriebe bereits vielfach vor unlösbaren Problemen haben kapitulieren müssen.
Der Gifteintrag auf die Erdoberfläche von vor zehn und fünfzehn Jahren beginnt nunmehr in die tieferen wasserführenden Bodenschichten vorzudringen. Dass wir unmittelbar am Beginn einer unabwendbaren Wasserkatastrophe stehen, mag Industrie und Landwirtschaft zur Zeit noch nicht zugeben, und so wird der Eintrag von Müll und Gülle unverblümt weiter betrieben. Die Wasserwerker sind inzwischen dazu übergegangen, weil es anders nicht mehr zu bewältigen ist, sauberes Wasser mit untrinkbarem zu vermischen, so lange bis die Richtwerte stimmen, wobei es dadurch erst recht nicht mehr möglich ist, ein lebendiges Wasser in ein Gleichgewicht zu manipulieren, in dem positive und negative Lebewesen gleichermaßen vorhanden sind. Der lebendige Organismus Wasser wird dadurch auch noch krank gemacht. Sein Milieu ist zerstört.
Jeder aufgeschlossene, biologisch denkende Arzt wird dir bestätigen, dass Wasserqualität und Herzinfarkt, Bluthochdruck, Kreislauferkrankungen, Virusinfektionen, Thrombosen und sogar seelische Erkrankungen in einer engen Beziehung zueinander stehen.

Der Wasser - Nitrat - Standard liegt z. Zt. bei neunzig Milligramm pro Liter. Wenn man bedenkt, dass ein Säugling bereits bei zehn Milligramm dieses Giftes an der lebensgefährlichen Blausucht erkranken kann, dann ist es kennzeichnend für den Zustand der Wasserversorgung. Private Messungen haben inzwischen stellenweise Werte von 300 und mehr Milligramm erbracht. Da heutige Gifteinträge nicht gestoppt werden, müssen wir damit rechnen, dass die Wasserqualität für die nächsten 50 Jahre sinken wird; denn auf die Hilfe kommunaler Maßnahmen zur Reinerhaltung des Wassers können wir in den kommenden 20 Jahren vergeblich warten. Behörden und Politiker reden nur und unternehmen nichts.

Was also ist zu tun ?
Wenn ich an meine Kindheit zurückdenke, so erinnere ich mich, dass auf dem Hof meiner Großeltern, Ende des Sommers, einmal jährlich der Regensoot gereinigt wurde. Er befand sich als Wasserspeicher unter der Küche und hatte die Ausmaße einer großen Wohnstube.
Eigentlich war da gar nicht so viel zu säubern; aber Großmutter bestand auf dieser Prozedur mit der Begründung, dass man ja schließlich dieses Wasser mit Appetit trinken wolle.
Jawohl, dieses Wasser wurde getrunken. Es war schließlich reinstes, unverdorbenes und von der Sonne destilliertes Wasser. Nur wenn es in der trockenen Zeit knapp geworden war, wurde das Wasser aus dem Beikessel im Herd getrunken.
Der Beikessel enthielt Wasser aus dem Brunnen, das sicher oft zehnmal und noch häufiger geköchelt war. Während des Kochens fielen alle die Mineralien und Verunreinigungen als Kesselstein aus und setzten sich an die Wandungen und auf den Boden, weshalb der Beikessel etwa jede Woche ausgeklopft werden musste um die Ablagerungen zu entfernen. Da kannst du dir vorstellen, wie zerbeult das Gefäß ausgesehen hat. Immerhin habe ich seiner Zeit begriffen, was sich alles so im Wasser, unsichtbar für unsere Augen, aufhalten kann.
Ich vermute mal, dass du in Deiner Wohnung keinen Regensoot mehr hast, und wenn doch, würde ich dir nicht raten, davon zu trinken; denn das Himmelswasser ist vom Menschen mit so viel Giftstoffen belastet, dass der Genuss lebensgefährlich sein kann.
Ein Beikessel befindet sich wahrscheinlich auch nicht in deiner modernen Küche mit Gas- oder Elektroherd, so dass dir auch diese Möglichkeit verschlossen scheint.
Nein ganz verschlossen ist diese Art der Wasseraufbereitung doch nicht; denn sicherlich besitzt du einen Teekessel, in dem man Wasser kochen kann. Wenn du Wasser mindestens siebenmal kochen und es dann durch einen Brittafilter hindurchlaufen lässt, bekommst du ein dem destillierten Wasser ähnliches

Gebilde. Willst du es einfacher haben, könntest du dir ein Destilliergerät zulegen Bezugsnachweis findest du am Ende der Bücherliste. Der Nachteil bei Großmutterns Beikessel, wie auch bei der Koch-Filtermethode, wie auch beim Dampfdestillierer ist, dass das Wasser nach Auskunft des Volksmundes tot ist. Diese Auskunft ist nicht ganz richtig; aber falsch. Das Wasser ist nicht tot, sondern, wie der Physiker sagen würde, depolarisiert.

Depolarisiert bedeutet, dass die Moleküle nicht mehr hübsch in Reih und Glied marschieren, wie beim sonnendestillierten Wasser, sondern kreuz und quer Bindungen miteinander eingegangen sind, wie die Hühner bei Max und Moritz. Auf diese Weise ist depolarisiertes Wasser nicht mehr in der Lage Müllabfuhr zu spielen. Alle Valenzen sind gebunden und das Wasser hat keine freien Ärmchen mehr, um Giftstoffe aufzunehmen und aus dem Körper herauszutransportieren. Was wir aber brauchen, ist das polarisierte Wasser, eines mit leeren Müllcontainern. Nur damit ist dann unser interner Müllnotstand auch zu bewältigen.

So, da schlägst Du vor einfach im Supermarkt Wasser zu kaufen. Aber so einfach ist das nun leider auch wieder nicht. Schon bei abgekochtem Wasser meldet unsere Zunge: „schmeckt wie eingeschlafene Füße“, wertlos. Auch beim dampfdestillierten Wasser geschieht das gleiche. Warum ist dir sicher inzwischen klar geworden.

Das so sehr gepriesene Mineralwasser täuscht unsere Zunge durch den Prickelreiz der Kohlensäure. Mach dir nur einmal den Spaß und rühre die Kohlensäure heraus. Deine Zunge wird hinterher die gleiche Reaktion wie beim abgekochten Wasser zeigen. Hinzu kommt, dass das Mineralwasser seine Valenzen abgesättigt hat mit Gesteinsabrieb, sprich anorganischen Mineralien, die den Organismus eines Säugetieres schwer belasten, weil der Stoffwechsel ausschließlich organische Mineralien verwerten kann, und diese wiederum können wir nur über die Photosynthese der Pflanze bekommen. Natürlich gilt das auch für unser Leitungswasser. Der Härtegrad des Wassers gibt darüber Auskunft. Je härter, um so dreckiger!

Professor Louis-Claude Vincent aus Frankreich, engster Berater der französischen Regierung und der EG in Wasserfragen, hat ein physikalisches Messverfahren dafür entwickelt, das den Grad der Wassergüte unverfälschbar und bestechend genau darstellt.

Die Qualität des Wassers hängt mit dem elektrischen Widerstand zusammen, dieser wiederum steht im umgekehrten Verhältnis zu seinem Mineral und Dreckgehalt.

Das bedeutet, dass ein Wasser mit hohem Gehalt an Teilchen, die den elektrischen Strom transportieren können, einen geringen Widerstand gegen elektrischen Strom aufweist.

Fehlen diese Teilchen, steigt der Widerstand, und ein solches Wasser hat umso mehr Trinkqualität, je höher dieser Widerstand ist

Der Widerstand wird definiert durch die Bezeichnung OHM, benannt nach dem gleichnamigen großen Forscher auf dem Gebiet der Elektrizität.
Ein normales Mineralwasser wie Bismarck, Fachingen, Wildunger oder andere bekannte Quellen haben einen OHM-Wert um 300 herum.
Leitungswässer weisen z. T. Werte aus zwischen 1 bis 100 OHM. Nur sehr wenige Wässer liegen mit ihren OHM-Werten über der Euronorm von 2.400 OHM. Volvic und Mont Roucou aus Frankreich z. B. haben 12.000 OHM, Spa aus Belgien liegt noch ein wenig höher. Haderheck aus Königstein im Taunus zeigt sogar 24.000 OHM. Es kostet bereits 6,20 DM pro Liter.
Dampfdestilliertes Wasser zeigt OHM-Werte zwischen 50.000 und 75.000 OHM. Dampfdestilliertes Wasser wäre also die Lösung, wenn nicht das Desaster mit der Depolarisation wäre.

Ich habe mir etwas einfallen lassen, um die Depolarisation rückgängig zu machen.
Aus Großmutters Zeiten erinnere ich mich, dass sie das Wasser aus dem Beikessel immer hoch eingeschenkt hat, und dass solches Wasser anders mundete, wie wenn es nur eben geschöpft war. Als mir dieser Umstand bewusst geworden war, versuchte ich Mutter Natur ihr Geheimnis abzulauschen. Wie ich schon angedeutet habe, dreht sich das Wasser im Bach ständig und beobachtet man den Wasserhahn, so fällt zunächst ein glatter Strahl heraus, der sich jedoch alsbald nach wenigen Zentimetern zu drehen beginnt. Hat das die Großmutter wohl gewusst? Die Drehung ließ also das Wasser besser schmecken; aber dennoch nicht so gut wie aus dem Regensoot. Was fehlte da noch? Natürlich, das Wasser im Bach läuft ständig gegen steinigen Widerstand und durch ein erdmagnetisches Feld. Das musste es sein, und das war es auch. Mein dampfdestilliertes Wasser lasse ich seitdem aus einem Höhe in einen Glastopf fallen, wobei mir das Glas die Steine im Bach zu ersetzen vermag. Höhe und Drehung, in Verbindung mit einem Magneten im Glastopf, bringen mir ein voll dynamisiertes Wasser zutage. Das schmeckt! Die Magnetstärke muss ca. 80 Gaus betragen. Bezugsnachweis am Ende der Bücherliste.

Neuerdings wird auf dem Markt ein Wasserreinigungsgerät angeboten, welches mit der s.g. Umkehrosmose arbeitet. Hier werden mit Niedervoltstrom die Feinfilter mit Minus aufgeladen. Stromverbrauch gleich 0. Der ebenfalls minus geladene Dreck strömt auf diese Feinfilter zu, und da Minus den ebenfalls Minus geladenen Dreck abstößt, lässt der sich ohne Schwierigkeit abschwemmen. Vorteil dieser Methode ist, dass nicht gekocht werden muss. OHM-Wert ca. 80.000 bis 100.000. Allerdings hat sich erwiesen, dass dieses Wasser magnetisch abgeladen ist. Es empfiehlt sich deswegen an die Wand des Wasserauffangbehälters einen Biomagneten anzuheften, und zwar mit der

schwarzen Seite zum Wasser gerichtet, anders als bei dem destillierten Wasser, bei dem die weiße Seite nach oben weisen muss.
Die Geschmacksqualität gewinnt dadurch ganz erheblich.
Nachteil für dieses Gerät ist der Preis, der oberhalb von DM 2.000.00 liegt, jedenfalls für ein Untertischgerät, das jedoch einzig empfehlenswert erscheint und für die Hausfrau viel praktischer ist. Der Wasserpreis beläuft sich bei diesem Gerät auf DM 0,05 per Liter.
Der Erfolg mit einem solchen Gerät ist überwältigend, abgesehen davon, dass der Geschmack erstklassig ist. Gesundheitliche Veränderungen ergeben sich fast schlagartig, zunächst sogar mit Reaktionen verbunden. Die Haltbarkeit dieses Wassers ist schier unbegrenzt. Alle Umweltgifte sind bis auf Minima verschwunden, und wenn ich an die Reinigung meines Destilliergerätes zurückdenke, die alle Woche erfolgen musste, dann überfällt mich ein Graus, welche Menge an schlammigen Ablagerungen da zu Tage kam. Die 3/4 Destillierblase war damit angefüllt, und das hat man früher kritiklos so in sich hineingeschüttet. Die reinste Tropfsteinhöhle machen wir aus uns und wundern uns über die vielen Alterskrankheiten. Denk nur an das Vorausgesagte bzgl. der kristallinen Ablagerungen in den Blutbahnen und den daraus resultierenden Strömungseinengungen und Verlangsamungen.
Verkalkung, Erstarrung sind angesagt, und tatsächlich ist es doch auch so. Schau dir nur auf den Straßen die kümmerlichen Alten an: absoluter Elastizitätsverlust.
Wie schon erwähnt, bekommen wir unsere Mineralien durch die Pflanzen photosynthetisch aufbereitet zu organischen Mineralsäuren und zu langkettigen Kohlehydraten. Ideal.
Getreide, Rüben, Kartoffeln, Zwiebeln, Sellerie, Radieschen, kurz über alle Wurzelteile von Pflanzen und Sämereien; aber auch aus dem Kraut der Pflanzen wird der Stoffwechsel damit versorgt.
Was die Pflanze zudem für uns in ganz spezifischer Form bereithält, ist Wasser, aufbereitetes Wasser. Wenn wir das nicht hätten, wären wir alle längst nicht mehr auf dieser Seite des Lebens. Leider sind an dieser Stelle auch wiederum Einschränkungen anzumelden, entstanden aus unserer Sucht, alles noch größer und noch tadelloser haben zu wollen. Der Großwuchs der Pflanzen wird, ob aus biologischem oder industriellem Anbau, durch Überangebot an Stickstoff erreicht. Bei Fleisch besteht eine Höchstmengenverordnung, die besagt, dass 50 Milligramm pro Kilogramm Frischfleisch noch erlaubt sind.
Für Gemüse besteht eine solche Verordnung nicht. Dementsprechend findet man Höchstmengen auf diesem Sektor. Vor einiger Zeit brachte mir eine biologisch dynamisch arbeitende Gärtnerin einen Kohlrabi von 14 cm Durchmesser mit. Großer Gärtnerstolz. 900 Milligramm Stickstoff.
Natürlich habe ich mit ihr gescholten. Bei einer solchen Menge könnte man die Gülle auch gleich trinken!

Wasser vermag uns aus diesem Dilemma herauszuhelfen und in diesem Falle in Verbindung mit einem lange bekannten Präparat, dem BIOSMON. BIOSMON ist ein anorganisches Mineralsalz, welches in Wasser gelöst aus dem Gemüse den Stickstoff austauscht gegen Mineralien, die unsere Pflanze aufnimmt und zu organischen Verbindungen umwandelt. Meinen geschenkten Riesenkohlrabi habe ich somit trotzdem ohne Bedenken essen können. Im Gegenteil, auf diese Weise stand mir ein Gemüse zur Verfügung, das für meinen Mineralhaushalt ideale Konsistenz aufwies. Kein Gemüse sollte auf den Tisch des Haushaltes gelangen, das nicht ein ausgiebiges BIOSMON-Bad von mindestens 4 Stunden hinter sich hat, besser noch eine ganze Nacht lang.
Als ich vor 35 Jahren das BIOSMON noch nicht kannte, habe ich mich in meiner Praxis gewundert, warum immer so viele Vegetarier und Kleingärtner mit Krebs zu mir kamen. Erst durch dieses Präparat entdeckte ich die Lösung des Problems: STICKSTOFF!
Bis hierher habe ich dir die materiellen Probleme um die Getränke vor Augen gehalten.
Jetzt schließe sie für einen Augenblick, und dann wollen wir zusammen die psychogenen-seelischen Aspekte durchforsten.

Seelische Auswirkungen von Getränken

Nicht immer deckt sich Wohlgeschmack eines Getränkes mit seinem gesundheitlichen Wert.
Die Auswirkungen der Getränke geschehen über die Organe des Körpers, und es handelt sich bei den Flüssigkeiten keineswegs nur um die Nieren. Alle Gewebe haben einen hohen Anteil an Wasser, und man braucht sich nur einmal einen der Länge nach zersägten Oberschenkelknochen eines Tieres zu betrachten, um zu erkennen, dass deren sichtbare Rillung nicht zu unterscheiden ist von den Strudelungen eines Baches oder Flusses. Schon von außen her präsentiert sich jeder Skelettknochen in einer Drehung, wie sie der Wasserstrahl am Wasserhahn auch produziert.
Wenn man bedenkt, dass das heranwachsende kleine Wesen im Mutterleib fast ausschließlich noch wässriger Natur ist, so fällt es nicht schwer zu begreifen, dass die Formgebung wässriger Natur sein könnte. Es ist folglich nicht nur alles Leben aus dem Wasser, sondern auch alle Form.
Jeder Fluss wendelt sich hinein in sein persönliches Muster und wird dieser künstlich begradigt, versucht er immer wieder seine speziellen Wendelungen neu durchzusetzen. Er reißt Dämme ein und lagert Schlämme ab, bis es ihm gelingt, seinen natürlichen Bedürfnissen Geltung zu verschaffen. Gelingt das nicht gleich, wird er krank und tritt über die Ufer. Alles das gilt auch für den inneren Menschen. Wird in uns die Schlammfracht und Giftfracht vergrößert, wird allenthalben ein Aufbäumen der Natur des Wassers zu beobachten sein.

Um nur einige wenige Beispiele zu nennen: Herz - Kreislauferscheinungen mit ihren weitgehenden psychogenen Angstäußerungen; Leberstauungen, repräsentiert durch Unglücklichsein; Gallenerkrankungen auffallend durch cholerische Wutausbrüche und Zornesäußerungen; Nierenerkrankungen, die auffallende psychotische Ängste mit sexuellen Unsicherheiten aufweisen; Dickdarmerkrankungen warten mit Schuldgefühlen auf; die Blase lässt ruhelos sein; der Dünndarm trägt sein Leid und seinen Kummer auf den Lippen; die Schilddrüse treibt mit ihren Stimmungsschwankungen bis zu schweren Depressionen; der Magenkranke, bekannt durch seinen Missmut, Ekel und Gier; der Kreislaufkranke belastet seine Umgebung mit Eifersucht und Misstrauen, und zuletzt die angeschlagene Lunge, die durch Intoleranz und Starrheit imponiert. Ich resümiere: Getränke und Wasser sollten in ihren Aufgaben gewusst und erkannt sein, um ein Wirken und Wesen der Organe zu gewährleisten. Ohne diese Reinheitsvoraussetzungen ist ausreichende Empfindsamkeit unseres Körpers nicht in der Lage, kosmische Schwingungen aufzufangen und rein zu beantworten.

Die Menschheit hat nicht nur das Wesenhafte des Wassers vergessen, sie ist auch in Gefahr sich dessen physischer Substanz zu entäußern. Sie gefährdet damit alles Leben auf der Erde.

Das Verhältnis des Menschen zum Wasser hat in den letzten hundert Jahren eine grundlegende Wandlung erfahren.

Frühere Zeiten erforderten mühevolles Herbeischaffen dieses verehrungswürdigen Elementes, das noch als Wesenheit begriffen und gepflegt wurde. Heute ist es selbstverständlich, den Wasserhahn an der Badewanne aufzudrehen und ohne Andacht und Skrupel hineinzusteigen und das köstliche Nass auch noch mit Seifen aller hinterhältigster Art zu verunreinigen. Da ist es ja noch harmlos, nur den Gartensprenger unsinnigerweise zu betätigen.

Vom Wesen zum Gebrauchsgegenstand degradiert, zur technischen Sache, wird es in nicht all zu ferner Zeit zu einer Revolution gegen den Menschen antreten.

Die geistige Schwingung des Wassers

Sie ist magnetischer Natur. Diese Spannung ist es auch, die die Formgebung auch unserer Erde bestimmt. Jeder Wassertropfen will Kugelform annehmen und da die Erde zu zwei Dritteln von Wasser umspannt wird, ist zu vermuten, dass ausschließlich das Wasser die Form der Erde bestimmt. Himmelskörper ohne Wasserstoff entbehren zumeist der sphärischen Form, es sei denn es ist einstmals Wasser oder Wasserstoff vorhanden gewesen. Da der Mensch sich einbildet nur alles anzuerkennen, was er sieht, ist ihm weitgehend entgangen, dass unser Wasser, all überall auf der Welt, von Geistwesen belebt ist. Märchen über Nixen und Nymphen, Ilmen und Elben werden lächelnd abgetan und sollten mehr als ernst genommen werden. Liebenswerte Geschöpfe, men-

schenähnlich und dem Homo sapiens zugetan, fühlen sich von uns verraten und bedrängt. Massen- und Völkermorde hat unsere Technik an diesen Wesenheiten begangen, einen Holocaust milliardenfachen Ausmaßes; wohingegen das was Menschen - Menschen angetan haben und immer noch tun, reinster Spielkram ist.
Jeder Schluck Wasser, den du trinkst, sollte mit eben so viel Andacht aufgenommen werden wie feste Nahrung. Spare dir hergeplapperte Gedichtchen, als Gebete postuliert. Deine stille Andacht ist gefordert in deiner Atempause. Das sei deine Reverenz an das Wasser. Es wird dir danken. Halte doch einmal deine linke Hand über ein Glas frischen unverdorbenen Wassers, schließe Deine Augen und spüre das leise, kühle Strömen, das deine Innenhand durchzieht. Das ist nicht nur interessant, das ist bereits ein Heilreiz, den dir das Wasser geschenkt hat.
Wer hätte nicht schon die wohltuende Erleichterung gespürt bei Kopfschmerzen, mit aufgelegtem nassen Tuch auf die schmerzende Stirn. Nein, die s. g. geistigen Getränke gehören natürlich nicht hierher. Sie sind verdorbene Flüssigkeiten. Mühe dich nicht, du wirst es allzu bald verspüren. Deine Empfindsamkeit lässt dich sofort im Stich.
Deine Regel sollte heißen:
Trinke so viel Wasser als du in Zentimetern groß bist. Das ist ein MUSS!
Andere Getränke darfst du zusätzlich so viel zu dir nehmen, wie du in Kilogramm schwer bist.
Beispiel : Größe 175 cm = 1 3/4 l Wasser pro Tag
Gewicht 75 kg = 3/4 l Getränke pro Tag

Und nun zur **festen Nahrung:**
„Du bist, was du isst“ sagt der Volksmund, und ich füge hinzu: Jede Krankheit beginnt an der Zunge.
Lass´ dich nicht mit dem Kochlöffel vergiften. Ich denke, du hältst es auch nicht für ratsam, ein Benzinauto mit Dieselkraftstoff zu betanken. Ich halte es ebenso wenig für ratsam, Ersatzteile eines Lastwagens in einen PKW einzubauen. Außerdem ist es allbekannt, dass ein Auto seinen Benzindurst nicht mit Wasser löschen sollte. Wasser am falschen Ort, wie wir gerade gesehen haben, wirkt verhängnisvoll.
Und so schließen wir messerscharf, dass der Mensch auch nicht alles so einfach essen sollte.

Lebensmittel - Nahrungsmittel
So sollte man grundsätzlich seine Nahrung unterteilen, und die beiden Ausdrücke sprechen eigentlich für sich.
„Wie wollt ihr lebendig bleiben, wenn ihr tote Nahrung esst!“ hat vor 2.000 Jahren Christus zu den Kranken gesagt. Dieser Leitspruch sollte auch in dei-

ner Küche an der Wand hängen. Ich fürchte allerdings, dass es, auch in biologischen Küchen sehr oft dieser wichtigen Überlegung ermangelt. Was wird da alles gekocht und in der Pfanne zerbruzzelt. Die meisten Küchen gleichen Giftmischer - und Hexenküchen. Wer überlegt denn schon, dass auch die Pflanze ein Lebewesen ist. Sie ist als Wiese z.B. eine Gesamtpersönlichkeit, menschenähnlich und in ihrer Größe differierend zwischen Handteller - und Ellbogengröße. Einzelpflanzen, wie Löwenzahn oder Gänseblümchen u. a., als Gäste oder auch als Gastarbeiter, sind menschenähnlich, Einzelwesen. Und was wir von all dem sehen sind allenfalls Skelettanteile dieser Wesenheiten. Sie sind sich ihrer Schöpfungsaufgabe bewusst, zu werden und zu vergehen oder auch gefressen zu werden, was diesen Wesenheiten nicht das Geringste antut. Sie erstehen im folgenden Jahr neu und sind, wie wir auch, unzerstörbar.

Die Pflanze bietet alles, was uns zum Leben Not tut bis auf einen ganz bestimmten Stoff, ein Ferment, dessen Zusammensetzung erst seit kurzer Zeit bekannt ist. Es ist im Fleisch enthalten und eigentlich der einzige Grund, weswegen der Mensch hin und wieder Fleisch zu essen genötigt ist. Doch zurück zur Pflanze: Sie bietet uns ihre Lebenselixiere in einer Form, die im körperlichen Leben alles lebendig zu erhalten vermag. Töten wir indes diese Wertstoffe, bekommen wir von der ganzen Naturpracht nicht ein Quäntchen. Im Gegenteil, Lebensförderliches wird in so manchem Falle zu Gift verwandelt. Stelle dir einmal vor, wir beide sollten in kochendem Wasser baden gehen. Du glaubst doch nicht im Ernst, dass wir auch nur die geringste Chance hätten, lebendig wieder da herauszukommen. So ist das mit den Pflanzen auch. Mit toten Pflanzen konsumieren wir Leichengift. Außerdem belasten wir das Pflanzenwesen mit Schmerzen und der Zerstörung ihres Bauplanes, den sie sonst nach ihrem diesseitigen Absterben im Lemurenreich abzugeben hätten.

Das Lemurenreich ist quasi die Kleiderkammer aller lebendigen Form. Bei Zerstörung der Baupläne geraten viele andere Formen auch durcheinander und der Genetiker spricht dann vom Quantensprung oder von Erbänderungen, die er dann auch noch für verantwortlich hält eine Höherentwicklung von Lebewesen. Das Gegenteil ist leider meistens der Fall. Also ich bitte dich herzlich, koche doch um Himmels Willen nicht alles!

Was denn bitte sonst?

Ich mag auch nicht immer nur kalte Küche genießen. Da erinnere ich einmal wieder an unsere Großmütter, die für solche Dinge ein sehr viel feineres Gespür hatten. Sie setzten einen großen Topf mit vielen kleinen Löchern im Boden auf einen kochenden Wassertopf und ließen das Gemüse ca. 20 Minuten in der Dampf-Sauna garen. *Das war der Dämpftopf*.

Das darin gegarte Gemüse bleibt absolut lebendig und vollwertig. Nichts wird zerstört und es schmeckt 100 % besser als Kochnahrung.

Natürlich meine ich nicht den Schnellkochtopf und erst recht nicht den Mikrogrill.
Im Schellkochtopf bleibt zwar alles, wie behauptet, erhalten; aber dafür ist es noch mausetöter als tot. 180° C kann ich jedenfalls auch nicht in der Sauna aushalten.
Mikrogrill serviert zudem Höchstfrequenzschwingungen, die unseren Stoffwechsel mit Fehlinformationen überschwemmen, mit denen er gar nichts anfangen kann. 10 - 12 1/2 Hertz kann unser Stoffwechsel nutzbringend aufnehmen. 8.000 und höhere Hertzwerte bringt die Mikrowelle zuwege. Das gibt Chaos!
Vor einigen Jahren bekam ich einen chinesischen Dämpftopf geschenkt. Er ist aus Ton und so konisch geschnitten, dass er auf jeden Wassertopf gesetzt werden kann. Abb. 27

Abb. 27

Chinesischer Dämpftopf

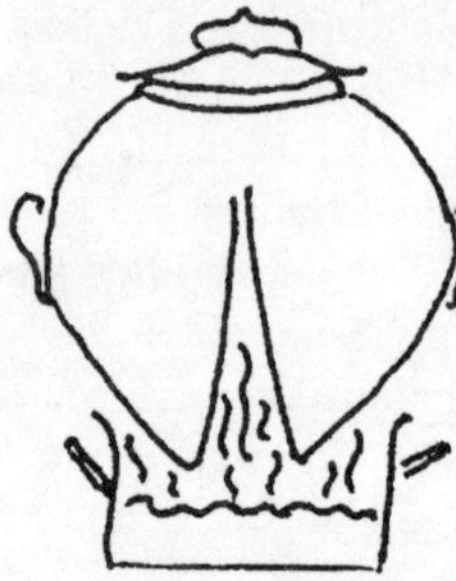

In seiner Mitte steigt vom Boden ausgehend ein Dampfkegel nach oben, sodass zum einen Dampf über diesen Kegel ins Gemüse geleitet wird, zum anderen Dampf aus den mit Wasser gesättigten Tonporen in den Dampfraum eintritt, der sich dem Gemüse mineralgesättigt präsentiert.
Inzwischen weißt du schon, dass lebende Pflanzen aus anorganischen Mineralien organische Verbindungen aufbauen. Das geschieht auch hier, und dieses so zubereitete Gemüse schmeckt noch um einiges besser als das aus Großmutterns Dämpftopf.
Die AMC - Methode ist der Dämpftopf - Aufbereitung gleichwertig, erfordert allerdings einen erheblichen finanziellen Tribut.
Gegart wird in Spezialtöpfen ohne Fett und mit einer halben Tasse Wasser bei niederen Temperaturen um 80° C. Erreicht wird das durch einen Wärmespeicherboden, auf dem die Topfwandungen doppelwandig aufbauen Ein Deckel, ebenfalls doppelwandig, ist mit einem sehr feinen Thermostaten ausgerüstet.
Die geringe Wassermenge verdampft bei Erwärmung, schlägt sich auf den kühleren Doppelwänden nieder und tropft sehr warm auf das Kochgut zurück. Schon nach fünf bis sieben Minuten ist die optimale Temperatur erreicht und

die Wärmequelle muss abgeschaltet werden. Nach ca. 20 Minuten ist sodann der Garvorgang beendet.
Was beim Dämpfvorgang ins Wasser abtropft, bleibt mit dieser Methode dem Gemüse voll erhalten. Das ist sehr empfehlenswert, zumal auch eine Menge Energie gespart wird.
Muss ich dich nochmals daran erinnern, dass vor dem Koch- bzw. Dämpfvorgang unbedingt BIOSMON Verwendung finden sollte? Schau vorsichtshalber im Wasserkapitel noch einmal nach.
Langläufig wird unsere Nahrung in *Eiweiß, Fett und Kohlehydrate eingeteilt.* Diese Einteilung ist indes nicht ausreichend für eine vernünftige Ernährungsplanung. Ein amerikanischer Landarzt, ein gewisser Dr. Hay, hat mit genialer Intention eine viel sinnvollere Einteilung gefunden.

Die Haysche Trennkost

Die Prämisse des Dr. Hay war einzig die Reaktion, die Speisen im Magen auslösen würden. Da dieses System schon fast hundert Jahre alt ist und Dr. Hay gewisse Einsichten deswegen fehlen mussten, habe ich mich entschlossen dir die Trennkost nach meinen eigenen Einsichten, und nur ein ganz klein wenig verändert, nahezubringen.
Hay fand, dass es drei natürliche Gruppen an Nahrungsmitteln gibt, die im Magen Säuren locken (nicht bilden), und jene, die dort Basen locken (nicht bilden), und jene Gruppe, die von beiden Magensäften profitieren, die also sowohl durch Säuren als auch durch Basen verdaut werden können. Er nannte sie die neutrale Gruppe.
Am Rande dazu eine wichtige Bemerkung: In der normalen und auch der Regenbogenpresse taucht eine Vielfalt an Definitionen über Säuren und Basen auf. Leider steht niemals dabei geschrieben, auf welchen Verdauungsabschnitt sich das jeweils bezieht, abgesehen davon, dass einer den Fehler des Vorgängers meisten tapfer übernimmt und somit solche Fehler oft hundert Jahre überdauern. Da aber in jedem Verdauungsabschnitt unterschiedliche Säure- und Basenverhältnisse herrschen, sind nicht nur Laien weitgehend überfordert, um sich da hindurchzufinden. Dabei ist es beileibe nicht gleichgültig, ob sich eine Reaktion auf ein Reagenzglas bezieht, ob sie im Mund, im Magen, im Dünndarm, in der Dünndarmwand, jenseits der Dünndarmwand oder schließlich im After oder im Urin gemessen wird. Jede der genannten Stationen verkehrt nämlich den Gehalt an Säuren bzw. Basen ins jeweilige Gegenteil. Da wird es fast unmöglich ,aus diesem Vielsprachengemurmel etwas Vernünftiges herauszufinden.
Da der Magen Ausgangspunkt aller Stoffwechselreaktionen und des Hormonhaushaltes ist, hat s. Zt. Hay sich entschlossen hier mit seiner Betrachtungsweise konsequent anzusetzen. Ich bin ihm gedanklich gefolgt. Verzeih mir bitte, wenn ich der Deutlichkeit halber zu Vereinfachungen greife, die

zwar nicht ganz richtig sein können, dennoch das Wesentliche der Problematik besser hervorzuheben vermögen ohne den Kern zu verfälschen.
Du findest auf der Abb. 28 drei Gruppen: *Tierische Eiweiße, pflanzliche Eiweiße und Kohlehydrate.* Den pflanzlichen Eiweißen ist als Untergruppe die der Fette zugeordnet.

Abb. 28

Die drei Gruppen der Trennkost

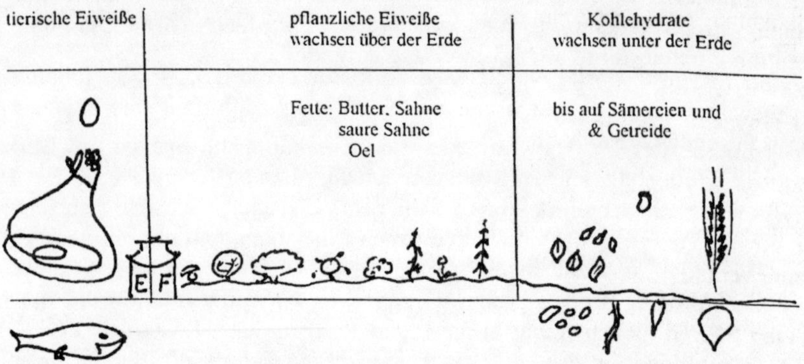

Wahrscheinlich erkennst du auf Anhieb, dass die linke Gruppe völlig anders geartet ist als die beiden anderen. Hier sind also die tierischen Eiweiße platziert. Sie sind es, die im Magen Salzsäure und Pepsin locken, H Cl; das Pepsin können wir in diesem Zusammenhang vernachlässigen.
In der rechten Gruppe siehst du die „Früchte", die Wurzeln von Pflanzen, die unter der Erde wachsen. Es sind Kohlehydrate, der Teil der Pflanze, der der Speicherung von Stoffen in der Pflanze dient. Die Chinesen sprechen von YIN.
YIN bezeichnet das weibliche Prinzip, alles Rundliche und Gebärende. Nun versuche mich nicht festzunageln. Natürlich gibt es auch Wurzeln, die den Status des Rundlichen nicht erfüllen. Und da ist z. B. die Schwarzwurzel, die ja auch unter der Erde wächst. Ihr fehlt eine ganze Menge an Rundlichkeit, und hier spricht der Chinese von YANG im YIN. Alles hat mehr oder weniger YANG im YIN oder umgekehrt.
Die Getreide, welche wir in der Kohlehydratgruppe vorfinden, wie auch alle Sämereien, dienen gleichfalls dem Prinzip des Gebärens. Obgleich diese über der Erde wachsen, gehören sie dennoch in die YIN-Gruppe. Natürlich ist Reis auch ein Getreide, ebenso wie gedroschene Hülsenfrüchte wie Erbsen und Bohnen. Sie sind mit ihrer eingetrockneten Eiweißhülle ausschließlich Kohlehydrate.

Diese Gruppe lockt im Magen u.a. Natronlauge, Na O H.
In der Mitte unserer Abbildung findest *du alles über der Erde Wachsende*, YANG, wie du jetzt ganz richtig vermutest. Es handelt sich um pflanzliche Eiweiße. Natürlich ist in bestimmten Verhältnissen auch hier YIN im YANG, was so viel bedeutet, dass in geringen Mengen auch Kohlehydrate vorhanden sind, die jedoch auf Grund ihrer Bindungen nicht ins Gewicht fallen. Die Entfaltung der Pflanze gen Himmel verbraucht alles das, was die Wurzel vorsorglich gespeichert hat. Hier wohnt folglich das Prinzip der Entspeicherung.
Und nun findest du auf der linken Seite der mittleren Gruppe eine halbe Milchkanne mit dem eingezeichneten Initial F, das steht als Abkürzung für FETT.
Die andere Hälfte dieser Milchkanne ist mit dem Initial Ew = Milcheiweiß versehen und für uns Erwachsene bis auf Winzigkeiten ohnehin passée, wie ich dir ja schon erklärt habe.
Das Milchfett, Butter, Sahne und saure Sahne sind im Gegensatz zu den Milch - Eiweiß - Anteilen, für den Menschen von unschätzbarem Wert. Eine gut funktionierende Ölheizung brennt nur ordnungsgemäß mit hochwertigem Öl. Das bezieht sich auch auf den menschlichen Stoffwechsel. Erschrick doch nicht; Butter kann nicht dick machen, oder hast du schon beobachtet, dass eine Ölheizung dicker wird? Butter kann auch nur Winzigkeiten von Cholesterin ins Blut einbringen. Die innewohnenden Cholesterinringe sind nach Prof. Hoff aus Frankfurt, unserem großen Internisten, viel zu groß, um in die Blutbahn gelangen zu können
Auf einem Internistenkongress in Hamburg hat er seinen Kollegen zugerufen: "Lasst mir doch endlich die Butter in Ruhe, der Mensch müsste am Tag sechs Zentner Butter essen um, so viel Cholesterin ins Blut zu bekommen als die Leber täglich normalerweise produziert."
Abgesehen davon ist Butter das reinste Pflanzenfett, aus Gras nämlich. Margarine? Nein danke.
Müsstest du nicht auch schon misstrauisch dagegen sein, oder scheint es dir nicht merkwürdig, dass ein Öl freiwillig im Paket fest und hübsch anzusehen stehen bleibt. Ohne Frage hat die Chemie ihre Hand im Spiel. Das Wasser muss ja schließlich aus dem Öl heraus und das geht nicht freiwillig. Die Stoffe, die das Öl dehydrieren sollen, kommen natürlich auch in deinen Darm und treffen dort auf Fettzellen, die dort ihre Aufgaben haben. Wie die Fettzellen der Margarine werden auch sie zu Margarine denaturiert und können so ihre Arbeit nicht mehr verrichten.
Eine geronnene Zelle ist eine tote Zelle. Sie stellt eine giftige Wunde dar, in der sich alle Arten von Erregern und Würmchen gut versorgt tummeln können.

Ich habe mir s. Zt. die Margarineproduktion sehr genau unter die Lupe genommen, und weil die Führungen durch die Betriebe immer an bestimmten Türchen vorbeigingen, habe ich mich mit meinem weißen Kittelchen allein herumgetrieben. Und siehe da, "an der Quelle saß der Knabe", selbst s. g. biologische Firmen machten da gar keine Ausnahme. Die Kältehärtung, auf diesem Sektor immer wieder propagiert, reicht zur Margarinehärtung nicht aus. Auch sie kann nicht auf die Chemie verzichten. Zulässige Fette für unseren Stoffwechsel sind kalt gepresste Öle und die Butter von gesunden Kühen und in gesunden Verpackungen. Diese beiden halben Nachsätze signalisieren Probleme, die dir inzwischen sicherlich schon geläufig sein dürften. Butter und Öl ergänzen einander auf ideale Weise. Das, was an Schlacken durch die Butter frei gesetzt wird, und wo man hobelt, da fallen auch Späne, kann durch des Öls spezifische Müllabfuhr abtransportiert werden. Fifty / fifty heißt hier die Parole. Keines dieser Fette darf erhitzt werden. Du verlierst nicht nur deren positive Eigenschaften, sie verkehren sich sogar ins absolute Gegenteil und werden zu unabbaubaren Belastungen als gesättigte Fettsäuren. Der sinnvolle Stoffwechsel kommt ins Stocken und Bauchspeicheldrüse wie Leber sind die Leidtragenden. Beide Organe versuchen sich zwar bemerkbar zu machen, doch werden ihre Alarmrufe überhört oder falsch bewertet. Wer lässt sich schon beunruhigen, wenn im Augenwinkel oder in der Haut irgendwo ein kleines Fettkörnchen eingelagert erscheint, gar nicht zu reden von Grützbeuteln auf dem Kopf, Gerstenkörnern und Akne. Ganz gewiss kommen die auch nicht irgendwoher.

Gleich große Bedenken bestehen gegen langfristige Kälteeinlagerungen von Lebensmitteln.

Der Vitalstoffgehalt in der Butter sinkt z. B. rapide ab. Da sie jedoch weiter vegetiert, produziert sie laufend Stoffwechselprodukte, die im Übermaß für uns giftig sind. Die Einlagerungsgrenze für Butter liegt bei maximal zwei Monaten.

Wer kein Öl so pur essen mag, hat bereits Schäden in der Bauchspeicheldrüse. Er darf dann auch keine oder nur sehr wenig Butter essen. Die Faustregel im Volksmund sagt:

„Du darfst so viel Butter essen wie du Öl magst; und du musst so viel Öl genießen, wie du Butter gegessen hast." Guten Appetit, auf jeden Fall sollte man das probieren.

Außer dem Fett findest du in der mittleren Gruppe *alles über der Erde wachsend Gemüse.* Sie zeichnet sich dadurch aus, dass sie sowohl durch Salzsäure (H Cl), als auch durch Natronlauge verdaubar ist (Na O H). Der Chemiker spricht dann von bivalent. „Bi" heißt zwei und "valent" bedeutet bindungsfähig.

In dieser Gruppe finden wir alle Kohlsorten, Blatt- und Wildgemüse, und bitte übersieh Letzteres nicht. Wildgemüse ist seinen Zuchtgeschwistern um ein Vielfaches überlegen.

Was wird nur für ein Rummel um das Vitamin C veranstaltet. „Kinder kauft Apfelsinen und ihr bleibt gesund.“ Kistenweise werden diese hier nicht heimischen Früchte verkonsumiert, dabei hat eine Apfelsine, wenn es hoch kommt, 25 Milligramm Vitamin C. Eine mittelgroße Brennnessel bietet davon 2 - 3.000 Milligramm. Der Apfelsine ermangeln alle übrigen nützlichen Beigaben. Dafür überschwemmt sie uns mit kalkräuberischen Säuren und beschert uns Krämpfe und Nervosität.

Die Brennnessel dagegen hat in idealer Zusammensetzung alle Mineralien, Spurenelemente und Vitamine in gleich hoher Dosierung, allerdings unter Ausschluss der Vitamin B-Gruppe; ganz zu schweigen von den Pflanzenhormonen, den Phytonen der Brennnesselsaat, erstklassigen Anregern unserer Hormonorgane und besonders unserer Nebennierenrinden. Ähnlichen Wert hat der Löwenzahn, der Giersch und viele andere Kräuter. Die Wildkräuter brauchst du auch nicht in BIOSMON zu baden. Allerdings sollten sie nicht gerade an Ackerrainen gesucht werden, um den bäuerlichen Giftmisshandlungen zu entgehen. Dauerweiden und Waldränder eignen sich dafür um so besser, wenn nicht ein eigener Garten zur Verfügung steht. Natürlich darfst du auch nicht im eigenen Garten ernten, wenn du deinen Rasen zum Vorzeigeobjekt degradiert hast und ihn zu diesem Zwecke mit Wuchshemmern oder anderen Hormonen und Giften behandelt hast. Dann nämlich ist in einem Umkreis von 4 - 500 Metern alles gleich mit verseucht.

Nein, ich übertreibe nicht. Hast du etwa deine Lektion von Tschernobyl noch nicht gelernt?

Die radioaktive Verseuchung ist in einer Verdünnung von eins zu hundert Millionen erfolgt. Hat dir das etwa nicht Angst gemacht?

Die Gifte in deinem Garten findest du in einer Verdünnung von eins zu zehn bis eins zu hundert. Das sind Mengen, die in unserem Stoffwechsel gleich Riesenvergiftungen bedeuten. Um den Cäsiumgehalt des Viehfutters zu reduzieren, wurde den Bauern empfohlen, Betonit-Steinmehl dem Viehfutter beizumengen. Dir habe ich das BIOSMON angedient. Bitte nicht vergessen, wie es die Bauern inzwischen getan haben. Schließlich ist Tschernobyl noch nicht ganz 10.000 Jahre her.

Aus unserer Abbildung 28, wie auch aus dem bisher Gesagten, kannst du leicht ersehen, dass bei gleichzeitiger Nahrungsaufnahme von tierischen Eiweißen und Kohlehydraten zwei unterschiedliche Magensäfte gelockt werden: H Cl + Na O H , Salzsäure und Natronlauge.

Treffen diese beiden aufeinander, kommt es zu einer chemischen Reaktion, bei der sich auf der einen Seite Chlor (Cl), und auf der anderen Seite Natrium (Na), abspalten und sich miteinander zu Natriumchlorid verbinden (Na Cl).

Das ist Kochsalz und die beiden nachbleibenden Reste verkoppeln sich zu H^2 O und das ist Wasser.

$H\,Cl + Na\,O\,H = Na\,Cl + H^2\,O$

Wasser als auch Kochsalz sind jedoch nicht in der Lage auch nur ein Mindestes zu verdauen.

Man nennt eine solche Reaktion eine Neutralisationsreaktion. Hübsches Wort; aber das heißt wirklich so. Diese Reaktion muss sich solange fortsetzen bis alles durchneutralisiert ist.

Eine einzige solche Speisemenge erfordert folglich nach einem chemischen Gesetz, die doppelte Magensaftförderung. Dann ist aber immer noch nichts verdaut. Nur der Magen ist inzwischen schwerer geworden und enthält eine Salzlaken-Speisemischung vom Dreifachen und wäre tödlich wenn ... Abb. 29. Auf dieses Wenn komme ich gleich noch zurück. Zwei Mol Magensaftes, sagt der Chemiker, sind nunmehr vergeblich produziert worden, und nun braucht der Magen, um diesen gefährlichen Ballast fortzuverdauen, noch einmal so viel an Magensaft, als Speisebrei vorhanden ist. Betrachte noch einmal die Abb. 29.

Abb. 29

Chemische Auswirkung bei Nichteinhaltung der Trennkost

KH (etwa Kartoffeln)
////// TE (tierische Eiweiße)
:::::::::: Magensaft

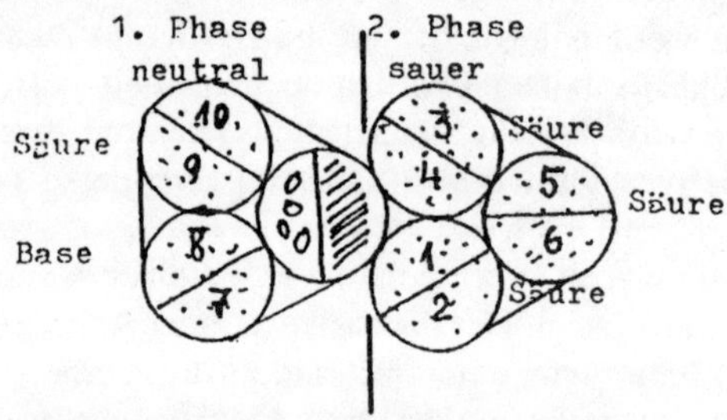

Du siehst, dass der Magen fünf mal so viel an Verdauungssaft hat herstellen müssen, als eigentlich vom Stoffwechsel her erlaubt wäre. Das ist teuer. Bis zur Neutralisierung war wenigstens das Verhältnis von Säure zu Base noch 1 : 1 ausgeglichen. Nun hat sich das verschieben müssen, weil nur noch Säure gefragt ist. Das Verhältnis hat sich 4 : 1 verschoben. Der Fachmann weiß, dass dieses den erste Schritt in den Krebs bedeutet. Abgesehen davon ist es lästig, dauernd einen übersäuerten Magen zu haben. Interessant zu wissen ist jetzt, woher sich der Magen mit Verdauungssäften versorgt.

Ich werde es dir verraten: Aus dem Blut. Im Blut schwimmen nämlich höchst feinste Eiweiße, s. g. Aminosäuren. Sie fischt er sich heraus und macht Magensaft daraus.

Für eine Magensaftmenge darf er das auch, nicht aber für fünfmal so viel. Da er es aber doch tut, müssen die Blutgefäße sich schadlos halten. Die einzige

Möglichkeit, die ihnen zur Verfügung steht ist, aus den Organwänden Eiweißzellen herauszulösen und diese zu Aminosäuren zu zerkleinern, um sie weiter zu Magensaft zu *verheizen.* In der Organwand darf jedoch kein Loch zurückgelassen werden. Da die Natur enorm erfinderisch ist, hat sie auch hier eine Lösung parat. Der Stoffwechsel kann in kürzester Frist Fettzellen aufbauen aus alle dem, was unter der Erde wächst. Er setzt also eine Fettzelle in das entstandene Loch und diese rettet uns das Leben, denn sie kann in kürzester Frist das entstandene Kochsalz speichern. Und wo Kochsalz ist, da geht auch das überschüssige Wasser hin. Dabei vergrößert sie sich auf das Achtfache und quetscht ob ihrer Größe Blutgefäße ein bis ab.
Dieser Vorgang verändert die Durchblutung bei gleichzeitiger Minderung der Funktionsfähigkeit der Organwand; denn die Fettzelle kann schließlich nicht arbeiten. Als Stützzelle hält sie nunmehr, wie einst Atlas, die Welt auf den Schultern.
Eiweiß ist jetzt gegen Fett ausgetauscht. Man sieht das leider nicht zu Beginn dieser Tauschaktion, sonst würde man sich sicherlich eher und vielleicht rechtzeitig Gedanken über sinnvolle Nahrungsaufnahme machen. Bis die Organwände kein Fett mehr aufnehmen können, vergeht meist die Zeit bis zum Klimakterium. Je nach Menschentyp etwas eher oder auch später.
Ein normaler Mensch hat etwa ein schwaches Zehntel seines Gewichtes an Fettgewebe. Wenn nun kontinuierlich Eiweißzellen gegen Fettzellen getauscht werden, wird der Mensch zunächst leichter, weil Fett leichter ist als Eiweiß. Entsprechend wird er auch leistungsschwächer.
Nähert sich aber die neu hinzugekommene Fettmenge der 50 % Marke, so sagt sich der Organismus: „Noch mehr Arbeitslose kann ich mir nicht leisten, bitte quartiert euch wo anders ein." Und nun wird alles in die Peripherie gestopft. Erst jetzt beginnt man die Fettpölsterchen zu sehen und den Zeigerausschlag auf der Waage. Jetzt ist es im Grunde bereits zu spät, denn bis zum Punkt der *Wende* hatte der Organismus nur „Appetit". Danach bricht der *Hunger aus*; denn immer die gleichen Arbeitskräfte müssen für immer mehr hungernde Bevölkerung schaffen.
Menschen, die über diese Grenze hinaus weiter abnehmen, die also ins Kachektische abgleiten, sind schwer krank und sollten sich unter allen Umständen in medizinische Behandlung begeben. Betrachte dir nochmals die Abbildung 29.
Ein viertel Pfund Fleisch auf unserem Teller würde unsere Nieren für drei Tage mit der Ausscheidung von Purinkörpern beschäftigen. Purinkörper sind Stickstoffe, Reizkörper, Entzündungsstoffe, unsere Erzfeinde sowohl bezüglich von Gicht und Rheuma, als auch Krebs, die aus den Zellkernen des Fleisches stammen. Gemüse haben davon acht bis zehn mal weniger, weil sie eine andere Zellteilung haben als die tierischen Eiweißzellen.

Auf Grund der Nahrungsmischung von Basen- und Säurelockern, hat jetzt aber der Magen aus den, dem Organismus eigenen Geweben zehnmal so viel an Zellkernen freigesetzt, mit deren Giften sich jetzt die Nieren auseinander zusetzen haben. Sie brauchen demzufolge nicht drei Tage sondern dreiunddreißig Tage, vorausgesetzt die Nieren sind noch gesund, was meistens nicht der Fall ist.
Gleichzeitig zu diesem Homotoxin-Problem gesellt sich die Fettablagerung um das Zehnfache der aufgenommenen Eiweißmenge. Rechnen wir einmal nur 2 g reines Eiweiß in einem viertel Pfund Beafsteak, dann hat man per Mahlzeit bereits ca. 20 g Fett auf die Hüften gepackt. Das läppert sich!
Betrachte nun einmal die nächste Abbildung. Abb. 30.

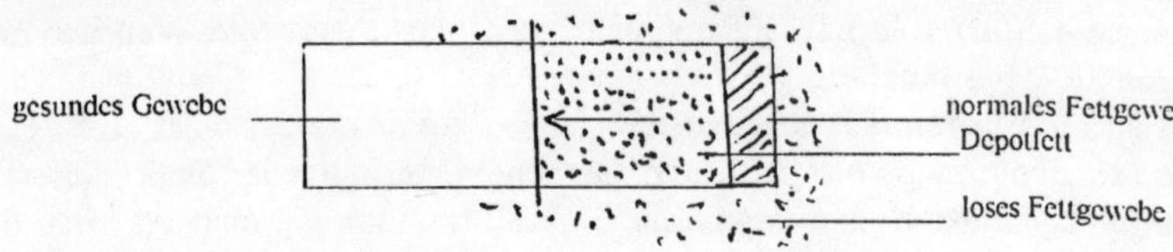

Dieses Rechteck soll deinen Körper darstellen. Beschwere dich nicht gleich, natürlich siehst du nicht viereckig aus.
Rechts im Bild siehst du die ungefähre Fettmenge angedeutet, die jeder normale Mensch mit sich herumträgt. In der Mitte signalisiert der Trennstrich die 50 % - Marke, bis wohin die eben beschriebene Fettanlagerung unbemerkt vonstatten geht. Die Punktschraffur soll das andeuten. Die gleiche Schraffur siehst du aber auch außen angelagert. Sie zeigt dir die zweite Phase der Verfettung, nun sichtbar durch äußere Verformung und Gewichtszunahme.
Die Austauschphase verläuft sehr häufig bis zum Klimakterium. Leider wird die bis dahin auftretende Leistungseinbuße nur am Rande konstatiert und nicht so recht ernst genommen. Das ist um so tragischer, als das Abspecken in der Anlagerungsphase nicht nur durch den nunmehr sich ausbreitenden Hunger, sondern auch durch Gewohnheiten und Psyche blockiert ist.
In der Praxis erlebe ich leider allzu oft Fehlversuche in dieser Richtung. Hinzu kommt ferner, dass durch die Fettanlagerung an die Blutgefäßwände der Blutstrom in seiner Geschwindigkeit verlangsamt wird. Was ich im Kapitel Wasser schon angedeutet habe, verschärft sich jetzt um ein Vielfaches. Ein langsamer Fluss lässt nun einmal mehr Schlamm absinken als ein rasch dahinfließender Bach. Gegen diese wilden Mülldeponien ist durch Fastenkuren leider kein Kraut gewachsen. Eine ins Gewebe eingelagerte Fettzelle weicht keiner Fastenkur! Diese entzieht ausschließlich dem Fettgewebe Wasser und Salz. Das täuscht zwar eine Gewichtsabnahme vor, aber die deponierten Fettzellen warten nur darauf, sich, und wenn es aus der Luft ist, mit Salz anzureichern, das seinerseits Wasser nachzieht. Vier Wochen und die ganze Gewichtsverlust-Pracht ist Vergangenheit.

Ganz sicher hat Fasten einen reinigenden Effekt, der großen gesundheitlich Wert repräsentiert, ist aber zum Abspecken nicht tauglich.
Wertvoller ist Fasten als Startkapital im Hinblick für geistige Exkursionen anzusetzen, aber davon später.
Die Einhaltung der eben vorgetragenen Trennkost lässt gleichwohl nicht abnehmen. In dieser Hinsicht ist allenfalls von ihr zu erwarten, dass man nicht mehr zunimmt.
Einzig und allein das Überangebot an fermenthaltiger Nahrung ist in der Lage, Fettzellen aus dem Körpergewebe allüberall heraus zu dauern.
Doch zunächst ein Rückblick, um Konsequenzen aus dem Gesagten zu ziehen.
Willst du das geschilderte Stoffwechsel Chaos vermeiden, dann solltest du niemals die beiden Randgruppen in einer Mahlzeit gleichzeitig zu dir nehmen. Tierische Eiweiße und Kohlehydrate gehören nicht auf einen Teller. Fleisch und Kartoffeln oder Fisch und Reis, ade gute alte Gewohnheit. Das musst du dir abschminken.
Die mittlere Gruppe, die oberirdischen Gemüse, kannst du in beide Richtungen kombinieren.
Wenn Fleisch also, dann dazu alle oberirdischen Gemüse nach Lust und Laune, Rotkohl, Weißkohl, Rosenkohl, Pilze, um nur einiges zu nennen. Eier stehen zur Verfügung, Fette stehen zur Disposition und Milch in höchst begrenztem Umfang. Drei Esslöffel Milch pro Tag wären vertretbar, wenn ein wenig Fruchtsäure dazu kombiniert wird.
Im anderen Falle lässt du Fisch, Fleisch und Eier fort, und alles andere steht zur Essensbereitung zur Verfügung.
Auf unserer kleinen Statistik genügt es, wenn du jeweils eine Seite mit der Hand oder mit einem Schmierzettel abdeckst. Eine gestandene Hausfrau wird das ohne Schwierigkeiten sättigend für ihre Familie darstellen können. Häufig taucht die Frage nach dem Obst auf. Natürlich müsste man auch hier logischerweise trennen, und es ist sicher nicht zulässig zu einer Fleischmahlzeit Bananen oder Pfirsichkompott zu servieren. Puddings und Eis verbieten sich in diesem Sinne ohnehin. Der säuerliche oder auch reife Apfel könnte eine gute Ergänzung sein.
Da in der Regel ein Obstsalat dominiert und auf diesem Wege der Mischung eine neutrale Mineralsäure-Kombination entsteht, ist diese Art der Nachspeise in jedem Falle erlaubt.
Vergiss nicht die Schlagsahne dazu!

Zucker
Er ist ein weiteres wichtiges Problem in der Ernährung. Von den vielen Zuckerarten sind für uns vor allem erwähnenswert der gewohnte *Rübenzucker, Rohrzucker, Sorbit, Traubenzucker, Milchzucker, Fruchtzucker und Honig.*
Wir haben hier Poly-, Di- und Monosaccharide vor uns. Das bedeutet, dass die Aneinanderreihung von Zuckermolekülen mehr oder weniger sauerstoffangereichert und oxydationsbereiter ist.
Sorbit und Traubenzucker gehören zu den Monosacchariden, die aus einem einzigen Zuckerring gebildet wurden. Fruchtzucker geht aus der Sauerstoffverbindung mit einem Monosaccharid, dem Hexit, hervor und bildet einen Doppelring. Rübenzucker und Rohrzucker reihen eine ganze Anzahl von Zuckerringen aneinander. Wenn ich diese nun als Polysaccharide bezeichne, ist das insofern nicht ganz richtig, weil diese Benennung eigentlich den Zuckern vorbehalten ist, die mehrere Sauerstoffatome gebunden haben. Ich setze deswegen das Wörtchen *bio* hintenan.
Milchzucker und Fruchtzucker sind somit nach meiner Definition Disaccharide - bio.
Beide bestehen aus Zweier - Ringstrukturen. Am Schluss zu nennen wäre der Honig, der sich mit einem einzelnen Ring begnügt.
Bis auf den Fruchtzucker und den Honig sind alle anderen optisch rechtsdrehend, was so viel bedeutet, dass sie nicht mit Hefen vergärungsfähig sind. Für unseren Stoffwechsel ist aber gerade das gefragt. Rübenzucker und Rohrzucker haben eine Kettenlänge, die für unsere Mundschleimhautzellen, Zahnbeinzellen und Darmzellen viel zu lang sind. Sie sollen schließlich diese Großgebilde aufnehmen und können das nur unter größtmöglicher Aufblähung. Das zelleigene Wasser reicht jedoch nicht aus, um die aufgenommenen Ketten in Einzelmoleküle aufzuspalten. Die Zelle muss zu diesem Zweck bei der Zunge antelefonieren mit der Bitte um Wasser. Diese befiehlt „Durst marsch“ und der Schleckermensch trinkt und die bedrängte Zelle säuft wie eine Kuh und platzt. Das ist einfach zu viel für sie.
Auf Grund des osmotischen Druckes gerät nunmehr der ganze ungelöste Zucker in das konzentrierte Blut und kann dort erst nach acht bis neun Stunden in Energie umgewandelt werden. Die Folge ist, dass sowohl Leber wie auch die Muskulatur keinen Zucker erhalten, den sie dringend benötigen würden. Sie weinen am gedeckten Tisch vor Hunger. Auf diese Weise wird vor dem Fernseher die Tafel Schokolade restlos verspeist. *Das ist Suchtbefriedigung!*
Und tatsächlich ergibt die Praxis die Feststellung, dass Zucker Suchtmittel Numero eins ist.
„Mammi, bitte noch ein Bonbon!“ „Komm Kind, hier hast du die Tüte, geh damit raus zum Spielen!“

Nehme ich meinen Trinkern den Zucker fort, hören sie auf zu saufen. Weitere Folge ist, dass durch die Zulieferung unlöslicher Zucker ins Blut Zirkulationsstörungen im feinsten Blutstromgebiet, den Kapillaren, aufgebaut werden, die deren Gefäßwände zerstören.
Und wenn ich bedenke, dass ein Teelöffel Zucker fast eine Million Kapillarzellen auf dem Gewissen hat, und wenn ich mir das als Häuser auf die Bundesrepublik projiziert vorstelle, so möchte ich jedem zurufen: „Lass bloß die Finger weg von diesem Zeugs!“ Ich vermute indes, dass mein Ruf genau so ungehört verhallen wird, wie s. Zt. der von Professor Butenand 1923, als er den Nobelpreis verliehen bekam und in seiner Antrittsrede warnte: „Lasst die Finger von diesem Zucker, sonst werdet ihr immer mehr Viruserkrankungen bekommen.“
Seinerzeit gab es alle vier Jahre einmal eine Bakteriengrippe. Heute dagegen sind es drei bis fünf Virusgrippen im Jahr, und dazu gehört schließlich auch die Kinderlähmung.
Sorbit wird als Haltbarmachungsmittel deklariert. Dass es klammheimlich auch ein großartiges Sucht erzeugendes Mittel darstellt, wird schamhaft verschwiegen. Du hast dich sicherlich schon einmal gewundert, warum der Krabbensalat oder der Fleischsalat immer alle werden muss. Du kannst das angebrochene Schälchen nicht stehen lassen. Hier ist das Sorbit schuld.
Außerdem stellt Sorbit ein Kapillargift dar. Viele amputierte Patienten wissen davon ein Lied zu singen. Ist Sorbit im Brot, in der Marmelade, im Getränk oder in einem der Light-Produkte, so können sie sich nach dessen Genuss nicht vor zuckenden schweren Schmerzen bergen. So manche Migräne nimmt hier auch ihren Anfang.
Traubenzucker und Honig sind Einringgebilde. Beide unterscheiden sich jedoch ganz wesentlich voneinander. Traubenzucker kriecht nackig zwischen den Zellen hindurch ins Blut und wird dort sofort als Zucker erkannt. Wenn nun gerade der Kreislauf zuckerabgesättigt ist, kann das Folgen haben und vor allen Dingen für die Bauchspeicheldrüse. Sie wird überfordert.
Honig mogelt sich ebenfalls zwischen den Wachtposten Zellen hindurch, wird aber infolge seiner supergesunden Begleitstoffe, die ihn wie ein Tarnkäppchen umhüllen, nicht sogleich als Zucker identifiziert. Die Pankreasdrüse bekommt Zeit sich damit auseinander zu setzen.
Wenn man´s mit dem Honig nicht übertreibt, kann nichts Böses passieren. Wieviel denn, fragst du, na, so ein bis zwei Teelöffel pro Mahlzeit sind akzeptabel, allerdings nicht so wie kürzlich geschehen, dass ein Patient drei mal zwei Teelöffel voll Honig addiert hatte und diese dann auf einmal vermöbelte. Schon zwei Mahlzeiten in der Honigmenge zu addieren ist nicht erlaubt. Milchzucker und Fruchtzucker sind Zweiring-Moleküle. Der Milchzucker als optisch rechtsdrehender Zucker hat deswegen nichts im Stoffwechsel zu suchen, und er kann auch nicht einmal durch die Darmwand hindurch. Er ver-

bleibt im Darmlumen und liefert den dortigen Hofhund - Bakterien ein erstklassiges Futter. Das kann uns nur recht sein.
Fruchtzucker wird von den Darmzotten aufgenommen und in zwei einzelne Ringe aufgetrennt. Sie verbleiben in den Darmschleimhautzellen so lange, bis das Blut anklopft und sagt: „Ich brauche mal einen oder beide Zuckerringe.“ Dieser Zucker kommt folglich nur auf Anforderung in die Blutbahn und bleibt längstens eine halbe Minute dort und ist dann schon in Energie umgewandelt.
Aus der biologischen Presse lese ich bisweilen, dass der Fruchtzucker, wie der herkömmliche auch, ein isoloerter Zucker sei, und gleich gefährlich als Kalk- und Vitamin B 6-Räuber.
Ich gebe zu, dass im Reagenzglasversuch beide identische Böslinge sind. Tatsächlich konsumieren sie beide gleich viel an Kalk und Vitamin B 6. Soweit gebe ich den Kritikern absolut Recht. Für mich macht es allerdings einen erheblichen Unterschied, ob dieser Raubzug eine halbe Minute dauert oder 8 bis 9 Stunden.
Natürlich sind alle Fruchtsirupe noch freundlicher, weil sie wie der Honig ein Tarnkäppchen tragen. Nicht gemeint ist natürlich der weiße Zuckersirup.
So bin ich trotzdem bereit ein Halb-Minuten-Opfer bezüglich des Fruchtzuckers in Kauf zu nehmen. Mein Stoffwechsel ist dieses Opfer gewohnt, schon dann, wenn ich einen Apfel esse. Inzwischen hat sich die Industrie des Fruchtzuckers bemächtigt. Fast in jedem Supermarkt wird er heutzutage angeboten. Bedarfslücke nennt man das wohl. Bitte, sei auf der Hut! Fruchtzucker ist keine verderbliche Ware und bedarf keiner Haltbarmachungsmittel. Dennoch mischen viele Firmen unter diesem Motto 1 1/2 % Sorbit hinein. Sicherlich hast du dir deinen Teil schon gedacht. Fruchtzucker senkt nämlich, ob seiner prompten Energiebelieferung, den Süßappetit um zwei Drittel und das geht unseren Firmen natürlich zu weit. Man will ja dem Kunden gern entgegenkommen und ihn mit Fruchtzucker versorgen, aber er soll bitte die gleiche Menge an Zucker konsumieren.
Alles kannst du heute als Fruchtzuckerpräparat kaufen: Marmeladen, Marzipan, Schokoladen, Bonbons und viele andere Spielarten mehr. Achte bitte peinlichst auf die zwingend vorgeschriebene Deklaration! Keine Süßstoffe, kein Sorbit.
Alle Kunstsüßen sind mit höchstem Misstrauen zu betrachten, z. B. Süsetten, Uranylharnstoffe, Natren und die vielen anderen. Alle diese haben sich nach Untersuchungen der Wiener Universität als zu 60 % Blasenkrebs bildend erwiesen. Saccharin ist schon aus dem ersten Weltkrieg als Leberkrebs-Verursacher entlarvt worden. Es darf dennoch nach wie vor im Handel verbreitet werden.
Dass der Zucker in die Gruppe der Kohlehydrate gehört, wirst du inzwischen gemerkt haben.

Neben Salz, Milch, Milchprodukten und Nudeln ist er der größte Dickmacher!
Letztlich sind alle Kohlehydrate Zucker. Ich habe das schon angedeutet. Im Unterschied zum landläufigen Zucker sind diese Molekularketten der Kohlehydrate so lang, dass sie nicht ohne weiteres in die Schleimhäute aufgenommen werden können.
Der Kauakt und die Vorverdauung sind die wesentlichen Schlüssel für diese Energiespender.
Aber auch hier sind Einwände am Platz: Zerkochte Kohlehydrate sind tote Kohlehydrate!
Im desolaten Zustand des Zerkochtseins sind sie gleichfalls Dickmacher. Ob es sich dabei um Brote oder Kartoffeln handelt, bleibt dem Stoffwechsel gleich suspekt.

Kuren

Solltest du Übergewicht haben, möchte ich dir nochmals sagen: Fasten hat keinen Sinn, wenn du abnehmen willst. Auch Trennkost ist nicht in der Lage, wesentlich Gewicht zu reduzieren. Was der Organismus dringend benötigt um Fettzellen aus dem Gewebe herauszudauen, sind unerlässlich Fermente! Sie wachsen im Himmel. Ganz besonders reichlich sind sie enthalten in Sämereien, Getreiden und ein wenig auch im Obst.
Alle Himmelskost hat die Eigenschaft sich nicht länger als zwei Stunden im Dünndarm aufzuhalten.
Das bedeutet, dass sodann die nachfolgende Nahrungsaufnahme zu erfolgen hat.
Alles was du an Gemüse über der Erde dazu essen würdest, bräuchte eine Passagezeit von vier Stunden.
Das Gemüse unter der Erde hätte sogar eine Durchlaufzeit von sechs Stunden.
Da die Passagezeit beider differiert, ist generell davon abzuraten sie gleichzeitig zu essen, da in der Verzögerungszeit das eigentlich schnellere Obst gebremst wird und anfängt zu gären. Gärung aber bedeutet Fettbildung und Anlagerung. Blähungen würden zusätzlich Stoffwechsel und Kreislauf belästigen.
Fleisch, wie in so manchen abstrusen Fastenempfehlungen zu lesen ist, hat bezüglich einer Gewichtsreduzierung im Fastenplan auf keinen Fall etwas zu suchen.
Fleisch hat eine Passagelänge von acht Stunden. Es würde zusätzlich für Fäulnis im Darm sorgen. Außerdem wäre die große Menge an Purinkörpern unzumutbare Nierenbelastung.
Hinzu käme eine beispiellose Übersäuerung des Magens mit allen seinen negativen Folgen für den gesamten Stoffwechsel. Mein Rat zum Abnehmen: kaue ständig Sämlinge und Getreidekörner, einzeln (!) und trinke dazu deine

Menge sauberes Wasser. Zwischendurch kannst du deinen Speiseplan bereichern mit Papaya, Kiwi, Mango, Ananas und allen heimischen Beeren; außerdem Melonen, Gurken und Kürbis. Auch ein Apfel ist zwischendurch mal erlaubt.
Birnen und Bananen bleiben ganz verboten.
Alles ist in kleinen Mengen und häufig zu konsumieren, mindestens alle zwei Stunden.
Notwendige Zugabe ist organisch aufgebautes Mineralpulver, in Wasser gelöst, unbedingt warm und etwa zweimal am Tage. Basika, Thohelur I und II, Rebasit und Alkala wären in diesem Sinne zu nennen.
Außerdem muss täglich abgeführt werden, wenn nötig mit List und Tücke; keinesfalls jedoch mit salinischen oder sonstigen drastischen Abführmitteln. Darüber jedoch später.

Fasten
ist das Gegenteil von Hungern. Vorwiegend handelt es sich beim Fasten um einen religiösen Akt, dessen Nebeneffekt Reinigung und Gesundung von Körper, Seele und Geist bedeutet. Fastenkuren unter Zugabe irgendwelcher Nahrungsmittel verlieren in jeder Hinsicht ihre Bedeutung. Selbst die fälschlich erwartete Gewichtsreduzierung bleibt aus. Ergibt sich eine Gewichtsreduzierung dennoch, handelt es sich ausschließlich um Salz- und Wasserverlust, der sich in den kommenden 14 Tagen wieder ausgleicht.

Die Schroth - Kur
Sie war früher eine Kur, zu der man stehen konnte. Sie ist aufgebaut auf der wechselweisen Verabfolgung von Trocken - und Trinktagen, zu denen ausschließlich trockenes Weißbrot bzw. Wein gereicht wurden. S. Zt. waren Brötchen und Weißbrot nicht nur frei von Giften, sondern auch von Salz. In heutiger Zeit achtet darauf kein Therapeut mehr. Das ist fatal, da Salz die vorhandenen Fettzellen besetzt und natürlich Wasser nachzieht. Effekt verpufft, kann man nur sagen. Der Wein ist ohnehin gegenwärtig nicht mehr und schon gar nicht im Sinne von Gesundheit trinkbar. Als Gesundheitskur wird sie nach wie vor angepriesen. Was du davon halten kannst, weißt du inzwischen aus eigener Einsicht.

Die Franz Xaver Mayr - Kur
Sie besteht aus luftgetrockneten Brötchen und einem dreiviertel Liter Milch pro Tag. Eine segensreiche Bauchmassage begleitet diese Kur. Wesentlich ist außerdem der Einsatz von Karlsbader Salz, Natrium sulfuricum oder Magnesium sulfuricum oder auch der Mischung beider, dem s. g. Fastensalz.

Leider passt alles das nicht in ein harmonisches gesundes Konzept: Über das Weißbrot habe ich mich soeben ausgelassen, dessen Salz nun einmal Wasser bindet, und gerade das möchte man dem Patienten ersparen.
Milch, du weißt was ich darüber denke, bietet dem Fastenden zwar in Verbindung mit Fruchtsäure in kleinsten Gaben, alles was der Organismus benötigt; aber ungeachtet dessen trifft sie auf Salzsäure und Pepsin oder Natronlauge und verpappt durch ihre Kalkablagerungen den Darm; oder was noch sehr viel schwerwiegender wäre, sie bringt die Salzsäureproduktion endgültig zum Erliegen, ohne jedoch eine Fruchtsäureproduktion wieder in Gang bringen zu können.
Die Fastensalze, alle wie sie da sind, haben zwar den Vorzug, nicht durch die Darmwand hindurch diffundieren zu können, und sie erhöhen auf diese Weise die Salzkonzentration im Darmlumen und locken somit die Stoffwechselgifte dorthin, wo sie von dem Schwamm Brötchen aufgesogen werden, um ungiftig den Darm zu verlassen.
Leider sind jedoch diese Salze selbst für die Darmwand bei Dauergebrauch nachhaltig schädigend. Leider erlebe ich bei Patienten letzteren Zustand all zu oft. Der Stuhl ist träge geworden und die Salze werden kritiklos weiter eingenommen.
Mit gutem Gewissen kann ich zu einer solchen Kur nicht raten.

Säftefasten

Wenn das Säftefasten richtig angelegt wird, ist es ein Segen für den Stoffwechsel. Obstsäfte allerdings taugen nicht dafür. Sie würden den Magen heillos übersäuern und die Kur würde zu einer Tortur.
Säfte aus all den Gemüsen über der Erde, also aus dem Bereich der Neutralkost, dürfen ausschließlich frisch gepresst genossen werden. Gelegentliche Einsprenkel von Gemüsen unter der Erde als Säfte sind dann erlaubt, wenn sie 1 : 3 mit Wasser verdünnt werden.

Gemüsefasten

hat ähnlichen guten Kurerfolg. Frisch zubereitete Rohgemüse, ganz nach Geschmack, aus beiden Etagen, lassen vor allem den Stuhl nicht aus dem Takt geraten.
Drei Wochen sollte man mindestens einplanen, um einen ausreichenden Reinigungseffekt zu erzielen. Viele Krankheiten weichen einer solchen Kur freiwillig und meist für immer.
Jede Kur hat am dritten Tag eine s. g. Säurekrise, weswegen es notwendig ist, wie schon erwähnt, dieser mit einem Mineralgemisch organischer Natur vorzubeugen. Sollte sich trotzdem, was sehr selten ist, eine Kreislaufkrise ankündigen, sind 1 bis 2 Tassen schwarzer Tee mit einem Teelöffel Honig angezeigt und ausnahmsweise erlaubt. Ausnahmsweise! Bitte nur 1 - 2 Tassen

und auf keinen Fall täglich. Der 7. Tag kann ähnliche Zustände aufkommen lassen, wenn der Mineralhaushalt vorher vernachlässigt worden war.
Ansonsten bieten diese Kuren ein herrliches Gefühl der Leichtigkeit und Arbeitsfähigkeit.
Mehr als 6 Wochen Kur oder Fasten halte ich für ungesund. Es treten dann Mangelzustände auf, die nur sehr schwer wieder auszugleichen sind.
Solltest du Angst vor einer solchen Unternehmung haben, lass deine Finger ganz davon; denn Angst ist eine psychische Krankheit, die du zuvörderst überwinden musst. Sie wäre der schlechteste Berater und würde jeden Erfolg im Vorhinein zunichte machen.

0-Fasten
ist vom medizinischen gesehen die Königin der Waffen.
Bei einiger Übung ist es einfach vier bis sechs Wochen durchzuführen, sogar bei voller Arbeitsleistung. Wie ich schon sagte, darf es kein Hungern sein! Kontemplation und Gebet gehören zwei bis drei mal täglich dazu und die Überzeugung, etwas für die große Geistigkeit zu tun. Nach vier Wochen tritt in der Regel erst der volle geistig - religiöse Effekt zu Tage. Man gerät in eine Leichtigkeit, die sowohl Kontemplation als auch Meditation ganz von alleine werden lässt.
Auch hier gilt selbstverständlich die notwendige Vorsorge für die beiden Säurekrisen.
Allen Fastenkuren ist gemein der richtige Wiederbeginn, wenn nicht alles für die Katz gewesen sein soll.
Du musst dir vergegenwärtigen, dass der gesamte Stoffwechsel auf Sparflamme geschaltet wird, und nach Beendigung der Kur soll er wieder voll ins Geschirr gehen.

Die erste Mahlzeit
nach einer Kur beginnt zu Mittag, nach Möglichkeit mit Kerze, Blumen und feierlichem Gedeck!
Serviert wird eine frische Gemüsesuppe mit allen greifbaren Gartengewürzen, gekocht auf einem Rindermarkknochen.
Salz ist verboten und zwar so lange wie du gefastet hast! Als Nachspeise genehmigst du dir einen Vanille-Pudding mit Beerensaft. Hotelportion bitte; aber auf mehr hast du im Anfang ohnehin keinen Appetit. Genieße jeden Happen und kaue ihn, auch wenn er flüssig ist.
Kauen ist mit Einspeicheln verbunden, und jede Kaubewegung setzt nicht nur deine Mundspeicheldrüsen in Gang, sondern auch noch ca. 2.200 Payersche Plaques, das sind lauter kleine Bauchspeicheldrüsen, mit deren Hilfe man sich bei einem nicht zu hohen Diabetes sogar vom Zucker herunterkauen kann.

Jede feste Speise sollte so um die sechzig bis hundert Kaubewegungen erbringen. Es wird dadurch ein Lebensfeuer sondergleichen freigesetzt, und deswegen hat der Mensch auch sein Kaupensum mit auf die Welt gebracht. Wer alles nur so herunterschlingt, ist genötigt ein Vielfaches zu konsumieren, um dieses Pensum an notwendiger Lebensenergie wenigstens in etwa bereitzustellen.

Zum Abendbrot, spätestens 18°° Uhr, ist ausnahmsweise eine Scheibe grobes und luftgetrocknetes Vollkorn-Knäckebrot erlaubt. Die Lochseite kehrst du dann nach oben und schmierst die Löcher mit Butter zu.

Salzlose Butter und salzloses Knäckebrot versteht sich hoffentlich von selbst.

In der Folgezeit darfst du dich in die Normalkost zurückschleichen, immer unter der Voraussetzung entsprechender Salzfreiheit und beizubehaltender Kaufreudigkeit.

Ungesalzenes gibt es überall zu kaufen!

Häufig als Fastenkur bezeichnet, besser jedoch als Normalkost mit Diät Toutch, ist die s. g. Makrobiotik.

Makrobiotik

Sie ist so benannt durch den japanischen Professor Oshawa und seiner Frau Lima.

Das Prinzip dieser Ernährungsform besteht in der Verwendung von GOMASIO, ein Salz, das durch Erhitzen sein Kristallwasser eingebüßt hat. Beigegeben aus gutem Grund ist, ebenso durch Hitze ausgelassen, Sesamsame.

Das ausgelassene Salz hat die gleiche Aufgabe im Darm zu erfüllen wie bei der Mayr-Kur das Fastensalz. Es lockt aus dem Stoffwechsel die Gifte in den Darm. Salz ohne sein Kristallwasser kann nämlich auch nicht durch die Darmwand hindurch und bildet somit die höhere Salzkonzentration, die notwendig ist um Gifte dorthin zu transportieren..

Statt der Mayr-Brötchen hat Professor Oshawa den ausgelassenen Sesamsamen hinzugefügt. Er schützt die Darmwand vor den eigenen Stoffwechselgiften und saugt alles auf, was in irgend einer flüssigen Form in das Darmlumen gelangt.

Außerdem ist der ausgelassene Sesam unbedingt notwendig, um nicht das ausgelassene Salz wieder mit Wasser anreichern zu lassen.

Oshawa lässt seine Anhänger nicht fasten, er verordnet ihnen eine Kost, die den Darm mit Sperrmüll versorgt und gleichzeitig Wertstoffe anbietet: nämlich ungeschälten Reis, also Getreide!

Ich hatte Gelegenheit in Hamburg eine gute Stunde mit Oshawa über seine Ernährungsweise zu sprechen. Ich muss deswegen immer wieder lächeln, was mir so an Literatur über die Makrobiotik auf den Tisch geflattert ist, geschrie-

ben von honorigen Nordeuropäern, und wie viele Missverständnisse dadurch Verbreitung gefunden haben.
Begleitung des Reises sollte Gemüse sein in jeder Form, aber in einer gewissen Ordnung.
Der Asiate unterscheidet in dieser Beziehung YIN und YANG. Ich setze dafür mal Speicherung und Entspeicherung. Hatten wir das nicht schon bei der Trennkost gelesen?
Verwendest du nun also ein YANG-Gemüse (über der Erde wachsend), und dieses hätte viel YIN-Charakter, Fülle (wie etwa Weißkohl), so sollte dazu ein YIN-Gemüse geordnet werden (Speicherung, unter der Erde wachsend) mit YANG-Charakter (mager, etwa Schwarzwurzel).
Langsames Erhitzen mit viel Wasser verändert den Charakter der Gemüse in Richtung YIN, gleich Speicherungstendenz.
Kurzes, scharfes Erhitzen dagegen verwandelt Lebensmittel in Richtung YANG, gleich Entspeicherungstendenz.
Nichterhitzen belässt das Gemüse in seinem Charakter.
„Natürlich," sagt Oshawa, „solltet ihr euer eigenes Getreide und Gemüse verwenden." Die Ordnung der Nahrung bietet sich durch die Natur ihrer Wachstumsetagen an und sollte wiederum nach den Notwendigkeiten des Einzelnen bestimmt sein.
Ein Magerer müsste demnach reichlich der YIN-Nahrung zusprechen, während der Dicke mehr der YANG-Nahrung bedarf.
Leider hat dieser geniale Mann uns auf dieser Lebensebene schon verlassen. Was geblieben ist, präsentiert sich mittlerweile gekennzeichnet durch viele Missverständnisse und Verschleiß der Idee.
Wenn du z. B. das höchst attraktive GOMASIO kaufen willst, bekommst du es nirgendwo mehr in seiner notwendigen Orginalform. Das Salz wird inzwischen industriell gereinigt und unerhitzt vermahlen. Ob der Sesamsame auch nicht mehr erhitzt wird, vermag ich nicht zu sagen.
Hast du jedoch die löbliche Absicht dich der Makrobiotik zu bedienen, bleibt dir nur, das GOMASIO selbst herzustellen.
Zu diesem Zweck bedarfst du einer großen Eisenpfanne, in die du ein Pfund Salz hineinfüllst. Seesalz ist wegen der reichlichen chemischen Inhalte nicht mehr zu empfehlen. Am besten ist richtiges Steinsalz, meist noch in Naturkostläden erhältlich.
Erhitze das Salz in deiner Pfanne auf großer Flamme solange, bis es nicht mehr knistert und kracht. Das Heraussprengen des Kristallwassers verursacht das imponierende Getöse, Knacken und Knistern und dabei spritzt es einem ganz schön um die Ohren, wenn man nicht Vorsorge trifft und ein feines Sieb über die Pfanne drapiert.

Beim Erhitzen des Sesamsamens musst du sehr viel vorsichtiger umgehen, sonst fabrizierst du allzu leicht Sesamkaffee und das ist falsch. Kleine Flamme und ständig umrühren ist hier gefragt.
Hast du die gleiche Menge Sesam fertig, schütte beides in eine Getreidemühle und mahle alles bei feinster Einstellung zweimal durch. Vergiss nicht das Ganze in einem luftdicht verschlossenen Glas aufzubewahren, da sonst das Salz Wasser zieht und die ganze Liebesmüh vergeblich gewesen ist.

Das Tagesmüsli
ist eine heute weit verbreitete Kostform, die einen wesentlichen Fortschritt in Richtung biologischer Ernährung anbietet.
Aus den Erörterungen über die Trennkost wirst du dich daran erinnern, dass Getreide einen besonders hohen Stellenwert in der Ernährung einnimmt. Leider muss ich dazu sagen, dass dieser Stellenwert weit überzogen ist. Sicher ist unbestritten, dass ein hoher Wertstoffgehalt in den Randschichten des Kornes anzutreffen ist. Meine eigenen Erfahrungen diesbezüglich sprechen Bände. Bei einer Größe von 1.84 m hatte man mich im Lazarett von 84 Pfund auf zweieinhalb Zentner hinaufgefüttert. Womit? Mit Getreidesuppen.
In meiner Not habe ich mir überlegt, dass einzig und alleine Fermente in der Lage sein könnten, die gespeicherten Fettzellen wieder aus meinen Geweben herauszuverdauen, sie zu reduzieren.
Eindreiviertel Jahr habe ich deswegen Getreidekörner, frisch, also lebendig, ungemahlen und immer einzeln so vor mich hin gekaut. Ausschließlich Wasser hat diese Aktion begleitet.
In dieser Zeit habe ich mein Gewicht auf 84 Kg stabilisiert. Jedes Getreidekorn habe ich in dieser Zeit ca. 125 bis 150 Mal gekaut. Eine Menge Speichel mit dem hochwertigen und notwendigen Ptyalin ist dabei produziert worden.
Wenn man berechnet, wie viel Ptyalin von Nöten wäre, um ein Getreidekorn wirklich aufzuschließen, kommt man an die Schallgrenze von 200 Kaubewegungen heran.
Und nun isst du ein Müsli. Gemahlen und vielleicht eingeweicht. Wie viele Kaubewegungen investierst du wohl dabei in ein Getreidekorn? Ich vermute mal nicht eine einzige. Die Folge ist, dass du wohl die Randschichten bekommst; aber auch ein gerütteltes Maß an Mehl, ohne das ausreichend sezernierte Ferment Ptyalin. Wundere dich also nicht über Blähungen; denn damit wird dein überzüchteter Darm ohnehin nicht fertig; die vorliegenden Langkettenmoleküle liegen im Darm herum und gären. Wie war das noch? Gärung bedeutet Fettansatz.
Noch schlimmer wäre es, wenn du dich der Bequemlichkeit halber mit Fertigmüsli versorgen würdest. Das nämlich ist erhitzt worden, damit es nicht ranzelt. Das Öl wird herausgedampft und gleichzeitig auch die Fermente aus

den Randschichten. Tolle Sache! „Und was ist zu tun, man schüttet ein solches Müsli gleich ins Klo und zieht auf."

Getreide ist ein überzüchteter Grassame, wenn man´s genau betrachtet. Lassen wir doch einmal in Gedanken den überzüchteten Teil fort. Heraus kommt dabei das Wort SAME .

Sämereien bekommen wir diverse, und ohne Überzüchtung, im Handel. Natürlich meine ich jetzt ungebeizte Sämereien.

Den Brennesselsamen habe ich schon erwähnt. Sesam, Kürbiskerne, Sonnenblumenkerne, Anis, Fenchel, um nur einige zu nennen.

Mische getrost deinem Appetit entsprechend mehrere davon zu gleichen Teilen mit ein, zwei oder drei Obstsorten, die du auch fein zerteilst. Im Winter kannst du natürlich auch verschiedene Backobste dazunehmen. Aprikosen, Feigen, Rosinen, Datteln, Kiwi, Papaya und viele andere mehr. Willst du das ganze mit Zucker süßen, nimm gefälligst den Fruchtzucker. Statt Milch tut es die Schlagsahne viel besser. 2 - 3 Esslöffel plus etwas Wasser lässt das Müsli frisch und lecker schmecken. Ein Teelöffel Creme fraiche darf auch gelegentlich dazu. Was dem Müsli eine ganz besondere Note verleiht, ist die Zugabe von etwas Olifit Diestelöl.

Sehr lecker schmecken dazu auch die ungezuckerten und ungekochten Marmeladen von der Firma Egele.

Hast du deine Müslimahlzeit hinter dich gebracht, bedarf es keines Brotzusatzes mehr.

Bedenke doch, dass Brot unter den geschilderten Voraussetzungen niemals ausreichend gekaut werden kann.

Jeder kennt sicherlich eine Erfahrung, die merkwürdigerweise heute mehr als weniger missachtet wird: Altbackenes Brot bläht nicht!

Hier hat das Brot selbst einen Teil der Vorverdauung übernommen.

Aber das Brot muss noch frischer als frisch eingekauft werden. Welch ein Schwachsinn.

Als mein Großvater mit seinem lückenhaften Gebiss nicht mehr so viel kauen mochte, stippte er sein Brot in den Tee und er blieb gesund. Frisches Brot wurde gar nicht auf den Tisch gebracht.

Ausleitung

Sie ist nicht nur notwendiges Finale nach Kuren, Fastenkuren und Diätformen.

Ohne Ausleitung kommt es im Organismus zu einem Müllnotstand. Wie oft habe ich in meiner Praxis auf die Frage nach Stuhlgang und Wasserlassen die Antwort bekommen: „Alles in bester Ordnung!" Hakte ich dann leid gewohnt nach, stimmte das in den seltensten Fällen.

Stuhlgang, zwei bis drei mal wöchentlich, wird als völlig normal bezeichnet und Wasser lassen manche Männer nur zwei mal am Tag. Frauen bringen es

dagegen sehr oft auf sieben bis zwölfmal, und alles das wird als normal bezeichnet.
Die Ausleitung der Giftstoffe aus dem Körperhaushalt bezieht sich jedoch nicht nur auf die beiden genannten Sektoren. Gleichberechtigt daneben sind die Luftwege und die Haut zu betrachten.
Alle vier dienen nicht nur der materiellen Ausscheidung, sondern ebenso energetischer Substrate.

Die Atemwege
Betrachten wir zunächst einmal die Atemwege. Sie gliedern sich in fünf Abschnitte:
Nasen - Mund - Rachenraum, Luftröhre, Bronchialäste, deren Verästelungen und die Lungenbläschen (Abb. 31).

Abb. 31

Die Atemwege gliedern sich in drei Abschnitte

Nasen - Mund - Rachenraum

Luftröhre mit

Bronchialästen
und deren Verästelungen

Die Lunge mit
den Lungenbläschen

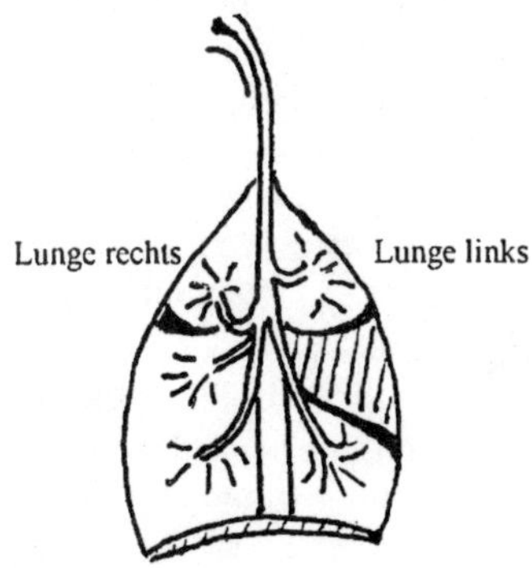

Die oberste Etage ist mit sehr empfindlichen Schleimhäuten ausgerüstet, die durchsetzt sind mit Meldezentralen, die Stoffwechselvorgänge verantwortlich steuern, aber auch verantwortlich zeichnen für die gesamte Hautoberfläche im Hinblick auf Energieimpulse von und nach außen.
Die Mächtigkeit und Beseitigung von Energiebarrieren des gesamten materiellen und geistigen Gefüges hängt von diesen Zentren ab.
Sicher erinnerst du dich noch, wie geistig man weggetreten sein kann bei einem Schnupfen.
Die Luftröhre und die beiden Bronchialäste, die die rechte und linke Lunge versorgen, sind Luftleitsysteme, die Frischluft zu den Lungen hinein und Kohlenmonoxid aus ihnen heraus befördern sollen. Ausgestattet mit s. g. Flimmerepithel, kleinen Schleimhautausstülpungen, Härchen ähnlich. Diese haben die Aufgabe, eingedrungene Verunreinigungen und solche aus den Wandungen nach außen zu befördern.
Das tun sie auch in vorbildlicher Weise, wenn sie nicht Schaden erlitten haben. Die normale Schleimabsonderung beträgt immerhin pro Tag so um einen viertel bis halben Liter.

Eine enge Telekommunikation zwischen Luftröhre und Speiseröhre regelt die gegenseitigen Bedürfnisse. Ich habe dir ja schon erzählt, dass Nahrungsaufnahme und Speiseverwertung eng miteinander verknüpft sind.
Die Mitteilungen, die die Speiseröhre und der Magen bekommen, sind rein materieller und quantitativer Natur; diejenigen die sich auf den entgegengesetzten Weg beziehen, kaprizieren sich ausschließlich auf geistige Aspekte, die vor allem den kontemplierenden Adepten interessieren dürften: Kommt z. B. die Mitteilung: „Nicht stubenrein und der Bauch ist voll von Gasen," wird aus der geplanten Kontemplation nichts, weil´s mit der Atempause nicht klappen kann!
Du kannst folglich nur so atmen, wie du gegessen hast.
Die Lungenbläschen sind keine umhäuteten Luftballonchen.
Sie werden vielmehr durch die Wandlungen vieler kleinster Kapillare gebildet, die so eng aneinander liegen, dass der Eindruck eines Bläschens entsteht.
Die einströmende Luft wird also direkt mit den Kapillarwänden in Kontakt gebracht, wenn man davon absieht, dass auf den Wänden der Lungenbläschen eine dünne Schicht von Restluft haftet, durch die hindurch der Sauerstoff-Austausch gegen Kohlendioxid stattfindet.
Die Lungen sind zwei von oben nach unten längliche Säcke, die an das Zwerchfell angrenzen. Verbunden sind sie mit dem Zwerchfell durch einen s. g. spaltlosen Raum.
Ein solcher entsteht z. B., wenn du zwei Glasplatten aufeinander legst. Willst du sodann die obere Platte abheben, geht das nicht. Der spaltlose Raum hat sie fest miteinander verbunden. Lösen lassen sich diese Glasplatten nur durch entgegengesetztes Verschieben.
Ein ebenso spaltloser Raum befindet sich zwischen Bauchwand und dem Bauchfell-System.

Ich mache nun einmal einen Gedankensprung in Mutterns Küche. Wie oft lässt sich ein Einmachglas mit ein und dem selben Dichtungsgummi verschließen und öffnen? Meistens ist er nach dem dritten Mal hinüber.
Ein weiterer Gedankensprung in meine Kinderzeit, etwas, das streng verboten war, nämlich mit einem Katapult oder einer Zwille zu spielen, und was deswegen ganz besonders reizte. Es lag also nahe, dass wir Kinder uns und gerade deswegen ein solches Mordinstrument zurechtbastelten und zwar mit Hilfe von Mutterns verbrauchten Einmachgummibändern.
Ich kann gewisslich nicht zählen, wie oft ich damit geschossen habe. Niemals ist mir so ein Gummi gerissen. Tausende Male ist so ein Gummi in die Länge gedehnt worden. Wie konnte das sein?
Und nun zurück zu unseren beiden Lungensäcken. Sie sind hochelastisch, wenn sie in Längsrichtung, also nach unten, gedehnt werden. Nichts kann ihnen etwas anhaben; aber wehe, sie werden in die Quere gedehnt, so reagie-

ren sie genau so spröde wie die Einmachgummibänder, wenn man sie an den Öffnungslaschen in die Quere beansprucht.
Jetzt hast du sicher schon bemerkt, worauf ich hinaus will: auf die Zwerchfellatmung!
Natürlich muss das so sein, denn die größte Atemfläche liegt an der Basis der Lungensäcke.
Nicht nur des Austausches von Sauerstoff und Kohlendioxid wegen ist das notwendig. Mit Hilfe dieser beiden flutet ein Riesenpotential von positiven und negativ geladenen Energiepartikelchen hin und her. Ich will dir das nicht wissenschaftlich auffächern, sonst verstehen wir uns am Ende nicht mehr. Immerhin weist die menschliche Lunge so um 1.000 Quadratmeter an Oberfläche auf. Du kannst dir ausrechnen, wie viel hier materiell und energetisch umgesetzt wird. In welchem magischen Zusammenhang das steht, kannst du nachlesen in der Einleitung zur großen Kabbala, Band III, Schicksal in Zahl und Zeit.
Mit dieser Erörterung sind wir dem Gedanken an Kontemplation einen kleinen Schritt näher gekommen. Du wirst erkannt haben, wie eng Ein- und Ausfuhr im körperlichen Bereich verquickt sind mit geistigen Impulsen. Die Atmung als Grundfaktor aller esoterischen Übungen zeigt hier ihr wahres Gesicht. Natürlich gehe ich darauf später noch eingehender ein

Die Haut

Sie ist mit der Lunge energetisch eng verquickt, hat neben ihrer Funktion Außenreize aufzunehmen und zu verarbeiten, diese an innere Organe und Zentren weiterzuleiten und außerdem nach Möglichkeit die Nieren zu entlasten. Materiell kann sie Wasser und Salz ausscheiden. Das nennen wir dann Schwitzen.
Das Wort Akupunktur ist den meisten Europäern kein Fremdwort mehr. Sie hat uns hier im Westen Aufschluss gegeben über Energieflüsse, die vieles zu erklären vermögen, was an kranken und energetischen Dysregulationen im menschlichen Leben vorkommen kann.
Diese Energieflüsse verlaufen etwa zur Hälfte auf der Haut und benehmen sich effektiv wie Wasserläufe, die versehen sind mit Schleusen, die man mittels der Akupunktur mehr oder weniger öffnen oder verschließen kann. Dass hier ein Energiesystem unsichtbar für unsere Augen besteht ist ohne Zweifel. Es erklärt damit auch, dass hier Verbindungen ins Kosmische vorhanden sind, die wir so ohne weiteres auch nicht wahrnehmen können. Die Haut ist eines der umfassendsten Organe im tierischen und menschlichen Organismus überhaupt. Mit etwa eineinhalb Quadratmetern umschließt sie den menschlichen Körper und besteht grob eingeteilt aus drei Schichten: der Oberhaut, der Lederhaut und dem Unterhautgewebe (Abb. 32).

Abb. 32

Die Haut mit ihren Schichten und Organen.
a Oberhaut; b Lederhaut; c Unterhautgewebe:
1 Hornschicht. 2 Zellschicht. 3 einzelnes Haar.
4 Schweißdrüse. 5 Papillenschicht
6 Hautnerv. 7 Bindegewebsfaser. 8 Talgdrüsen.
9 Tastkörper. 10 Schweißdrüse. 11 Fetttraube.
12 Arterien. 13 Haarpapille

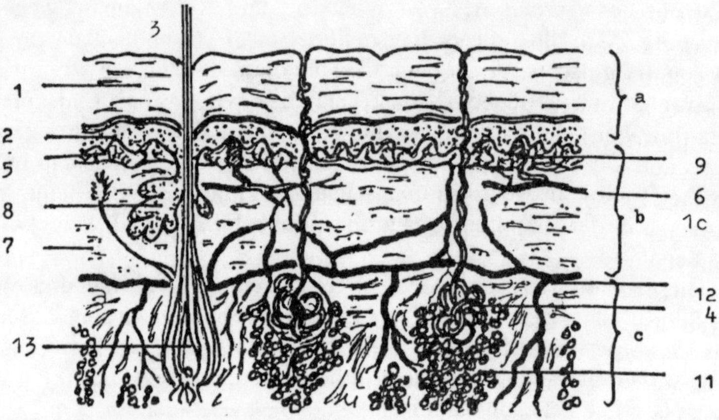

Wie aus der Abbildung zu entnehmen ist, sind etliche unterschiedliche Strukturen zu unterscheiden.

Ganz deutlich ist zu erkennen, dass Drüsen und Haare bis in das Unterhautgewebe hineinragen. Das ist von eminenter Bedeutung, denn beide spielen nicht nur ihren physiologischen Part als Ausscheidungsorgane, sondern gleichermaßen als Energietransmitter (Energievermittler), durch die Haut hindurch Der Wissenschaft musste das zunächst verborgen bleiben, weil dafür bislang jegliche Messinstrumente fehlen. Lediglich der geschulte Rutengänger ist in der Lage, darüber Auskunft zu erteilen.

Der Volksmund weiß indessen darüber zu berichten, wenn er behauptet, dass jemandem etwas unter die Haut gegangen ist.

Aus der buddhistischen Lehre wissen wir um Energiewirbel, die sich in geringem Abstand kreisförmig über der Haut bewegen. Sie werden Chakren genannt, (Einzahl = Chakra).

Weiter weiß jeder Laie, dass die Haut eine sehr innige Beziehung zu unserem Atomradar, den Augen, haben muss; denn wenn ich einen Stein gezielt auf deinen Bauch werfen würde, hättest du deine Bauchdecke bereits in Abwehrspannung gebracht, ehe ein Nervenreiz von den Augen über das Rückenmark zum Gehirn und weiter zur Bauchdecke zurück hätte zeitgemäß ankommen können. Das lässt sich nämlich messen.

Außerdem sieht man unter der Zellschicht kleine Tastkörperchen, die über das vegetative und sensitive Nervensystem sowohl Verbindung haben mit der Psyche als auch dem Empfindungssystem.
Bezüglich der Psyche spielen unsere Gewohnheiten, und die wiederum nicht zuletzt aus psychischen Ursachen heraus, eine ganz wesentliche Rolle. Was sagt dazu der Volksmund: Man bekommt vor Angst eine Gänsehaut. Es liegt einem etwas auf dem Magen, die Haut nimmt eine gelbe Farbe an, wenn einem die Galle übergelaufen ist. Läuft dir eine Laus über die Leber, spannt die sich bis zum Platzen.
Über den humoralen Hintergrund habe ich dir bereits berichtet. Die Psyche ist´s ja auch, die den Menschen sehr oft zu überreichem Genuss von Reizmitteln greifen lässt. Notventil und letzte Rettung ist dann die gequälte Haut. Ekzeme und akneforme Hautausschläge sind die lästigen Indikatoren. Das ist zwar für den Augenblick sehr nützlich; denke ich aber an unsere Empfindungsfähigkeit, so muss ich feststellen, dass sie erheblich ins Hintertreffen gerät, obgleich gerade sie es sein sollte, die wir durch aufmerksame Pflege offen halten sollten für geistige Impulse aus dem Kosmos. Feinste Strömungsnetze in verschiedener Flussrichtung und Dichte umspinnen sowohl unsere Haut als auch den Erdball in minimalen und auch weiteren Abständen. Elektrische, magnetische Felder, radarähnliche und Kurzwellenfelder, atomare Gefüge, alle diese Ineinanderwirkenden tangieren die Haut.
Die ca. viereinhalbtausend Jahre alte chinesische Wissenschaft der Akupunktur weist eine Vielzahl von auf der Haut verlaufenden Energielinien aus, Meridiane genannt.
Der italienische Professor Calligari fand dazu ein horizontal verlaufendes Energiesystem, das nicht mit den senkrecht verlaufenden Meridianen identisch ist.
Auch in der offiziellen Medizin neigt man immer mehr dazu anzunehmen, dass zum Stoffwechsel nicht allein die Nahrungsaufnahme gehört, sondern dass kosmische Einflüsse - korpuskulär ausgelöste Schwingungen - notwendig sind, um durch Resonanz die Umsetzungsprozesse des Stoffwechsels in Gang zu halten.
Aus alten arabischen und indischen Überlieferungen wissen wir um Energieaufnahme - und Abgabezentren. Selbst bei Hippokrates und Paracelsus findet man Hinweise auf solcherart Geschehen.
Die europäische Magie weiß sogar sehr exakt über diese Zentren zu berichten.
Ich hoffe deutlich gemacht zu haben, wie wichtig es ist, gerade diesem Organ unsere besondere Aufmerksamkeit zu widmen.
Mit dem Tastgefühl können wir Formen und Wärmequellen unterscheiden. Über die Empfindung, dem geistigen Prinzip der Haut zugehörig, nehmen wir - leider meist nicht mehr bewusst - Elektronen, Lichtquanten, Ionen, Qarks,

schlicht radioaktive Partikelchen auf und können diese auf dem gleichen Wege wieder abgeben.
Du wirst fragen, wie es sich denn dann mit der Psyche und deren Ausscheidung über die Haut verhält. Natürlich ist auch das auf diesem Sektor möglich. Die bewusste Bündelung deiner Emotionen wird dir spürbar sektoral ein Gefühl des Herausströmens vermitteln.
Selbst wenn du unbewusst mit Emotionen sinnlos in die Gegend fetzt, wäre damit eine Ausscheidung verbunden. Ob dies jedoch nützlich und heilend ist, wäre eine andere Frage.
Willst du fokussierte (gebündelte) Emotionen sozialen Zwecken zuführen, so eignen sich dazu ganz besonders die Hand- und Fußsohlen.
Beide genießen ohnehin einen Sonderstatus.
Sie sind die einzigen Überbleibsel aus unserer Pflanzenexistenz, denen es möglich ist, aus anorganischen Mineralien Organische aufzubauen. Das ist wohl auch der Grund für die gute Erholung an einem nicht mit Niveacreme, Teer und sonstigem Unrat verseuchten Strand. Außerdem ist die Besonderheit des Daumenabdruckes mindestens polizeibekannt.
Gegenwärtig ist dir wahrscheinlich auch, dass manche Menschen die Fähigkeit besitzen, mit den Händen Kranke zu magnetisieren. Selbst wenn der Schulmediziner darüber lächelt. Wem es geschehen ist, der weiß es besser.
Alles eben Zusammengetragene wird dich überzeugt haben, dass die Haut nicht nur zur Ausscheidung von Wasser und Salz taugt.
Damit soll nicht gesagt sein, dass Stoffwechselgifte gar nicht über die Haut ausgeschieden werden können. In Notsituationen, wenn die Nieren den Dienst verweigern, wird die Haut auch das bewirken, als Eiterung oder stinkigen Schweiß.
Aber schon die Salzausscheidung über die Haut ist ein wichtiger Regulationsfaktor für die Nieren und den Stoffwechsel. Der dadurch entstehende Pumpvorgang durch die Zellmembranen hindurch setzt Zellgifte frei zur Ausscheidung über die Nieren. Lymphstrom und Blutgefäße leiten die Bitte dann zur Ausscheidung. Das lässt sich gut nach einem Saunagang beobachten:
Der dann ausgeschiedene Urin steht dunkel mit völlig ungewohnten Geruchsqualitäten im Becken.
Dass unsere Haut strahlende Partikelchen ausscheidet, hat vor ca. sechzig Jahren ein englischer Augenarzt, Dr. W. H. Bates, herausgefunden. Er ließ s. Zt. seine Hand im abgedunkelten Raum auf einer schwarz-weiß-Photoplatte liegen und musste hinterher erstaunt feststellen, dass der Daumenballen eine rote und der Kleinfingerballen eine grüne Abbildung auf der Platte hinterlassen hatten. Die übrigen Finger waren, etwas undeutlich zwar, aber doch als Hellungen erkennbar. Wer denkt da nicht an die Kirlian-Photographie (Abb. 33).

Sie ist sogar in der Lage, spezifische Auskünfte über unseren Körper- und Geisteszustand zu geben.
Wie die Atmung ist die Haut ganz besonders ein Ausscheidungsorgan und Aufnahmeorgan für feinstoffliche Emanationen. Sie ist letztlich die Wählscheibe auf dem Telefon zu Gott.
Du solltest schon Wert darauf legen, dass diese Scheibe nicht festrottet. Also pflege sie fleißig, damit du sie bewegen kannst, wenn du einmal in Not sein solltest.

Die Nieren
sind paarig angelegt und befinden sich im Rücken links und rechts neben der Wirbelsäule, mit ihrem oberen Pol unter der elften bzw. zwölften Rippe versteckt.
Der untere Pol befindet sich etwa in Höhe des Bauchnabels, natürlich im Rücken.
Als Ausscheidungsorgane für die anfallenden Restgifte aus dem Stoffwechsel haben sie im Unterschied zum Darm feinmaterielle Toxine und Homotoxine zu bewältigen.
Toxine sind Gifte, die wir uns, mehr oder weniger notwendig, von außen zuführen, während Homotoxine solche sind, die durch Stoffwechselvorgänge bedingt notwendigerweise entstehen müssen, nicht aber im Körper verbleiben dürfen.
Die Nieren sind weitgehend abhängig von einem intakten Mineralhaushalt. Sie werden am Tag von etwa 1.200 Litern Blut durchflossen. Durch komplizierte Filter- und Rückresorptionsarbeit werden dadurch zwischen 20 - 60 Gramm Harnstoff, 6 - 15 Gramm Kochsalz und andere ausscheidungspflichtige gelöste Bestandteile mit ca. 5 Gramm pro Tag über den Urin nach draußen transportiert.
Die Aufbereitung des Blutes zur Ausscheidungsfähigkeit durch die Nieren geschieht in der Leber. Sie allein ist in der Lage, Reststickstoffe aus körpereigenen Zelleiweißen und Kerneiweißen des Stoffwechsels und aus zugeführter Nahrung durch Kohlensäuresynthese in harnfähige Harnsäure umzuwandeln. ca. 30 Gramm Harnstoff können auf diese Weise pro Tag bewältigt werden.

Dabei ist die Ausscheidungsarbeit der Nieren abhängig von der Fließfähigkeit des Blutes, dem Druck der durchfließenden Blutmenge und von hormonalen Faktoren der Hypophyse.
Die Nieren selbst produzieren ein Hormon zusätzlich, das Renin, das gleichfalls der Druckregulation an den Nieren dient. Wird das Gleichgewicht der eigenen und hypophysären Hormone gestört, etwa durch die *Pille*, leidet die Ausscheidungsfähigkeit.
Störungen können außerdem erfolgen durch physische Überlastung, durch Verletzung, schwere Erkrankung, Infektionen oder durch Verkalkung.
So viel wäre in groben Zügen über die materiellen Belange der Nieren zu berichten, und du wirst erkannt haben, wie wichtig es ist, diesen Organtrakt sauber und intakt zu erhalten.
Aus seelischer und geistiger Sicht erinnere ich dich an das Gesagte über die Bildekräfte des Wassers. Nichts ist ohne den Fluss des Wassers denkbar.
Undenkbar wäre ein Jaucheweier, der spirituelle Impulse auffangen und verströmen sollte.
Nur Positives ist schließlich in der Lage Positives zu zeugen.
Die Nieren sind im Gegensatz zum Gehirn und zur Haut kein Aufnahmeorgan. Sie verströmen!
Das Wort Strom ist mit einem Doppelsinn behaftet. Der Fluss, der Strom, der ins Meer mündet und Wasser transportiert, ist gleichzeitig Sinnbild für den Transport unermesslicher Energie. So hat schließlich der elektrische Strom diesen Namen überantwortet bekommen.
Seit Alters her spricht man aber vom Strom des Lebens. Handelt es sich dabei etwa um das *Wasser des Lebens, das nicht deine Hände netzt?* Wie sollte es anders sein. Energietransport in den Organismus unseres Körpers hinein bedarf adäquat auch eines solchen hinaus, parallel zu unserer Luft-, Wasser-, und Nahrungsaufnahme. Der Abtransport muss logischerweise dreimal so groß sein wie jedes der drei für sich alleine. Verströmen will und muss unser Körper und dazu benutzt er die Psyche, das Gefühl. Bewusst wird das Ganze schließlich Mittels unseres Empfindungssystems, eben dem Bewusstsein, und hier wird eine Rangordnung sichtbar, aus der wir leben: ENERGIE = GEIST.
Atmung = Geist = Empfindung = Geist
Wasser = Geist = Gefühl = Seele oder Psyche
Nahrung = Geist = Arbeit = Körper oder Materie.
Mit Hilfe der Nieren und Nebennieren, der Blase und des Genitaltraktes, klinisch Urogenitalbereich benannt, wird der Mensch in die Lage versetzt, nicht nur Urin zu verströmen, sondern Energie, ja, sogar sich selbst. Es ist keineswegs aus irgendeinem beliebigem Grund üblich, bei der s.g. Lotushaltung die Oberschenkel rechtwinklig zu spreizen. Auf diese Weise wird u.a. der Urogenitaltrakt entkrampft und kann zur Resonanz auf Gehirnströme freigesetzt werden.

In Bezug auf SEX kennen wir das Wörtchen LIEBE. Dass Liebe in unterschiedlichen Größenordnungen verströmt werden kann, ist sicherlich den meisten Menschen geläufig. Dass aber in jedem Falle das Urogenitalsystem damit in Zusammenhang zu bringen ist, können wir Rückschließen aus der Tatsache, dass sexuelle Hemmungen und Schwierigkeiten immer auf Nierenstörungen hinweisen, auch in umgekehrter Richtung.

Wenn jemandem etwas an die Nieren gegangen ist, hat er nicht nur Schmerzen in dieser Region, sein geistiges Gefüge erweist sich schwer erschüttert und es treten im Gefolge sexuelle Fehlempfindungen auf, bis hin zur Frigidität und Impotenz.

Der Sprachgebrauch überträgt das sehr deutlich auf Beurteilungen von Menschen. Man spricht von einem potenten Geschäftsmann oder Politiker, ohne dass seine sexuellen Fähigkeiten damit gemeint sind, und doch behaupte ich, es treffen solche Ausdrücke haargenau die intimen Sphären.

Bitte betrachte die nächste Abbildung (Abb. 34).

Abb. 34
Symmetrische Entsprechungen der Organe

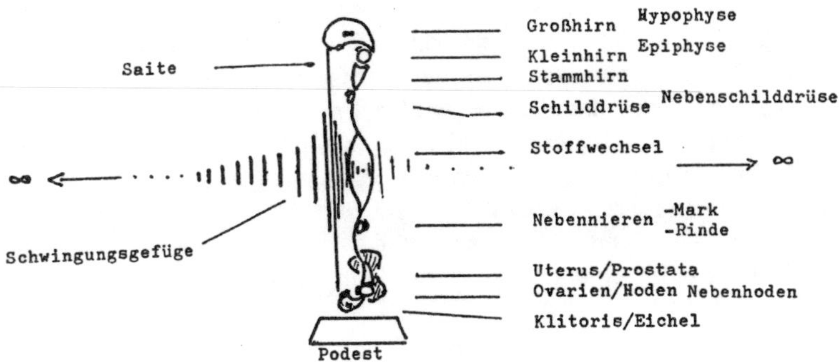

Die Formentsprechungen zwischen oben und unten der bezeichneten Organe werden dir ins Auge springen.

Wie hatte ich mich ausgedrückt, Wasser hat alles geformt; und da sich ähnliche Prinzipien zu manifestieren hatten, mussten sich zwangsläufig auch Entsprechungen etablieren.

Großhirn und Hypophyse, deren Ausscheidungen in den Stoffwechsel hinein erfolgen, ähneln in Form und Struktur der Eichel des Mannes bzw. der Klitoris der Frau, deren Ausscheidung aus dem Stoffwechsel heraus erfolgen.

Kleinhirn und Hypophyse als Steuerelemente für die grobe Koordination und für feinstenergetische Impulse haben ihre Entsprechungen in den Ovarien/Fimbrien bzw. den Hoden und Nebenhoden.

Weitere Ähnlichkeiten findet man zwischen Stammhirn und Gebärmutter bzw. Prostata.

Gleichfalls sind Schilddrüsen / Nebenschilddrüsen verwandt mit Nebennierenmark und Nebennierenrinde.
Die große Brücke zwischen dem erdzugewandten und dem himmelwärts strebendem System ist die Wirbelsäule als Klang- und Resonanzkörper, wie eine Stimmgabel.
Die alten Griechen müssen das gewusst, zumindest geahnt haben, denn sie fügten dieser Darstellung ein Podest hinzu, spannten zwischen beiden Extremen eine Saite und benannten das so entstandene Musikinstrument **LAIER**. Jawohl, das war die **LAIER** des Lebens.
Wird diese Saite angeschlagen, so durchdringt ihr Ton den Klangkörper Stoffwechsel, der den empfangenen Ton wandelt, lebenswandelt, und ihn dann in den Kosmos, ins Unendliche hinaus entlässt. Kipp getrost die Abbildung auf die Unendlichseite: Ein Kreuz hast du vor dir. An dieses Kreuz sind wir alle geflochten. Sind wir deswegen so zart besaitet?

Der Verdauungstrakt
dient im Großen und Ganzen der Vorsortierung und Ausscheidung in verdaubare und nicht verdaubare Stoffe. Alles Verdaubare wird durch die Darmwand in den Stoffwechsel hineingefiltert und das Grobe bleibt der Sperrmüllabfuhr überlassen. Natürlich ist es notwendig, dass diese Grobmüllpassage zügig vonstatten geht, damit keine wilden Deponien entstehen, die Gase in Form von Blähungen bilden könnten, deren Giftigkeit unbestritten ist und deren Rückresorption in den Stoffwechsel zu unangenehmen Beschwerden und Erkrankungen führen würden.
Da der größte Teil der Bevölkerung unter solcherart Blockaden leidet, wird verständlich, dass für eine geistige Entwicklung keine Gelegenheit vorhanden ist.

Die Obstipation oder Stuhlverstopfung ist eine Unart des Erleidenden. Leider weiß der oder die Betreffende nur nichts davon.
Ob und wie tief dieses Leiden schon seine Spuren gezogen hat, dass eine Heilung noch oder nicht mehr möglich ist, kann natürlich nur von Fall zu Fall entschieden werden.
Leider bin auch ich nicht in der Lage eine unfehlbare Therapie anzubieten. Die Schulmedizin spricht hier vom CRUX MEDICORUM, das Kreuz der Mediziner.
Nicht, dass du jetzt meinst, ich möchte dir etwas über Obstipation erzählen ohne ausreichend gewappnet zu sein.
Sicher lässt es sich eine gewisse Zeit durchführen ohne all zu großen Schaden anzurichten, die Passage mit Abführmitteln und dazu passender Diät aufrecht zu erhalten. Eine biologische Lösung ist das jedoch nicht, und über längere

Zeit erweist sich das immer als Blindgänger, der zumeist in die falsche Richtung losgegangen ist.
Abgesehen davon existieren verschiedene Formen der Unfähigkeit des Dickdarmes sich seines Inhaltes zu entledigen.
Da existiert der chronisch verstopfte Hypochonder, der nur noch auf seinen Darm starrt mit seiner ausgefuchsten Eigendiät, die meist jeder vernünftigen Grundlage entbehrt. Er steht sich in der Regel selbst im Wege und bedarf der psychochondrischen Therapie, wie ich sie scherzhaft nenne.
Ansonsten unterscheidet man zwischen symptomatischen oder äußeren Ursachen, bedingt durch Krankheit mit akut auftretender Verstopfung und der habituellen chronischen Obstipation, bedingt durch vielerlei Ursachen innerer und äußerer Natur.
Äußere Ursachen können sein: Ernährungsumstellung, plötzlicher Bewegungsmangel, veränderte Lebensgewohnheiten etwa durch Reisen, Klimaumstellung u.ä.
Meistens genügt dann ein Zäpfchen oder die bekannte Seifenpille, selbstgefertigt, um diese kurz dauernden Zustände rasch zu beheben.
Manchmal, wenn es beherrscht wird, ist die Anregung der Peristaltik gegeben durch gerades und schräges Bauchrollen (Abb. 34a).

Bauchbewegung, ähnlich der Svastika

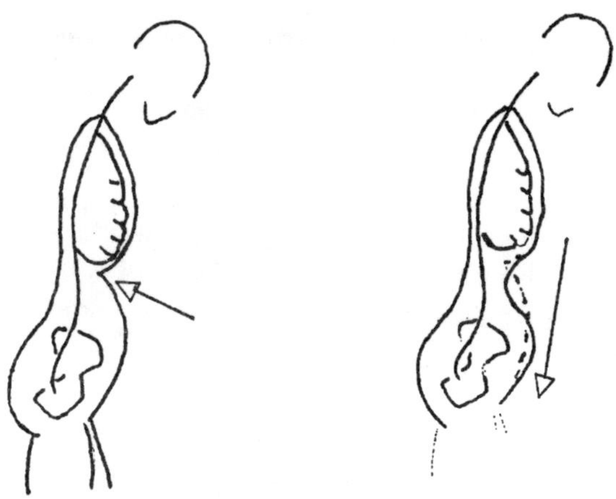

Dabei wird bei zunächst gerader Vorbeugung der Bauch unter den Brustkorb gezogen. Es entsteht eine Bauchfalte, die man anschließend genitalwärts abrollen lässt.

Nach sieben solchen Aktionen wechselt man, in weiter vorgebeugter Haltung, in Rechtsneigung und schließlich in die Linksneigung, jedes Mal mit sieben Rollbewegungen gleichermaßen verfahrend. Bei intaktem Darmmilieu erfolgt daraufhin eine sofortige Darmentleerung. Sollte das nicht gelingen, ist es höchste Zeit die Darmflora in Ordnung zu bringen.
Liegen jedoch organische Veränderungen vor, etwa am Darm selbst, evtl. sogar als tumoröse Veränderungen, Narbenstrangulationen, Hämorrhoiden, Geschlechtskrankheiten, Tuberkulose, Fissuren, Gallen- und Lebererkrankungen, Magen- oder Dünndarmgeschwüre, Blinddarmentzündung, Gebärmutterverlagerung oder ovarielle Störungen, so sollte die Therapie selbstverständlich vorrangig nach den auslösenden Leiden orientiert sein.
Eine gründliche Abklärung muss zwingend vorausgehen.
Stelle dir bitte einmal den Darmtrakt vor als Rohr, ohne Schlingen und Windungen, so wird dir auffallen, dass etwa im ersten und letzten Siebentel Abgrenzungen durch Verschlussklappen vorhanden sind. (Abb. 35). Der Funktion entsprechend lassen sich die dadurch entstandenen drei Abteilungen unterscheiden nach *Aufnahme, Resorption und Ausscheidung.* Der Rauminhalt des Aufnahmeabschnittes (A) entspricht normalerweise etwa dem des Resorptionstraktes (B) und dieser wiederum dem des letzten Teiles (C), des Dickdarms. Wegen seiner verhältnismäßigen Kürze ist er auch dicker und heißt dementsprechend.

Abb. 35

Der Rauminhalt des Darmabschnittes **A** entspricht normalerweise dem des Resorptionstraktes **B** und dieser wiederum dem des Ausscheidungsabschnittes **C** . Die Längenverhältnise allerdings unterscheiden sich erheblich : 1/7 A = 5/7 B = 1/7 C

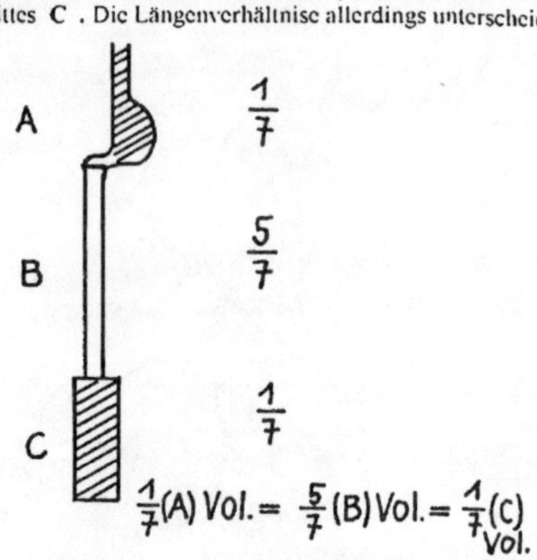

Die Länge der drei Abschnitte entspricht folglich keineswegs deren Volumen oder ihrem Inhalt. Du siehst das in etwa in der eben schon erwähnten Zeichnung.
Da bekanntermaßen die Passage der Nahrung durch Peristaltik, eine wurmförmige Bewegung, bewerkstelligt wird, diese jedoch nur durch Dehnungsreiz der Darmwände ihre Motilität erhält, erscheint es plausibel, dass

a) eine zeitliche Abstimmung der Passage und
b) eine ausreichende Füllung mit viel Volumen (=Inhalt) und wenig Gewicht dafür allein die Voraussetzung bieten kann.
Wenig Volumen und viel Gewicht würden eine sinnvolle Entleerung zumindest stark verzögern, wenn nicht gar unmöglich machen.
Es sollte jedermann plausibel erscheinen, dass mit neuer Magenfüllung der nachfolgende Abschnitt geräumt werden müsste, wenn nicht das gesamte Wandsystem überdehnt werden soll. Von der zeitlichen Abstimmung wissen wir z. B. aus dem Tierreich, dass kurz nach einer Nahrungsaufnahme auch Losung erfolgt. Das sollte nicht anders sein bei menschlichen Frucht-, Pflanzen- und Rohkostessern, bei denen die genossene Nahrung in eineinhalb Stunden bis spätestens nach einem Tag alle Hürden bis zur Ausscheidung überwunden haben sollte.
Beim Fleisch- und Kochköstler allerdings verlängert sich die Passagezeit auf Grund des geringen Volumens und des zwangsläufig höheren Gewichtes pro Raumeinheit auf drei bis fünf Tage. Das soll jetzt nicht heißen, dass innerhalb dieses Zeitraumes kein Stuhl zu Tage träte. Der kann dabei täglich einmal zu Tage gefördert werden, nur ist er dann eben schon fünf Tage alt und hat in dieser Zeit allerhand Unheil angerichtet; und natürlich sind seine Geruchsqualitäten entsprechend aufdringlich.

Man möge sich einmal einen solchen Betontransport vorstellen. Das Gewicht der Nahrung fällt in eine Darmschlinge hinein, dehnt nicht die Darmwand in ihrer Weite, wie erforderlich wäre, sondern längst statt dessen diesen Darmabschnitt, wobei zusätzlich auch noch Volumenverlust eintritt. Die nachfolgende, ebenfalls schwere Nahrung fällt auf die voraufgegangene, schon faulende, gärende und gasende angedaute Nahrungsmasse.
Mit vis a tergo (Kraft von hinten) schiebt sie diese um ein Geringes vorwärts und zerrt kraft des steigenden Gewichtes den Darm noch mehr in die Länge. Erst eine dritte Nahrungsaufnahme ist u.U. in der Lage das Geschiebe eine Darmschlinge weiter zu transportieren. Und so weiter, und so weiter, und das dauert ! Peristaltik ist praktisch nicht mehr möglich.
Da außerhalb der Darmwände vielfältige, in das Lumen des Darmes wässrig und fettig hineinsezernierende Drüsen sitzen, damit´s besser rutscht, findet man bei ermangelnder Peristaltik kein Ausmelken dieser ausscheidungspflichtigen Drüsen mehr vor. Sie werden zu stinkenden Tümpeln am Rande eines träge dahinschleichenden Flusses und wirken wie Magnete auf alles was lebt und keinesfalls dort hingehört.
Eigen-, Schad- und Fremdbakterien sammeln sich in diesen Herbergen für lichtscheues Gesindel zu fröhlicher Eintracht und treiben von hier aus ihr böses Spiel in den Stoffwechsel hinein.

Der Ausscheidungsmechanismus in den Darm ist blockiert und damit die Entgiftung des Stoffwechsels. Dic Schmierung des Darms wird vernachlässigt und erliegt z. T. endgültig. Die den Darm umwindenden Lymphgefäße und Drüsen sind überlastet und versagen auf Dauer den Dienst. Darmtoxine lähmen zusätzlich die Peristaltik und so kann es schließlich zum Zusammenbruch von Stoffwechsel und Ausscheidung kommen.
Würde man jetzt rein syptomatisch denken und verfahren, so könnte man sagen:
1.) Nun gut, Wasser und Fett werden nicht mehr angeboten, also führe ich Wasser und Öl über Mund und Magen zu. Das klappt sogar, zunächst jedenfalls.
Diese Methode hat nur den hässlichen Fehler, dass von den Darmdrüsen von nun an nicht mehr, sondern weniger an Eigenleistung in diese Richtung erbracht wird. Substitution nennt man eine solche Vorgehensweise. Sie macht den Organismus träge und faul und der Giftpegel wächst stetig weiter.
2.) Gut, sagt unser Symptomatiker, dann geben wir eben auch noch Abführmittel dazu. Aloe, Rhabarber, Calomel, Croton, Phenolphtalein oder andere drastische Salze. Der Darm wird sich schon rühren. Auch das stimmt, leider allzu oft. Doch der Erfolg unterliegt der Gewöhnung und dann ist die ganze Pracht wieder dahin. Nicht nur das, durch die zunehmende, begleitende Vergiftung und Rückvergiftung kommt es zu Reizungen der Darmwände mit Krampf und doppelt erhöhter Trägheit des geschundenen Darmes. Auch die s.g. biologischen und milderen Laxantien sind davon nicht ausgenommen. Jeder peristaltikweckende Ausscheidungsreiz ist und bleibt ein chemischer Reiz auf die Wände des Darmrohres, die diese schließlich überreizen müssen. Alle Laxantien eignen sich ohne Frage zur Initialtherapie, niemals jedoch für die Dauer !
Die schon angesprochene Form, den Darm per Durchstopfen zu mobilisieren, erinnert mich mit Vergnügen an eine kleine Episode mit meiner damals vierjährigen Tochter.
Nach leichter Darmgrippe hatte sich eine Stuhlverzögerung von etwa einem halben Tag eingestellt. Da erklang von dem bewussten Örtchen ein klägliches Piepsstimmchen: „Mutter, Mutter, ich brauch´ mal schnell eine Banane, mein Berglein will nämlich gar nicht kommen !“ Nun, so rührend das klingt, die Wahl des Mittels war gar nicht so falsch. Die Idee als solche war geboren aus einem kleinen, unverdorbenen Gehirn.
Oben etwas hineistopfen, dann muss unten auch wieder etwas herauskommen.
Jede biologische Diätform kapriziert sich auf diese Art des Abführens. Solange der Proband mitmacht und der Zu- und Abfuhr ausreichend seine Beachtung schenkt, hält er gleichzeitig seinen Verwertungsmechanismus gesund und leistungsfähig. Nichts ist dagegen einzuwenden, aber wer tut das schon.

Gewohnheiten und der Eindruck, dass Krankheit doch niemals etwas mit dem Essen zu tun haben könnte, lassen den Menschen Unsinnigkeiten auf diesem Sektor fabrizieren, die zur Vernunft absolut konträr verlaufen. In Rechnung zu stellen sind auch die Zähne. Fehlen welche oder gar alle, setzt eine Kaufaulheit nicht nur die Kommandozentrale des Verdauungstraktes, sondern auch alle Hormondrüsen lahm. Wird nämlich der große runde Kaumuskel nicht ausreichend erregt, entfällt die systematische Regulierung der großen Bauchspeicheldrüse und die Payerschen Plaques werden arbeitslos. Die Analyse der anfallenden Nahrung ist gestört, wodurch der gesamte Stoffwechsel in einen Zustand des Interregnum versetzt wird.
Unser überragender Internist, Professor Ferdinand Hoff aus Frankfurt, bezeichnete den Magen als „Zentrale der Hormonbildung". Der entnimmt dem Blut seine Verdauungssäfte und hinterlässt Hobelspäne, die Botenstoffe oder Hormone der ersten Generation, die ausschwirren und überall berichten, was im Magen geschehen ist."
Jetzt wirst du verstehen, warum eine Unzahl von Blockaden interner und externer Giftlagen entstehen, die schließlich die ganze Symbiose zu Fall zu bringen vermögen.
Psychische, ererbte und familiäre Fehlbelastungen können sich nun ungehindert ausbreiten.
Ist schließlich der Dickdarm wegen extremer Erweiterung und Verfettung, hoher Reizbarkeit und Krampfbereitschaft nicht mehr in der Lage richtig zu reagieren, dann nützt auch ein Nachstopfen nichts mehr, zumal in solchen Fällen diesen gequälten Menschen keine Essdisziplin mehr eignet. Die Erklärung dafür habe ich dir bereits im Kapitel Trennkost gegeben. Viel zu viel an Funktionszellen (Eiweißzellen) sind gegen Fettinstallationen ausgetauscht.
Der Fette leidet echten Hunger, der seinen Appetit lange schon überdeckt. Hier sei noch einmal kurz skizziert, was sich zum Durchstopfen eignet: Da wäre vor allem an die Neutralkost erinnert mit YANG – Charakter. Aber auch die Basenlocker, die unter der Erde wachsen, eignen sich, wenn sie nicht zerkocht werden. Dämpftopf wäre hier das Stichwort. Besonders wirksam sind die milchsauren Gemüse, wobei nicht die Molke gemeint ist, denn sie macht ohne Umschweife Rheuma. Unsere Darmbakterien werden auf diese Weise vorbildlich versorgt.
Erwähnenswert scheint mir in diesem Zusammenhang eine russische Essregel: „Iß von allem Gekochten nur so viel, als du roh davon verzehren würdest."
Ja, wie viele Kartoffeln würdest du roh essen?
Vier Scheiben gekochter und gewürfelter Rübe könntest du mit Leichtigkeit über Deine Zunge schieben, und du brauchtest nicht einmal zu kauen. Roh? Na, ich schätze eine halbe Scheibe könntest du bewältigen. Dann ist aber Schluss, and so on, ...

Würstchen sind übrigens keine Hülsenfrüchte. Fisch, Fleisch, Eier haben in einer Obstipationsdiät nichts zu suchen.
Die Purinkörperüberschwemmung der Nieren würde diese schwer kränken. Nach Kneipp bedarf der Mensch höchstens einmal pro Woche des Fleisches, mindestens einmal im Vierteljahr. Zu gleichen Ergebnissen ist die Queensland - University in Canada gelangt.
Du siehst, dass „Fleischfresserei“ nicht nur verwerflich ist aus Gründen des Hungers in der Welt. Bei Überkonsum dieses Nahrungsmittels sind die Menschen weitgehend Früherkrankungen ausgesetzt.
Ethische Gründe lasse ich bis zu einem gewissen Grade gelten; aber bitte sage selbst, würdest du den Tieren zu liebe deine Lederschuhe ausziehen? Ich will jedoch dieses Thema nicht ausweiten. Du kannst darüber nachlesen in einer kleinen Abhandlung: Tiere Diesseits - Tiere jenseits. ebenfalls erschienen im Satori-Verlag.
Wie wir, weiß auch das Tier, dass es sterben wird, nimmt es jedoch nicht so schwer wie wir es tun; aber vom Menschen erwarten sie durch Liebe honoriert zu werden, was im übrigen auch für jedes Gemüse gilt. Das lebt nämlich auch !
Denke in dieser Beziehung bitte auch einmal an die Eskimos mit ihrem besonders hohen Fleischkonsum, der immerhin ausreicht die niedere Lebenserwartung von ca. 36 Lebensjahren zu erklären. Sie haben zu ihrer Jagdbeute bisher eine innige Beziehung entwickelt. Genau dieses ist die Forderung; das ist Ethik.
Darf ich außerdem deinen Blick zurückrichten auf den Polarforscher Amundsen, der mit seinem Forscherteam 30 kg Pemmikan, in drei Rucksäcken verteilt, mitgeführt hatte.
Pemmikan ist ein mit Fett verknetetes Fleischpulver.
Als diese Wissenschaftler aus der Eiswüste gerettet wurden, waren sie monatelang krank durch deren kaum zu behebende Obstipation, zuzüglich schwerer Nierenkrämpfe.
Meine Erfahrungen aus der Praxis bestätigen mir darüber hinaus, dass Verstopfungen sehr häufig irgendwelchen Organbehandlungen weichen, die mit dem Darm direkt nichts zu tun zu haben scheinen. Nieren-, Leber-, Pankreas-, Milz- und Herztherapien lassen oft überraschend schnell und gründlich eine Obstipation für dauernd verschwinden.
Gelegentlich handelt es sich bei einer Verstopfung um nervöse Störungen. Dann helfen in der Regel neuraltherapeutische Spritzapplikationen in Narben oder bestimmte Nervenpunkte, oft auch nach den Regeln der Akupunktur.
Gleichermaßen ist nach richtiger Diagnosestellung eine s.g. Colonmassage oder elektrische Interferenzdurchflutung als non plus ultra angezeigt. Eine große Zahl von Patienten kann daraufhin das Leiden vergessen.

Colon ist die Bezeichnung für den Dickdarm. Interferenz meint eine elektrische Erregung des Darmes, die mit niederer Spannung von zwei bis vier Seiten des Körpers so angelegt wird, dass deren Strahlungsfelder sich gezielt in bestimmten Arealen überlagern, in diesem Fall im Darmbereich. (Abb. 36.). Schröpfmassage, Akupunktur und heiße Fußbäder können bei richtiger Indikationsstellung gleich gute Erfolge aufweisen.

Abb. 36

Schwachstrom - Interferenzfeld
Die Schwachstromfelder, die auf der Haut kaum empfunden werden, können zur Überlagerung gebracht werden und wirken dort um so viel verstärkt, als Felder überlagert werden.

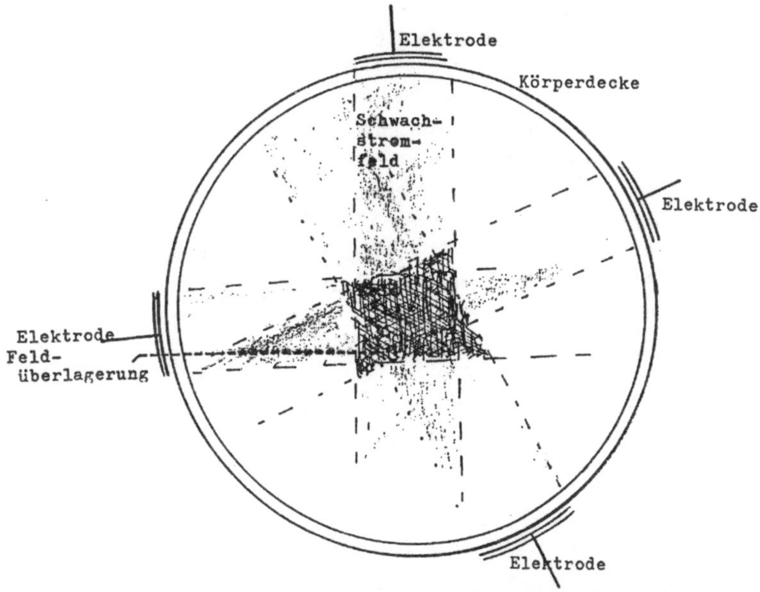

Herkömmliche Klysmata mit oder ohne Tee-, Harn- oder Blutbeimischungen können zauberhafte Ergebnisse zeitigen, wenn sie selten genug verabfolgt werden. Bei zu häufiger Anwendung allerdings ist eine Überdehnung des Darmes zu erwarten, derzufolge das Gegenteil erreicht wird. Der Pferdefuß dieser Methode ist vor allem die Öffnung des Darmmuskelgitters über 20 Minuten und länger. In dieser Zeit liegt die Rückvergiftung durch Schwebstoffe in die muskulären Scherengitteröffnungen hinein sehr nahe. Sie sitzen infolgedessen wie Knüppel im Scherengitter, das sich nunmehr nicht wieder exakt zu schließen vermag. Damit würde man dem Darm ein endgültiges AUS verordnen.

Andererseits ist mit Klein- und Drinbleibeklysmata eine überaus wirksame allgemeine Heilreaktion zu erwirken. Deren Menge übersteigt die 10 ccm - Grenze nicht. Eine Überdehnung ist damit einfach nicht möglich und sie kann zusätzlich medikamententrächtig über Nacht im Darm belassen bleiben.
Man füllt eine Zehner Einmalspritze zu einem Drittel mit Milchzucker - Kamillentee, zu einem Drittel mit Speiseöl und zu einem Drittel mit Eigenurin. Nach Erfordernis könnte man zusätzlich homöopathische Mittel für die Leber, den Dünndarm oder die Pankreasdrüse tropfenweise hinzusetzen.
Auf diese Spritze setzt man nun einen gedrittelten Vierzehner - Männerkatheter, der in jeder Apotheke in Einmalverpackung erhältlich ist. Beides kannst du unendlich oft wieder verwenden. Natürlich muss man das Besteck gut heiß durchspülen.
Der Katheter wird nun bis zum Anschlag in den Enddarm eingeführt, ungefähr 15 bis 20 cm, damit nach dem Einfüllen in den Darm kein Ausscheidungsreiz entsteht.
Die ja sonst erwünschte Peristaltik bleibt also aus. Dafür entsteht über Nacht eine Dauerwirkung auf Stoffwechsel und Haut. Auch ein erkrankter Appendix wird in der Regel wieder gesund. Lange bestehende Akne kann einer solchen Darmkur selten widerstehen, vorausgesetzt allerdings, dass die Eßgewohnheiten auch geändert werden.
Noch wirksamer lässt sich das Bleibeklysma als Rollkur gestalten. Dazu legst du dich fünf Minuten in Linkslage mit dem Po auf eine vierfach zusammengelegte Wolldecke. (Abb. 37).

Abb. 37

Lagerung für die Aplikation eines Bleibeklysma

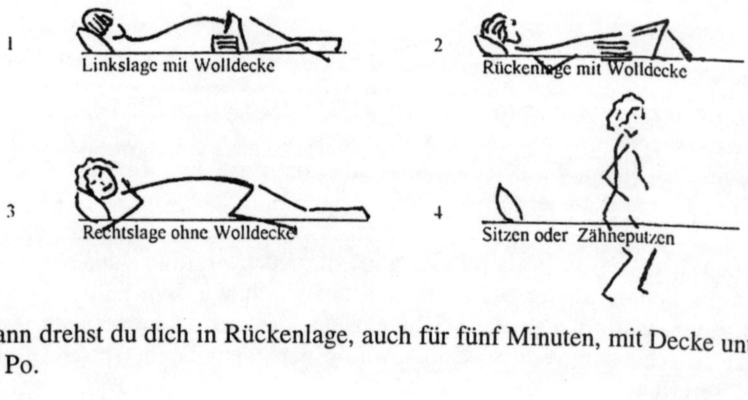

Sodann drehst du dich in Rückenlage, auch für fünf Minuten, mit Decke unter dem Po.

Die nächsten fünf Minuten verbringst du dann in rechter Seitenlage, aber nun ohne Wolldecke. Bis jetzt hat die Flüssigkeit die Leberflexur rechts unter den Rippen erreicht, und damit sie nun auch noch bis zum Blinddarm vordringt, musst du fünf Minuten in die Senkrechte. Also, Vorschlag zur Güte, steh auf und putze deine Zähne.

Im übrigen habe ich gegen die Obstipation mit sehr eindrucksvollen Erfolgen den später noch zu besprechenden biorhythmischen Schlaf - Wachrhythmus ins Feld geführt.

Leinsamen, Backpflaumen und Feigen in heißem oder kaltem Wasser eingeweicht; Äpfel frisch oder getrocknet, mit oder ohne Sahne; Fencheltee, Sauerkrautsaft, getrennt und kombiniert mit Senfsamen; Heilkleie, Vollweizen, Weizenschrot, Weizengel, Darmsymbionten und viele andere Volksheilmittel habe ich durchprobieren lassen. Alle wirken sie recht gut, immer unter der Voraussetzung richtiger Indikationsstellung.

Als letztes herkömmliches Darmtherapeutikum will ich das SUDABAD, das subaquale Darmbad erwähnen. Dem Patienten wird ein hochkalibriges Darmrohr eingeführt, versehen mit einem geringehrkalibrigen Zentralrohr. Das Wasser wird mit großem Druck durch das Mantelrohr eingepumpt, vergleichbar einem Sandstrahlgebläse. Man erhofft sich dadurch das Ablösen verkrusteter Darminhalte, die durch das Zentralrohr abgeschwemmt werden sollen. Der Darm bleibt bei dieser Aktion natürlich geweitet wie beim normalen Klysma. Die Peristaltik wird geradezu gelähmt und bleibt es leider oft über lange Zeit.

Einmal lässt ein Darm sich das in der Regel gefallen. Nach jeder weiteren SUDAbaderei wird der Patient zusehends sauberer und verstopfter.

Früher habe ich versucht solchen Patienten durch Dünndarmduschen zu helfen. Die Erfolge blieben sehr wechselnd, außer wenn man eine solche einer sonstigen gründlichen Entleerung folgen ließ, für Schlankheitskuren geradezu unentbehrlich.

Man verwendet zu diesem Zweck zwei Esslöffel ungeschroteten Leinsamens. Bitte verwende niemals geschroteten oder gequetschten Leinsamen, da der die in seinem Kern enthaltene Blausäure freigibt. Der Leinsame wird mit einer Tasse Wasser 1 1/2 Minuten gekocht und mit einer weiteren Tasse Wasser verdünnt. Ein Esslöffel Mariendistel-Öl, Olifit/Egele, wird nun hineingerührt und das ganze möglichst in einem Zug hinuntergeschluckt.

Ein normales Frühstück hinterher gehört zur Pflicht. Beides ist in der Regel nach ca. 20 bis 40 Minuten wieder zu Tage getreten. Wohl angemerkt sei, dass der Dickdarm vorher entleert worden war.

Man hat bei dieser Methode sogar ein leichtes Gefühl von Peristaltik.

Gallensteinträger und Pankreaskranke sollten allerdings Abstand hiervon nehmen.

Die bisher genannten Methoden der Obstipationsbewältigung haben leider alle einen gemeinsamen Fehler:
Entweder schaden sie dem Darm oder sie schlagen bei sehr vielen Patienten gar nicht oder nur mangelhaft an.
Was also ist zu tun, um diesem Umstand abzuhelfen?
A) es ist möglich, die Muskulatur des Dickdarms im Sinne eines Muskeltrainings neu zu beleben.
B) Es ist möglich, über den Magen das endokrine System, einschließlich der Psyche, und damit den Stoffwechsel zu aktivieren. Das betrifft dann selbstverständlich auch den Dickdarm. Bleiben wir zunächst beim Punkt B. Wenn man den Magen (bitte im weitesten Sinne der Stoffanalyse) verstehen möchte, so beginnt er im Mund und endigt mit dem Dünndarm.
Dieses aggressive, aktive sympathicotrope System produziert seine Säfte aus dem Blut heraus; gerade so, wie auch die parasympathicotropen Säfte des passiven Stoffwechselgeschehens von dort herstammen.
Es handelt sich quasi um das schon einmal angedeutete Spiel zwischen Entspeicherung und Speicherung, zwischen YANG und YIN, Tag und Nacht.
Der Rückmeldekreis über die Hoff`schen „Hobelspäne“ ist dadurch zuverlässig und einfach.
Biokatalysatoren, Bioaktivatoren, Fermente, Hormone, usw. gehören zu diesem Meldekreis.
Um der Vereinfachung willen habe ich unkorrekterweise einen ganzen Wust von Fachbezeichnungen in einen Topf geworfen. Spezifisch auf das Stoffwechselsystem zugeschnitten müsste ich diese alle erst einmal fein säuberlich auseinander dividieren. In unserem Gespräch will ich es jedoch lieber einfach dabei bewenden lassen.
Die Hobelspäne schwimmen im Blut und werden andernorts schon dringend erwartet.
Andernorts, das ist in den verschiedenen Organen, die nun ihrerseits das gleiche Spielchen treiben und mittels Selektion, reaktive, neue Botenstoffe entstehen lassen und aussenden.
Wie durch Thermostate erfolgt so laufend und überall Selektion und Rückmeldung, á la
Wilhelm Busch: „In die Kreuz und in die Quer.“
Fällt im Magentrakt auch nur ein Glied dieser Kette aus, so verzerrt sich zwangsläufig alles Folgende.

Der Stoffwechsel liegt zentral zwischen zwei Schenkeln des endokrinen Systems (hormonellelen Systems), nämlich zwischen PYCHE, Seele, Gefühl und INTELLEKT, Materie, Tat und Sex.

Das scheint platt ausgedrückt, ich weiß mir aber keinen Rat, das vornehmer zu umreißen, so weit es diesem Bereich gilt.
Zwei Sprichwörter helfen mir vielleicht das noch besser zu pointieren: „Ein voller Bauch studiert nicht gern“ und „Liebe geht durch den Magen.“

Getreu der Alt - Naturheilkundler braucht man sich aus dieser Erkenntnis heraus nur zu überlegen, ob der Magen oder das Endokrinum Ursache der Störung sei.

Ist´s der Magen, beginne mit der Therapie beim Endokrinum.
Ist´s das Endokrinum, beginne beim Magen.

Eine alte Heilpraktikerregel drückt das ähnlich aus: Ist´s oben, beginne unten; ist´s unten, beginne oben.
Ausgefuchste Psychologen möchten hier widersprechen. Nicht ohne Grund, denn die böse Umwelt lässt sich nicht einfach zu Gunsten des Patienten verändern, und wenn ihm nun einmal etwas auf dem Magen liegt, was soll man denn dann tun ?
Trotzdem bleibe ich bestehen auf meinem Standpunkt. Die Erfahrung hat mir gezeigt, dass schwierige Situationen viel leichter bewältigt und ertragen werden, wenn das Endokrinum stabilisiert wird, wodurch sich die Einstellung des Patienten zu seinen widrigen Umständen ändert.
Das gilt selbstredend nicht nur für die Obstipation.
Die Beherrschung dieser einfachen Spielregeln bedarf wirklich nur minimalen Rüstzeugs, um sehr rasch zum Ziele zu gelangen, auch im Sinne der Verstopfung.

Allheilmittel? Nein, auch das nicht. Letzteres ist natürlich nur zutreffend, wenn die Systeme noch ohne Narben und ohne Operationen existieren und wenn keine Hormontherapien irgendeiner Provenienz vorgenommen worden sind.
Ererbte, erworbene oder hinzugefügte Lücken im Stoffwechselsystem, am Endokrinum oder sogar am Darmschlauch selber, verlangen zwingend Substitution, den möglichen Ersatz oder sogar die Operation.

Ansonsten sollte die Devise heißen: a n r e g e n!

Somit komme ich nunmehr zu den Überlegungen zu Punkt A.

Anregung auch als Devise in Bezug auf die Muskulatur des Darmes.
Darmgymnastik also, und wie denn das?

Was ich dir jetzt versuchen werde nahezulegen, basiert auf über dreißigjährige Erfahrung, beginnend mit eingehenden Selbstversuchen.
Rückblickend kann ich sagen, dass diese Art der Darmaktivierung auffallend wenige Versager aufgewiesen hat.
Ohne Frage lassen sich alle bisher genannten Möglichkeiten miteinander und auch hiermit kombinieren.
Ich lasse den Darm mit einer eigens dafür zusammengesetzten Dusche spülen. (Abb. 38).

Abb. 38

Perlator Duschhandgriff

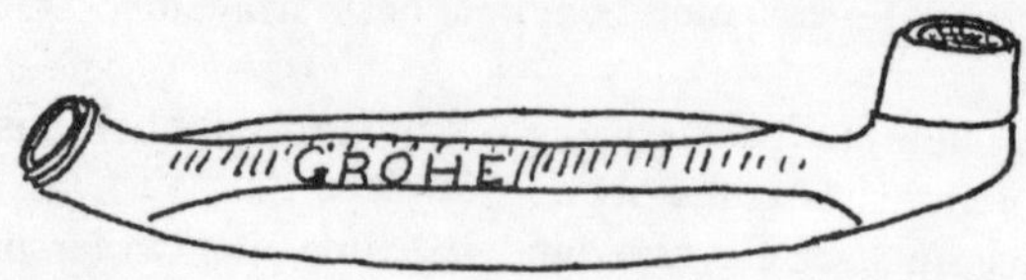

Es handelt sich um einen Duschenhandgriff ohne normalen Duschkopf. Statt dessen schraubt man einen Adapter auf und darauf einen normalen Perlator, wie man ihn für Wasserhähne im freien Handel bekommt. Dieser Perlator ist notwendig um Darmverletzungen zu vermeiden.
Weitere Utensilien sind ein Badezimmer, in dem das Klo in Reichweite der Badewanne angebracht ist. Natürlich geht´s auch in einer Toilette, die stolzer Besitzer einer Warm – Kalt-Mischbatterie ist.
Steht ausschließlich eine Duschkabine zur Verfügung, benötigt man einen wasserfesten Badehocker und eine Plastikfußbadewanne zusätzlich.
Notfalls lässt sich eine Darmspülung auch auf der Badewannenkante durchführen, wenn man vorsorglich einen Fußschemel außen und eine Plastikfußbadewanne innen platziert
Wasserstrahl und Temperatur müssen regulierbar sein. Für eine Spülung lässt man einen etwa daumenlangen Wasserstrahl senkrecht aufwärts und knapp handwarm fließen.
Sind Hämorrhoiden vorhanden, darf die Wassertemperatur nicht 18° C übersteigen.
Dauerfrierer und Krampfhähnchen dürfen die Temperatur sogar bis 35 ° C steigern.
Du wirst schon erahnt haben, dass die Stellung auf der Badewannenkante eine Sitzende sein muss, und in dieser Stellung wird das senkrecht nach oben weisende Mundstück der Dusche
AN die Afteröffnung gepresst.
Bitte, bitte, nicht **in** die Afteröffnung!
Gleichzeitig wird nun die Gluteal- und Kleinbeckenmuskulatuir zusammengepresst; einfacher ausgedrückt kneift man die Pobacken zusammen.

Dabei sollte man keinesfalls krumm sitzen. Der Rücken muss aufgerichtet werden, weil sonst die Darmschlingen zu Verschlüssen zusammengeknickt werden und das Wasser sein Ziel am Blinddarm niemals erreichen wird. Das Wasser dringt auf diese Weise ungehindert und schmerzlos in den Darm ein, bis es auf Kotwiderstand stößt und der Darm die *Backen aufbläst.*

Ist dieser Punkt erreicht, dreht man einfach den Handgriff zur Seite und entlässt, ohne Pause einzulegen, das eingedrungene Wasser mit möglichst großem Druck, nicht festhalten wie beim Klistier. Du wirst dich wundern, welche Menge Kotes schon bei der ersten Applikation den Tempel verlässt. Der Darm bewegt seine Wände peristaltisch mit großer Freude, spürbar, denn wie lange hatte er keine Gelegenheit mehr, ein so leicht bewegliches Medium zu transportieren.

Veraltete und verhärtete Kotballen machen´s ihm schon schwer.

Du wirst in dieser Art der Ausscheidung eine außerordentlich kreative Phase erleben, und ich rate dir, nutze die, indem du alle deine geistige Kraft und dein ganzes Bewusstsein hineinprojizierst.

Die erste Ladung hat allenfalls die Ampulle gefüllt und entleert. Sie ist das Sammelbecken für Kot zwischen Enddarm und After. Die dabei entstandene Peristaltik setzt sich jedoch schon durch einmaliges Spülen über den gesamten Dickdarm fort.

Ich betone nochmals, dass zwischen Einlauf und Ausscheidung keine Pause entstehen darf, da sonst die gesamte Dynamik gestört wird, und das würde Krampf bedeuten. Außerdem müsste der Wanddehnungseffekt wie beim Klystier auftreten, was wir ja unter allen Umständen vermeiden möchten. Nach der ersten Ausleerung sollte sofort die folgende angesetzt werden, und schon in dieser zweiten Phase wird das Sigmoid beflutet. (Abb. 39)

Wieder bitte ohne Pause!

Abb. 39

Schemadarstellung des Dickdarmes

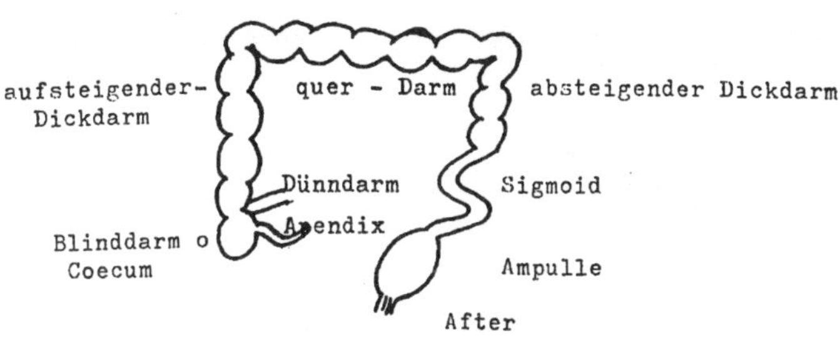

Dreißig Spülungen in einer „Arbeitssitzung“ haben sich für den Anfang als notwendig erwiesen. Sieben bis zwölf Minuten darf das längstens dauern. Brauchst du dazu mehr Zeit, hast du etwas falsch gemacht.
Schon bei zwanzig Spülungen ist der Dickdarm leer und sauber, dennoch hättest du bei Unterbrechung in diesem Stadium ein etwas merkwürdig mulmiges Gefühl im Bauch.
Das liegt am Ungleichgewicht zwischen dem noch vollen Dünndarm und schon leer gespülten Dickdarm. Spült man jedoch weiter, erregen die an die Verschlussklappe des Dünndarms anbrandenden Wellen offensichtlich eine ausgeprägte Dünndarmperistaltik. Unverdauter Dünndarmstuhl erscheint, und man hat hinterher ein herrlich leichtes Gefühl.
Aus Verantwortungsgefühl habe ich s.Zt. probiert, wie viele Spülungen ein Darm klaglos ertragen kann.
Ohne Schaden hat mein Darm über hundert Wassergaben ohne Murren und dankbar entgegengenommen. Lediglich ein wohliger Muskelkater war die Folge, der kaum zwei Stunden angehalten hat.
An ein Stuhluntersuchungsinstitut vorher eingesandter Stuhl hatte mir beste Gesundheit attestiert.
Der erste durch Spülung gewonnene Stuhl danach eingesandt, ließ mich von dort einen Alarmanruf erreichen: Man sagte mir, der dazugehörige Patient sei todkrank. Totale Abwehrschwäche ließe so ziemlich alle nur denkbaren Bakterien erkennen: Erreger von Krankheiten, die mich in meinem ganzen Leben nicht befallen hatten.
Was war geschehen: Der damals etwas träge arbeitende Darm war nicht mehr in der Lage gewesen, die außenwandig sitzenden Darmdrüsen, mangels kräftiger Peristaltik, auszumelken.
Mit Hilfe der Spülung aber konnte dieser Melkakt wieder ordnungsgemäß durchgeführt werden. Damit konnte plötzlich die ganze faule Besetzerszene an pathologischen Erregern geräumt werden und kam so am Darmausgang zum Vorschein, auf nimmer Wiedersehen.
Damals habe ich Pfarrer Kneipp das erste Mal so richtig begriffen. Im Darm sitzt der Tod.
Anfangs lasse ich meine Patienten mit schwerer Obstipation diese Übung nach jeder Hauptmahlzeit ausführen, um auf diese Weise den durchhängenden Dickdarm muskulär zu trainieren, damit er schließlich wieder an seinen normalen Platz zurückwandert.
Wie lange das dauert, ist natürlich unterschiedlich.
Erscheint irgendwann täglich ein Stuhl von selbst, lasse ich die Spülung auf einmal abends reduzieren. Diese Frequenz wiederum sollte solange durchgeführt werden, bis jede Mahlzeit ihre eigene Ausscheidung auslöst. Vorsichtig kann man dann weiter reduzieren. Um der Reinheit willen rate ich jedem Gesunden, einmal wöchentlich diese Prozedur über sich ergehen zu lassen.

Sollte der Darm trotz biologischer Ernährungsweise einmal streiken, gibt´s keinen Pardon. Sofort wird eine Generalspülung angeordnet. Nicht selten genügt dann allerdings eine einmalige kühle Einspülung.
Die Darmschleimhaut hat gegen die geschilderte Spülbehandlung offensichtlich weniger einzuwenden als die Mundschleimhaut beim Zähneputzen mit Zahncremes und Mundwässern. Im Gegenteil lässt sich nachweisen, dass nach einer Spülbehandlung die Darmflora ohne Nachhilfe physiologisch voll stabilisiert erscheint.
Neben Obstipationen verschwinden in der Regel Hauterkrankungen wie Furunkulose, Akne, Ekzeme, Grippeanfälligkeiten und akute Grippen, Magenbeschwerden, Blähungen, Haarausfall, Gedächtnisschwächen, Würmer und andere vielschichtige Symptomgruppen und sehr oft Pfunde. Besonders gut zu koppeln ist die Spülbehandlung mit dem schon erwähnten Kleinklistier.
Man reinigt auf diese Weise nicht nur die innere Oberfläche, gleichzeitig wird eine innere Entgiftung angeregt. Das wirkt wie ein Spaziergang, der uns chronisch zum „Sitzen Verurteilten" ausgezeichnet bekommt.

Zu guterletzt noch einige kleine technische Hinweise:
Verzichtet man auf der Badewannenkante auf die zusätzliche Verwendung einer Fußbadewanne als Auffanggefäß, so lassen sich die Kotballen problemlos mit kaltem Wasserstrahl zerteilen, es sei denn man ist Fleischfresser. Dann bleibt einem nichts anderes übrig, als das ganze Malheur mit der Hand herauszusammeln. Immerhin ließe sich allein an dieser Tatsache ablesen, dass Fleischgenuss große Schwierigkeiten durch Verkleben an der Darmwand auszulösen im Stande ist.
Wer versuchen sollte Kotspritzer mit heißem Wasser zu beseitigen, wird sich wundern, denn das ist fast unmöglich. Der Kot klebt und schmiert doppelt, weil Eiweiß unter heißem Wasser gerinnt. Kaltes Wasser tut´s meistens problemlos.
Steht nur eine Duschkabine zur Verfügung, setze man sich mit nur einer Backe auf den Duschhocker, sodass die Afteröffnung über einer Fußbadewanne platziert werden kann.
Der Rechtshänder wähle natürlich die rechte Backe und der Linkshänder die entgegengesetzte Seite.
Auf Reisen wird die Wasserpumpenzange gute Dienste leisten, weil die meisten Duschenschläuche heillos festgerottet sind. Und gerade auf Reisen kann die Darmdusche besonders nützlich sein.
Ist keine Wasserversorgung vorhanden, tut es auch eine mit warmem Wasser gefüllte 20-Liter Gießkanne, die allerdings zweimal zu füllen ist. Sie ist von einer Hilfsperson zu bedienen. Man hängt die Kanne an einer Decke oder einem Baumast auf, so dass sie mit Hilfe eines Bindfadens zu kippen ist. Schlauch und Duschhandgriff lassen sich leicht an der Kannentülle anbringen.

Eine weitere Möglichkeit habe ich in Österreich kennen gelernt. Dort wird ein Gerät in Apotheken und Drogerien gehandelt, das sich KLYSOPOMP nennt. (Abb. 40)

Abb. 40

Klysopomp

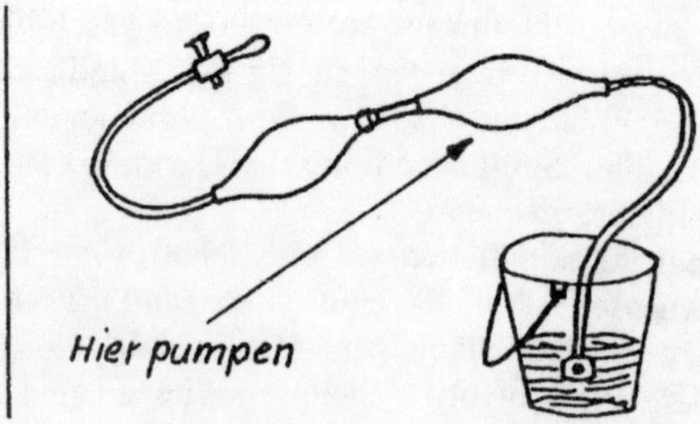

Weil es leicht zu verstauen ist, lässt es sich gut für Reisen verwenden, die in nicht so zivilisierte Länder führen. Die Abbildung verdeutlicht eindrucksvoll dessen Funktion.

Ein letzter dringender Rat zu diesem Thema : Probier´s selbst, Du weißt nicht was du vermagst, eh´ du´s probierst!

GIFTE
sind nicht nur in unserer Zeit ständige Begleiter der Lebewesen auf der Erde gewesen.
Dass allerdings zu unserer Zeit eine sagenhafte Häufung auftritt, die vornehmlich von Menschen verursacht sind, ist in der Geschichte der Erde ein Novum.
Die Energien, die der Mensch aus der Sonne, der Luft und der Erde benötigt um leben zu können, werden durch Gifte in diesen drei Medien und durch denaturierte Nahrung, stark eingeschränkt. Dadurch leben die meisten Menschen in einem Dauerzustand bioenergetischer Verarmung.
Die Ursachen dazu sind vielfältig: Einige davon sind tote Nahrung, Schadstoffe und Gifte aus unserer gepriesenen Chemie, Radioaktivität und Elektrosmog aus der Steckdose und aus den Atomkraftwerken. Sie alle belasten unsere Biosphäre in allen Regionen der Erde. An den Smog aus den Flugzeugabgasen mag ich gar nicht denken.
Der allen ernsten Krankheitsformen vorausgehende gestörte bioenergetische Resonanzzustand wird offiziell nicht bemerkt und schon gar nicht ernst genommen Wer achtet schon auf atomare Fehlsteuerungen in unseren Gehirnen, ausgelöst durch destabilisierte Umgebung.
Das eigene Zellreaktionsgeschehen kann schließlich nicht mehr die Zellmembranspannung von 70 Millivolt aufrechterhalten, die zur Gesunderhaltung notwendig wäre.

Damit können unsere Rezeptoren für Energie aus der Sonne und der Erde nicht mehr ausreichend mobil gehalten werden. Krankheit ist die unausbleibliche Folge.
Jüngste Untersuchungen der chemischen Landesanstalt in Stuttgart verdeutlichen das schlaglichtartig. Nahrungsmittel, wird hier mitgeteilt, sind keine Lebensmittel.

Die Zeitschrift BIO Nr. III/IV 1988 veröffentlichte einen Aufsatz, in dem durch Messungen mit hochempfindlichen Geräten nachgewiesen wird, dass Lebensmittel aus *echtem biologischen Anbau* im wahrsten Sinne dieses Wortes, lebensspendende *Lichtkraftträger* sind. Sie heben sich stark ab von Anbauprodukten anderer Anbaumethoden.
Biophotonen sind Geschenke unserer lebensspendenden Sonne, die den Zellen der Pflanze und auch denen des Menschen eine größere Speicherfähigkeit von Energie und Vitalität verleihen.
Diese wunderbare Wechselwirkung zwischen Kosmos und Lebewesen ist in den Gehirnen der strengen Wissenschaft zur Kalorie verkümmert.
Nur so ist es zu erklären, dass unsere Umwelt diese perverse Entwicklung hat nehmen können, und dass es in unseren Tagen nicht mehr möglich ist, ohne Wissen über Gifte in der Nahrung einigermaßen gesund zu bleiben. Ganz zu schweigen von der Tatsache, dass die Empfindsamkeit unseres Geistwesens in unglaublicher Weise eingeschränkt wird.
Also bitte glaube nicht, dass dieses bisschen Gift doch nicht ins Gewicht fallen könne. Man sieht es ja nicht einmal und riechen tut man´s auch selten.
Hast du etwa Tschernobyl schon wieder vergessen?
Weißt du eigentlich, wie hoch die Verdünnung der atomaren Strahlung war, vor der sich alle gefürchtet haben?
Die Verdünnung eins zu einer Million hat uns alle an den Rand der Existenz kommen lassen.
Zwar haben wir in Norddeutschland Glück gehabt, dass der Wind uns geschützt hat. Und du merkst nichts davon, oder doch. Hast du nicht einen Bronchialkatarrh gehabt, den du immer noch nicht ganz wieder los geworden bist? Die Bronchialerkrankungen sind auch bei uns sprunghaft in die Höhe geschnellt. Jeder zweite Bundesbürger klagt über eine undefinierbare Abgeschlagenheit. Für die nächsten 10.000 Jahre wird sich dieser Zustand kontinuierlich verschlimmern. Die Niederschläge reichern ständig den Boden an und liefern uns Strontium, Cadmium und viele andere radioaktive Emanationen frei Haus über das Gemüse.

Nachgewiesener Maßen ist dadurch z.B. die Osteoporose um 60 % seit diesem Ereignis angestiegen.

Korpuskularstrahlungen und Schwingungen von Arten und Frequenzen einer Riesenskala stellen die Grundphänomene unseres Lebens dar. Alles strahlt und alles schwingt, auch das scheinbar Unbelebte.
Ohne Ausnahme sind wir, samt der Materie, miteinander vernetzt.
Dieses Lebenselixier hat nichts zu tun mit chemischen Prozessen. Dieser biologische Rang steht gewisslich himmelweit höher. Die in der Atmosphäre überall anwesende Lebensenergie versteht sich eher als atomare, elektronische und biophotonische Alleinheit.
Der Mensch hat willkürlich in dieses spinnennetzartige Gefüge eingegriffen und weiß sich, wie Goethes Zauberlehrling, nicht recht wieder daraus zu befreien.
Gifte sind letztlich auch strahlende Medien, nur leider haben sie keinerlei biologisch strahlende Struktur, weil sie in höchst konzentrierter Form gebündelt wirken. Gipfel dieser Bündelung ist die Atombombe.
Das Raucherkapitel haben wir mittlerweile schon abgehandelt und gelernt, dass auch dieses einen besonders tiefen Eingriff in die Biosphäre bedeutet. Nicht weniger geschieht mit der Luft, dem Wasser und der Erde. Denke bitte einmal an die Weinanbaugebiete zur Zeit der Spritzungen: Die Straßen sind blau, grün und gelb von Giften aller Schattierungen.
Ich kann mir kaum vorstellen, dass ein Winzer ernsthaft glaubt, dass diese Brühe nicht in den Erdboden eindringen sollte. Natürlich wird von hier der Giftsud, mit Hilfe des Stickstoffs, in die Frucht hochgepumpt. Die Folge ist, dass das Biogefüge nicht mehr stimmt, weder in der Frucht noch im Erdboden.
Du kannst es kontrollieren: rieche einmal im Supermarkt oder im Gemüseladen an den Weintrauben. Wo ist der herrliche Duft geblieben? Denke ich zurück an meine Kinderzeit, so strahlte ein Pfund Weintrauben eine Duftorgie aus, die den ganzen Wohnraum ausfüllte.
Geht es dir mit einer Hand voll Getreide etwa anders? So muss man also auch den Bauern eine grenzenlose Ignoranz vorwerfen. Ich kann mir mit dem besten Willen nicht vorstellen, sie wüssten nicht, was sie tun. Wüssten sie es jedoch wirklich nicht, wären sie sträflich dumm.
Jeder Laie kann beobachten, wenn sie ihre Felder spritzen, wie die Giftwolken verwehen und sich in den Baumkronen verfangen. Von hier gelangen sie mit dem nächsten Regen an die Baumwurzeln unterhalb der Traufe und zerstören die hochempfindlichen Symbiontengemeinschaften an Bakterien und anderen Bodenlebewesen. Die Wurzel verödet und der Baum verliert seine Lebenskraft.
Der größere Rest der Insektizide, Herbizide und Pestizide landet über die Frucht in deinem Brot, in deinen Nudeln und anderen zu Nahrung degradierten Lebensmitteln.

Nimm bitte meinen guten Rat mit zum Einkaufen von Lebensmitteln. Wenn diese ihren Namen verdienen duften sie!
Benutze also deine Nase und sei nicht schüchtern. Äußere deinem Händler gegenüber laut und deutlich dein Missfallen, damit auch andere Kunden aufmerksam werden.
Nur so ist es möglich Käufer- und Händlerverhalten nachhaltig zu ändern. Auch im Reformhaus und im alternativen Laden solltest du dieses Verhalten beibehalten. Alle diese kleinen Teufelchen schlafen nämlich auch dort nicht.
Deine Lebensmittel werden außerdem giftig durch Tiefkühltruhen bei unkontrolliertem Einfrieren, durch Mikrowellenkochkünste mit ihrer atomaren Strahlung und viel zu hoher Frequenz, durch Dosennahrung und Einkochverfahren, die die Lebensmittel in jedem Falle töten und zu Nahrung umwandeln. So wird Leichengift daraus, und das ist in jedem Falle hochtoxisch.
Bei jedem dieser Haltbarmachungsverfahren werden Eiweißfraktionen frei oder erzeugt, die unser inneres Biotop beschädigen. Tagtäglich werden unserem Organismus auf diese Weise Fehlinformationen an unsere Zellen geliefert, „Reaktorschäden" ausgelöst, die Krankheit bedeuten. Diese Schäden brennen sich unauslöschlich in unser Informationssystem ein.

Unsere Vorfahren bedienten sich der Einsäuerung oder Trocknung zur Haltbarmachung.
Das ist nach wie vor die schonendste und absolut ungiftige Lösung.
Natürlich meine ich nicht das Pökeln mit Nitrit und Salz. Was Nitrit zu bedeuten hat, brauche ich wohl nicht mehr zu erläutern.
Ganz besonders Acht geben solltest du auf deine Spülmittel im Haushalt, und ganz gleich, ob es sich um diese oder um Waschmittel zum Wäsche waschen handelt, lies die Deklarationen sehr genau durch, und sobald du ionische Tenside entdeckst, lass das Zeug im Regal stehen.
Es handelt sich dabei nämlich um s. g. Polyglycole, die selbst bei 23-maligem Nachspülen noch Reste auf deinem Geschirr hinterlassen.
Eine Reihe von biochemischen Untersuchungen hat erwiesen, dass hier eine der wesentlichsten Ursachen für Herzinfarkt zu suchen ist. So hat sich außerdem gezeigt, dass die Häufigkeit an Herzinfarkten sprunghaft angestiegen ist mit der Einführung der Spülmaschinen, vor allem zunächst in den Städten. Auf dem Lande beginnt erst jetzt, mit dem vermehrten Einsatz von Spülmitteln, diese Krankheit an Raum zu gewinnen.
Japan ist z. B. lange Zeit vom Infarktgeschehen verschont geblieben, da Spülmittel nicht im Verbraucherprogramm enthalten waren.
Kurioser Weise präsentiert sich in den arabischen Staaten kein Anstieg der Infarktquoten, obgleich Mengen modernster Kücheneinrichtungen nach dort geliefert worden sind.

Diesbezügliche Nachforschungen haben ergeben, dass die Einrichtungen zwar eingebaut worden waren, aus Wassernot jedoch nicht benutzt werden konnten.
Es kommt bei Verwendung dieser Detergentien zu einer beschleunigten Adernverengung.
Aus dieser Sicht ist es empfehlenswert, den Abwasch von Hand vorzunehmen unter Verwendung von Soda, wie zu Großmutterns Zeiten, oder mit Neutralseifen auf der Basis pflanzlicher Tenside oder auf Zitronensäurebasis. Ganz normale Seife geht übrigens auch.
Bereits 1982 brachte das Deutsche Fernsehen einen detaillierten Bericht über die Giftigkeit der ionischen Tenside. Das Resultat war aufsehenerregend.
Detergentienrückstände wurden in jedem Falle im Blut und im Stoffwechsel vorgefunden.
Die Antworten der Schulmedizin waren allerdings ebenso aufsehenerregend, nämlich niederschmetternd ignorant.
Da diese Detergentien fettlösend sind, werden sie im Blut selbstverständlich in gleicher Weise tätig. Da aber der Herzmuskel - anders als andere Muskeln - Fettsäuren verbrennt, gerät er in Nahrungsnot, wenn diese ihm vor der Nase fortgelöst werden.
Hinzu kommt ein allergisierender Effekt, den manche Hausfrau sogar auf ihrer Haut der Hände beobachten kann.
Wird der Fettsäurespiegel am Herzen gestört, muss zwangsläufig der im Blut erhöht werden. Der Herzmuskel ist folglich nicht gefährdet, weil der Fettsäurespiegel im Blut zu hoch ist. Umgekehrt wird ein Schuh daraus. Tenside stehen außerdem im Verdacht, mehr Leberzirrhosen auszulösen als Alkohol!

Die durch Reklame versprochenen Vitamine findest du nur ganz selten im Tiefgefrorenen. Nur sehr wasserarmes Gemüse lässt sich ohne Schaden diese Prozedur gefallen.
Zum Teil ist es sogar so, dass Obste ihren Vitamingehalt zu toxischen Mengen anreichern und gleichzeitig Stoffwechselprodukte, die in lebendig - normalen Mengen ungiftig wären, nun zu unfreundlichen Giften anstauen.

Aluminium in Arzneimitteln, besonders in Magensäurebremsern, werden sich in jedem Falle mit der Dünndarmmilchsäure verbinden zu s. g. Laktaten, die Krebs auszulösen vermögen.
Gleiches gilt für Aluminiumkochtöpfe und Haushaltfolien, die ja in den meisten Fällen in irgend einer Form immer mit Fruchtsäure oder Milchsäure in Berührung kommen.
Sobald auch nur der geringste Kratzer in der Eloxierung vorhanden ist, bildet sich Aluminiumoxid, dass mit Fruchtsäure ein Tartrat und mit Fleischmilch-

säure und anderen reichhaltig vorkommenden Milchsäuren wie eben geschildert krebsgefährlich wird.
Mit jeder toten Zelle, die du zu dir nimmst, übernimmst du deren Leichengift und dessen Information: TOT.
Sie nimmt diese Information auf und vermittelt sie über Zellteilung an die Umgebung weiter.
Geschieht das oft und regelmäßig, kannst du dir selbst schon ausmahlen, was geschehen wird.
Ich frage dich: Gilt hier etwa der Satz nicht auch: „**Du sollst nicht töten**?"

Durchforste deinen Haushalt einmal ganz sorgfältig nach all den genannten Giften.
Jede Spraydose, jede Seife, jedes Waschpulver, jeder Kloreiniger, und jedes Scheuermittel sollten auf ökologische Qualität geprüft werden.
Verwende keine weichen Kunststoff- und Polyvenylbehälter zur Aufbewahrung von Lebensmitteln. Wenn auch kaum spürbar, aber dieses Zeugs gast so still vor sich hin. Du verlegst damit eine Zeitbombe aus Seveso in deine Küche.

In Amerika, das den Europäern im positiven wie im negativen Sinne fünfzehn Jahre voraus ist, hat sich eine Mineralstoffwissenschaft gebildet. Sie lieferte bereits sichere Erkenntnisse darüber, dass tote Nahrung die Mineral- und Spurenstoffbalance verschiebt.
Menschen, die sich überwiegend von *Hamburgern oder Würstchen* ernähren, weisen schwerste Mineralstörungen auf; und nicht nur das. Auf Grund der Anreicherung von Phosphor werden diese Zeitgenossen hoch nervös und aggressiv.

Gleiche Ergebnisse haben Untersuchungen über Kantinenkost erbracht. Sie hat u.a. mit den höchsten Nitratwerten aufgewartet. Das Kapitel Biosmon hat uns ja auch schon gezeigt, warum das so ist, und die vorliegenden Forschungsergebnisse waren ohne Frage in dieser Form zu erwarten.

Leere Kalorien sollten nur ausnahmsweise den Weg in deinen Haushalt und in deinen Magen antreten. Alle raffinierten Nahrungsmittel gehören dazu: Weißmehl, weißer Zucker, weiße Backprodukte, alle Fertigsaucen, Mehlschwitzen und vieles andere mehr. Natürlich gehören dazu auch reine Kleieprodukte, Getreidegele und ähnliche *Schweinchen-Schlau-Präparate,* oft als Fastenkuren annonciert. Allesamt stehlen sie Vitamine und Mineralien und stören somit die Balance ganz empfindlich.
Tote chemische Medikamente sind selbstverständlich auch diesen Störenfrieden zuzuordnen.

Chemische Entwässerungsmittel enthalten z. B. einen hohen Anteil an Kalium, welches das Wasser aus dem Gewebe herauslocken soll; da aber reines Kalium Wasser auch der Leber entzieht, besteht die große Gefahr, dass diese austrocknet; und da nichts ohne Wasser leben kann, wird eine solche ausgetrocknete Leber über kurz oder lang ihren Geist aufgeben.
Lebendige Kaliumträger wie Reis oder gedämpfte Pellkartoffeln wirken in dieser Beziehung ausschließlich regulierend und nicht kränkend.
Cortison, ein heutzutage viel zu häufig verwendetes Arzneimittel, verursacht Calziummangel zu Lasten der Knochen und Gelenke. Zähne werden krank und das Bindegewebe verliert seine Abwehrfähigkeit. Krampfneigung rundet das Krankheitsbild ab. Sogar Diabetes mellitus kann mittels Cortison ausgelöst werden.
Pille und Spirale lassen den Vitamin-B6-Spiegel im Blut absinken und führen zu erheblichen Störungen im Hormongefüge. Außerdem werden die Nebennierenrinden durch Cortison zu einem schleichenden Tod verurteilt. Folge ist, dass die zentrale Steuerung des Stoffwechsels immer mehr eingeschränkt wird, evtl. bis zum absoluten Interregnum aller Organe. Die dabei entstehenden Venenschäden sind in diesem Spielchen nur nebensächlicher Natur und die Spitze eines Eisberges.
Vitamin-B6-Mangel zeitigt Kupfer- und Zinkmangel, Ursachen für Infektionsanfälligkeit, Depressionen, Migräne, Ödeme, Impotenz, Frigidität, Arteriosklerose und Haarausfall.

Die Kupferspirale als Anode zum Blut, (Eisen) in der Gebärmutter wirkt wie die Kathode Amalgam im Mund. Reichlich umflutet kommt es zu elektrolytischen Prozessen mit Eisenverlust und Kupfervergiftung, sprich Grünspan, und wie giftig dieses ist, wird dir bekannt sein. Krampfzustände und Kräfteschwund sind auffällige Folgen.

Die Mineralwippe kann auch zur anderen Seite kippen, wobei dann überhöhter Calziumspiegel, Fettsucht, Haarausfall durch Schilddrüsenunterfunktion mit Arthritis, und Nierensteinen die Landschaft bestimmen können.

Metall- und Schwermetallvergiftungen hinterlassen außerordentlich vielfältige Symptomenformen. Nicht nur die Müllverbrennungsanlagen versorgen uns reichlich über ihre Schornsteine damit. Ich denke auch an die vielen Kosmetika, die die holde Weiblichkeit, meist nicht einmal verschönernd, sich auf den Pelz schmiert.
Radioaktive Substanzen findet man in Augenbrauenfarben, Lippenstiften und Hauttönungen.

Alle Metalle, die direkten Körperkontakt auf längere Zeit ausmachen, bedeuten schon in geringsten Mengen starke Giftwirkungen und intensive energetische Störungen.

Als junger Student bewohnte ich einige Zeit zusammen mit einem Kommilitonen das Dachgeschoss eines Tübinger Altbaues.
Er war des Morgens der Erste, der seine Zähne putzte und sich duschte und somit auch den ersten Kontakt mit dem Wasser hatte. Schon nach wenigen Wochen trat er mir eines Morgens mit gelähmten hängenden Händen gegenüber. Bleivergiftung!
Die Fallhand, ein typisches Bleivergiftungssymptom.
Bleileitungen wurden früher durchgehend als Wasserleitungen installiert und viele Bauten weisen bis heute diesen Mangel auf. Das sollte in so einem Falle Grund genug sein, das Wasser so lange ablaufen zu lassen, bis es plötzlich sehr kalt zu Tage tritt. Das ist dann Wasser aus der Straßenleitung, die inzwischen zwingend ausgewechselt werden müsste.
Im übrigen sind Bleifarben noch immer im Handel als Rostschutzbeschichtungen.

Blei ist häufig durch Kupferleitungen ersetzt worden. Kupfer diffundiert jedoch gerade so wie Blei ins Wasser hinein und löst bei Dauergenuss die oben geschilderten Symptome aus.
Leider findet Kupfer überwiegend immer noch Verwendung bei Warmwasserleitungen.
Ablaufen lassen ist auch hier ein gewisser Schutz. Besser man wechselt die Leitungen aus.

Phosphor in Insektiziden, in tierischer Nahrung, auf Obst und Gemüsen und Strontium und Cadmium als strahlende Substanzen, die uns seit 1962 und jetzt nach Tschernobyl in steigendem Maße das Leben schwer machen, sollten nicht dem Gedächtnis entgleiten, denn die 10.000 Jahre Halbwertzeit sind noch nicht ganz herum.

BCP´s, PCP´s, Chloride und viele andere haben inzwischen die Runde durch die Presse gemacht. Sei achtsam und misstrauisch gegen alles, was nicht alterprobt ist.
Unsere Großeltern waren gar nicht so dumm, wie dachten. Wir waren´s , indem wir alles Überlieferte vorbehaltlos vom Tisch gefegt haben.

Zu der am weitesten verbreiteten Vergiftung zählt die durch AMALGAM. Es wird als Füllstoff in den Zähnen verwendet. Diese Füllung besteht überwie-

gend aus Silberfeilspänen und reinem Qecksilber. Andere Zutaten bestehen aus wechselnden Metallzusätzen, die einer höheren Festigkeit dienen sollen.
Der Zahnarzt spricht von einer Legierung und ist der Auffassung, dass aus dieser kein Quäntchen in den Stoffwechsel zu gelangen vermag.
Man tut sich deswegen schwer anzuerkennen, dass diese Legierung giftig sein solle, wo doch hoch geschätzte Wissenschaftler die Ungiftigkeit immer wieder beteuern.
Offensichtlich ist man wissenschaftlich nicht in der Lage zu erkennen, dass im Blut, in den roten Blutkörperchen, Eisen seine Reise durch den Organismus macht.
Eisen liegt in der Volta´schen Spannungsreihe neun Metalle weit vom Quecksilber entfernt.
Professor Volta, ein italienischer Physikprofessor, hat sich s. Zt. gefragt, wie sich wohl die Metalle mit ihren elektrischen Eigenschaften zueinander verhalten.
Er ordnete sie schließlich nach einigem vergeblichen Hin und Her ihrem Atomgewicht entsprechend in einer Reihe.
Zu seinem Erstaunen musste er feststellen, dass die Metalle, je weiter sie in dieser Reihe auseinander lagen, eine um so höhere Spannung zueinander aufwiesen.
Aus diesem Wissen heraus ist schließlich auch unsere Autobatterie entstanden, die in schwach saurer Flüssigkeit zum Anlassen der Motore ausreichend Energie bereithält.
Zwischen Zink und Blei liegen sieben Metalle in der Spannungsreihe. Die Spannung zwischen Eisen im Blut und Quecksilber im Amalgam ist um ein vielfaches höher. Zink und Blei haben eine Spannung von etwa 320 Millivolt. Eisen und Amalgam weisen eine Spannung von 1.500 bis 1.800 Millivolt auf, je nach Zusammensetzung des Amalgams. Man könnte folglich mit dieser Spannung fünf Autobusse gleichzeitig starten, wenn man den einen Pol in eine Vene einführen würde und den anderen an eine Füllung hielte.
Ein Mensch, dem Amalgam in sein Gebiss hineingekleistert worden ist - ich habe keinen freundlicheren Ausdruck dafür, was mir aus der Seele heraus auch gar nicht leid tut - steht folglich ständig unter hoher Spannung. Leider liegt dieser Spannungsbereich in vegetativen Nervenkomplexen, sodass der Patient nicht besonders bewusst darunter leidet. Er spürt lediglich gelegentliches leichtes Kribbeln und ein säuerliches Batteriegefühl.
Wäre diese hinterhältige Installation im sensiblen Bereich, müsste unser Amalgamträger ständig schreien. Bitte fasse doch einmal eine Batterie an beiden Polen an - ich glaube dass du dann zu ermessen vermagst, was amalgambehaftete Menschen auszubaden haben.

Wo eine Spannung ist, geschieht auch etwas. Man nennt das Elektrolyse. Sie ist die Wanderung von Ionen entgegengesetzter Pole zum jeweiligen Gegenpol.
In diesem Falle bedeutet es, dass die Herauslösung von Silber und Quecksilber mit Wanderungstendenz in Richtung rote Blutkörperchen einerseits vor sich geht.
Andererseits wandert das im roten Blutkörperchen befindliche Eisen in Richtung Amalgam in den Zähnen aus.
Quecksilber gelangt auf diese Weise tatsächlich ins Blut, während das Silber in den Schleimhäuten der Verdauungs- und Atemwege hängen bleibt. Schäden des Silbers beginnen etwa nach Ablauf von ca. 15 Jahren, gelegentlich schon nach 5 - 6 Jahren. Katarrhe der Luftwege und Magenschleimhautentzündungen eröffnen den Reigen.
Viel schlimmer ist die Wirkung des Quecksilbers. Perfekt ist sie schon aus dem Altertum bekannt und beschrieben, z. B. in der Bibel: „bis ins dritte und vierte Glied."
Auch aus der jüngeren Zeit liegen Vergiftungserfahrungen vor.
Die Welle der LUES, einer Geschlechtskrankheit, schwappte seiner Zeit mit den Seefahrern aus Afrika über die Ufer Europas und Amerikas. Einziges Gegenmittel war das Quecksilber, wobei man durchaus wusste, dass nach einer solchen Applikation etwa 30 bis 45 Jahre vergehen würden, um einen Bauchkrebs perfekt zu machen. Man trieb Teufel mit Belzebub aus und war froh, ein paar Jährchen relativen Wohlbefindens herausgeschunden zu haben.
Man wusste sehr wohl, dass Quecksilber deswegen helfen würde, weil es selbst die gleichen Krankheitssymptome auslöste wie die Krankheit selber. Ein heute noch oft angewandtes Prinzip, die Isopathie.
Beide Metalle, Silber und Quecksilber, verhindern im Übrigen die Calciumaufnahme schon an der Darmwand. Außerdem stehlen sie im Mund Kalk aus den Zähnen. Da beide sehr weich sind, oxydieren (rosten) sie sehr schnell, wobei sie aus dem Wasser des Speichel den Sauerstoff verbrauchen.
Jedes Silber- und jedes Quecksilberion holt sich auf diese Weise je ein Sauerstoffatom.
2 x H^2O = 4 H und 2 O. Beide O werden durch Ag und Hg zu AgO und HgO verbraucht. Nachbleiben 4 Wasserstoffsäuren, die sich nun absättigen mit 2 Calciumatomen, d. h., dass Kalk abgebaut worden ist. Das geht zu Lasten des Räuberpärchens im Amalgam.
Jede Amalgamfüllung holt den nächsten Zahn, hat mir einmal ein Zahnarzt gestanden.
Das ist zugegebenermaßen auch ein ganz gutes Geschäft.
Quecksilber vergiftet vorwiegend alles, was unterhalb des Zwerchfelles liegt und die Brüste der Frau. Alle sonstigen Vergiftungserscheinungen oberhalb dieser Grenze gehen zu Lasten des Silbers und der elektrischen Spannungen.

Quecksilber ist schwer und sinkt daher relativ schnell in die unteren Regionen. Je tiefer, um so schwerer werden die Krankheitserscheinungen. Ein Metall kann vom Stoffwechsel nicht freiwillig entgiftet werden. Er müht sich zwar, das durch Verdünnen über die Lymphe zu bewerkstelligen, aber das ist vergebliche Liebesmüh.
Schließlich verbraucht er seine ganze Abwehrkraft für dieses unerreichbare Ziel, bis sie zusammenbricht, und dann entsteht ALLERGIE. Zu allen sonstigen Vergiftungsübeln tritt sie nun schließlich auch noch hinzu. Das ist aber lange noch nicht alles. Ovarien mit Cysten und Wucherungen, Myome, Papillome und unspezifische Reizungen und schließlich Karzinome im und am Uterus.
Der Enddarm mit Papillomen, venösen Stauungen und Hämorrhoiden am Enddarm können auftreten, desgleichen Schwellungen und Geschwülste der Prostata, Cysten und Geschwülste der Hoden bis zur Aspermie, Dickdarm wie der Enddarm gehören mit zur Partie. Appendix, Leber, Bauchspeicheldrüse, Milz und der gesamte Lymphapparat gehören zu den Opfern des Amalgams. Alles das und noch viel mehr sind betroffen von dieser tiefgreifenden Vergiftung.
Der Zahnarzt sieht das natürlich nicht, weil er nur in dem Mund guckt. Der Internist sieht davon nichts, weil er dem Patienten nicht in den Mund schaut, und dem Frauenarzt geht es nicht besser.
Nietzsche hat dazu einmal gesagt: „Spezialistentum ist der Tod des Wissens."

Der andere Pol in diesem Spielchen ist das Eisen.
Es wandert aus den roten Blutkörperchen aus und löst dadurch schon eine leichte Anämie mit Leistungsschwäche und Herzsymptomen aus.
Die meisten Eisenteilchen, die zu den Zähnen wandern möchten und die nicht gerade leicht an Gewicht sind, lassen sich zunächst mit dem Blutstrom aufwärts tragen. Da aber das Gewicht diesen Weg sehr beschwerlich sein lässt, folgen sie viel lieber und leichter den Blutwegen, die zum *Waschbeckenabfluss* , den Nieren hinführen.
Diese sind hinwieder über diesen Besuch gar nicht erfreut. Eisen ist nämlich hart. Als ich mein Bein verloren habe, hatte ich jedenfalls diesen untrüglichen Eindruck.
Auch vom Sonnenbrand kennt man dieses Phänomen, bei dem wegen des zum Schutze der Körperoberfläche betriebenen Blutzerfalles plötzlich sehr viel Eisen auf die Nieren herniederprasselt und diese unter diesem Maschinengewehrfeuer manchmal zur tödlichen Nierenentzündung zusammenbrechen lässt.
Nun, beim Amalgam - Eisenaustausch entsteht nicht gerade ein Maschinengewehrangriff auf die Nieren; aber Sekunde für Sekunde werden nadelstichar-

tig dauernd neue Reize gesetzt, und das geht nun nicht nur einige Tage so, nein Jahr für Jahr, wenn man dem Spuk nicht irgendwann ein Ende setzt.
Steter Tropfen höhlt den Stein!
Von Zahnarztseite höre ich immer den Einwand, dass der Patient mit Fisch viel höhere Dosen an Quecksilber zu sich nähme. Gut gebrüllt Löwe; aber das ist nur gelegentlich und dann scheidet der Körper das sofort über den Darm wieder aus.
Ich habe das am eigenen Körper sehr drastisch erfahren, als ich als Soldat in Oberschlesien bei einer Familie in Quartier war. Vatern war im Quecksilberabbau tätig. Seine acht Kinder zwischen 2 und 11 Jahren liefen alle ohne Höschen herum. Natürlich kam mir das komisch vor.
Eines Tages sah ich die ganze Gesellschaft mit Quecksilbermurmeln spielen. Da die Kügelchen weich sind, teilten sie sich, wenn sie aufeinander trafen. Gewinner war der mit den meisten kleinen Kugeln. Und was machte der damit? Er aß sie auf.
Das musste ich probieren. Quecksilber schmeckt süß. Und dann wusste ich plötzlich, warum die Kinder keine Höschen trugen. Nach 20 Minuten des Genusses konnte ich kaum die Toilette erreichen. So schnell entledigt sich der Körper nichtionisierten Quecksilbers.

Die Liste der Gifte kann selbstverständlich keinen Anspruch auf Vollständigkeit erheben.
Erinnern möchte ich nur noch an Eternitfasern und an die in letzter Zeit häufig angesprochenen Formaldehydgase, die aus Tapetenleimen, Fußbodenbelägen, Holzfaserplatten und Kunststoffen die Luft nicht nur materiell, sondern auch energetisch verpesten.
Setzt man sich all diesen Dauerbeeinträchtigungen ständig aus, sollte es einen nicht Wunder nehmen, wenn Kontemplation und Meditation nicht den gewünschten Effekt zeitigen können
Gleiche Wachsamkeit ist natürlich auch gegenüber elektrischen Feldern, Kurzwellenfeldern und Energiestörungen aus der Erde und aus dem Kosmos geboten.
Hochkarätige Rutengänger können dich in solchen Fragen beraten.
Man nennt das Elektrosmog, und es ist oft aufsehenerregend mit welcher Brisanz unser Vegetativum auf diesen reagiert.
Lernschwierigkeiten, Depressionen und Organerkrankungen habe ich sehr oft nach Regulierung dieser Smogschäden weichen sehen.

Reinigung der körperlichen Aspekte
Er bezieht sich selbstverständlich nicht nur auf die mit Wasser und Bürste allein, sondern vor allem auf das Element Erde, dem der Intellekt zugehörig ist, und außerdem auf alles, was ins rhythmische Geschehen hineinreicht.

Kurz gesagt: Es dreht sich um die Reinigung alles Greifbaren, wozu natürlich die Regulierung der Tagesabläufe, ebenso wie Geburt und Tod, Tag und Nacht, Bewegung und Ruhe und Leistung und Erholung gehören.

Doch beginnen wir mit der normalen Reinigung des Körpers morgens nach dem Aufstehen.
Was heißt hier normal? Eine sehr diffizile Frage. Ich will dich gewisslich nicht erschrecken, aber die Antwort darauf wird dich möglicherweise schocken.
Das geht schon los mit dem Zeitpunkt, zu dem man sich klugerweise erheben sollte. Wahrscheinlich weißt du gar nicht mehr, was eigentlich normal und biologisch ist.
Aber das will ich lieber in einem späteren Abschnitt dieser Abhandlung erklären.

Du hast dich also hoffentlich gähnend und rekelnd aus deiner Puseratze erhoben und halb schlafwandelnd das Bad erreicht.
Dein erster Weg sollte dich nun dorthin führen, wo grobstofflicher Müll mit dem bewussten Zug an der Kette beseitigt wird.
Auch wenn´s einmal nicht klappen sollte, bleibe bitte so lange sitzen, bis du fündig geworden bist. Gib nicht dem Eigensinn des Darmes nach, der da sagt, ich habe keine Lust. Zwinge ihn zu gehorchen.
Ist deine Darmtransportgenossenschaft nicht ganz so bockig, genügt zumeist eine kleine Bauchrollübung, ähnlich wie wir sie schon als Stehübung kennen gelernt haben (Abb. 41).
Lass einfach die Bauchrolle im Sitzen nach unten abrollen, nachdem du die Bauchmuskulatur unter die Rippenbögen gezogen hast.
Die Wartezeit auf der Klobrille kannst du unter Umständen aber auch ausfüllen mit ersten gymnastischen Übungen, die deine Energien in Schwung zu bringen vermögen.

Abb. 41

Die Bauchrolle für bessere Entleerung

Gymnastik
Sie ist nicht nur Bewegung. Wenn sie effektiv etwas bewirken soll, ist sie Spannung und Dehnung über die Bewegungsebenen hinaus. In der Fachsprache spricht man von ISOMETRIK. (Iso ist eins und Metrik hat etwas mit messen zu tun).
Als Beispiel spreize doch einmal eine Hand ganz lässig. Das war Bewegung. Gehst du nun mit Kraft über die Bewegungsgrenze hinaus, spreizen sich nicht nur die Finger noch mehr, sondern sie heben sich über die Handrückenebene hinaus und sind dabei länger geworden. Die Gelenkebenen haben sich auseinander gedehnt (Abb. 42).

Abb. 42

Isometrik. zu vrstehen als Dehnung der Bindegewebe

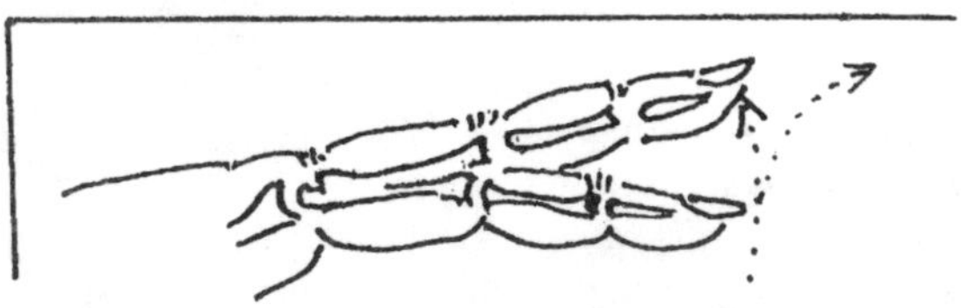

Keine Angst, du wirst deswegen nicht zum „Langfinger". Die von dir über das gewohnte Maß hinaus getätigte Anstrengung war Gymnastik.
Mach solche Übungen am Anfang nicht öfter als sieben Mal, du bekommst sonst Muskelkater. Später erhöhst du auf einundzwanzig Mal.
Schon während der Übung wirst du, wenn du es richtig gemacht hast, ein leichtes Zittern deiner Muskeln bemerken. Eine solche isometrische Übung kannst du praktisch mit jedem Körperteil veranstalten. Achte jedoch darauf, dass die Längsdehnung immer im Halbbogen, also in der entspanntesten Grundhaltung geschehen muss.
Da sitzt du nun gelangweilt auf dem gewissen Örtchen und ich möchte dir raten: Nutze diese Zeit!

Energieübungen am Ohr
Als Erstes reibst du deine beiden Ohren gleichzeitig mit den Händen von vorn nach hinten und wieder zurück, bis sie glühen. Du hast dadurch direkten Einfluss auf das Gehirn erreicht, vornehmlich auf dein Gedächtnis und auf alle Impulse die den Lebensfaden im Zentrum des Wirbelmarkes angehen.
Sodann kneifst du, so gut du kannst, beide Ohrläppchen. Auch sie haben einen direkten Bezug auf das Gehirn, aber auch von hier auf Nervenströme, die deine Zehen und die drei Nebenchakren an den Beinen beleben, deswegen bewege gleichzeitig deine Zehen auf und ab.

Weiter steckst du deine Zeigefinger ins Ohr, so tief es gerade geht und vibrierst sie möglichst schnell nach innen gerichtet, damit das Trommelfell und die damit bewegte Knöchelchenkette erreicht wird. Das hat einen starken Effekt auf das Innenohr. Gleichgewicht und Hörfähigkeit werden wesentlich verbessert.

Fahrradstrampeln

Dein Geschäftchen dürfte inzwischen erledigt sein. Setze dich auf die Badewannenecke oder auf einen Badehocker, lehne dich ein wenig zurück, indem du dich nach hinten mit den Händen abstützt. Jetzt strampelst du, wie wenn du Fahrrad fahren wolltest, bitte aber bergauf, d. h. unter Spannung. Du öffnest damit den Weg der drei Beinchakren zum Wurzelzentrum DO des Muladhara, des Wurzelchakras. Diese Übung kannst Du bis auf 100 Mal erweitern.

Die Windrose

Bleib auf deinem Plätzchen sitzen und lass deine Arme lose am Rumpf herabhängen, lege deinen Kopf in den Nacken und lass deinen Rumpf gleichfalls nach hinten sinken. Das Becken muss senkrecht stehen bleiben. Jetzt im Sinne der Isometrie dehnen und größer werden. Dabei fächert sich automatisch der Brustkorb auf und erzwingt eine starke Atemexkursion. Beide vorderen Lungen werden geweitet und belüftet. Um Himmels willen lass diese Exkursion zu. Das Becken allerdings darf nicht nach hinten kippen. Tatsächlich wirst du auf diese Weise 2 - 4 cm größer. Natürlich hält das nicht gleich vor. Mit der Zeit allerdings kannst du dein Längenwachstum am Türpfosten registrieren.

Abb. 43

Die Windrose, wichtigste Übung zur Aktivierung aller Wirbelsäulenanteile

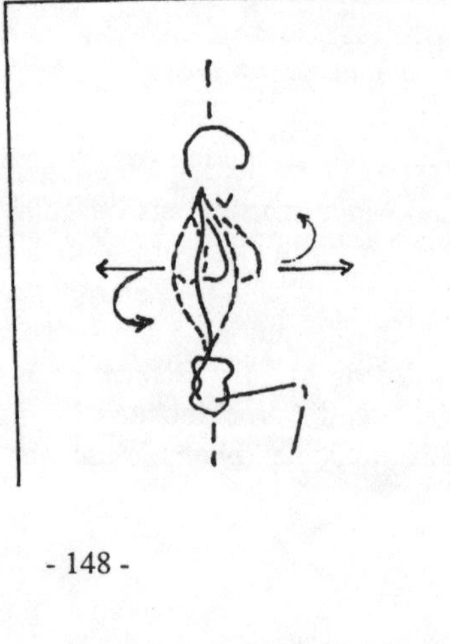

Was geschehen ist, ist dass du mit Hilfe der Dehnung eine unerhört starke Durchblutung in die zugehörigen Gelenk- und Muskelanteile hineinprojiziert hast.
Durchblutung bedeutet Stärkung der Bindegewebe, der Körperabwehr, des Kreislaufes und des Herzens. Alles das wird mit ständiger Übung fester und elastischer.
Nach Beendigung erfolgt die Gegenbewegung nach vorne, ohne jedoch im Hüftgelenk nach vorn zu kippen. Wieder muss diese isometrische Bewegung begleitet sein vom Längerwerden und von der Atemexkursion, die jetzt die hintere Lunge belüftet. Erfolgt keine Zwangsatmung, hast du was falsch gemacht. Du hast vergessen länger zu werden.
Jetzt kommen die rechte und linke Seite sinnentsprechend an die Reihe. Du musst dabei die Zwangsatemexkursion und das Längerwerden spüren! Die einströmende Luft belüftet die jeweilige Gegenseite der Lungenflügel, weil der Brustkorb dort weit aufgefächert wird.
Nachdem diese vier Himmelsrichtungen durchgeübt worden sind, müssen nun die vier schrägen Zwischenrichtungen durchgeübt werden. Die schräge Muskulatur erreicht man durch eine jeweils halbe Drehung des Rumpfes nach rechts und links, vorne und ebenso nach hinten. Man hat ein Korkenziehergefühl dabei.
Ein Stuhlgang, der sich dieser Gymnastik widersetzt, muss schon sehr ins Hintertreffen gekommen sein und bedarf der ärztlichen Hilfe.
Wegen der acht Himmelsrichtungen habe ich diese Übung die *WINDROSE* getauft. Sie aktiviert das Wurzelchakra MI für MANIPURA, as Nabelchakra.

Das Springtau
Diese weitere Übung, die ebenfalls im Sitzen zu verrichten ist, lässt die elektrische Überleitung zwischen Kleinhirn und Kreuzbein aktiv werden. So mancher kalte Po weicht ihr.
Stell dir vor, du wärst mit deinem Scheitel an der Decke aufgehängt. Desgleichen sei dein Kreuzbein am Fußboden verankert. Zwischen beiden Befestigungspunkten spannt sich eine Achse, und um diese Achse lässt du deinen Rumpf wie ein Tau schwingen. Nur bitte nicht so schnell, sondern immer hübsch langsam, unter Dehnung der Wirbelsäule und mit kräftiger Zwangsatmung (Abb. 43). Der Deutlichkeit halber habe ich in der Abbildung alles an Beiwerk fortgelassen und nur die Wirbelsäule mit dem Becken skizziert. Ganz deutlich kannst du sehen, wie trotz der Ausbuchtung nach hinten und vorne, die Wirbelsäule nicht kürzer wird. Das bedeutet, dass sie sich nach Möglichkeit um das längt, was sie durch Beugung kürzer geworden ist.
Diese Übung kann natürlich auch aus dem Liegestütz heraus geübt werden, entweder auf dem Fußboden oder auch auf der Badewannenkante für ältere Semester (Abb. 44).

Abb. 44

Das Springtau, das durch Schwingen um die Längsachse, in beide Richtungen des ganzen Körpers dargestellt wird, evtl. auch im Liegestütz: Seitwärts abwärts = Atem entlassen; unten Atempause; seitwärts aufwärts = tiefe Einatmung.

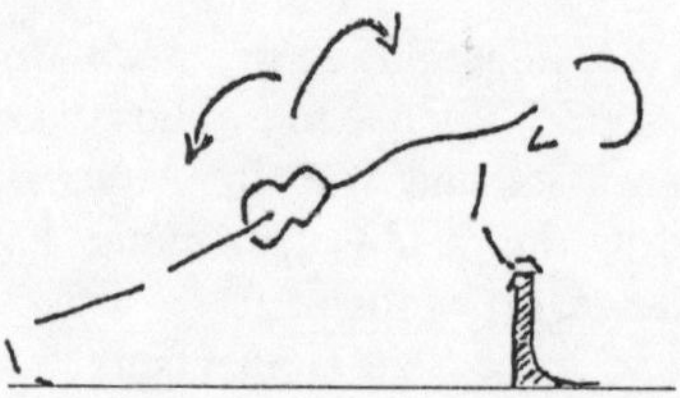

Beim Durchpuckeln nach oben ist das Kinn fest an das Brustbein zu ziehen um der Streckung der Brustwirbelsäule willen. Während des Durchhängens vom Rumpf wird vornehmlich die Bauchmuskulatur gefordert. Der Kopf muss sinnentsprechend in den Nacken gebeugt sein.
Der Atemrhythmus folgt einem Dreistufenprinzip:
ABWÄRTS: Atem entlassen
UNTEN angekommen: Atempause
AUFWÄRTS: tiefe Einatmung

Selbstverständlich gilt das auch für die Übung in Sitzhaltung. Da die Auswuchtung des Rumpfes nicht nur nach vorne und hinten stattfindet, sondern kreisförmig, sowohl links- als auch rechtsherum, kommt es zu intensiver Durchblutung und Vitalisierung der geraden und schrägen Muskulatur und der Wirbelsäulensegmente. Außerdem werden alle senkrecht verlaufenden Energielinien, Meridiane genannt, aktiviert. Damit erhöht man die Impulsempfänglichkeit aus dem Kosmos und die Überleitung der Impulse zu den zugehörigen Arealen und Energiezentren, den Chakren. Windrose und Springtau dienen der Öffnung der Atmung und deren Energieaufnahme, sowie der Überleitung zur Umwandlung in Resonanz. Die drei weiteren Übungen werden diese Umwandlung vollziehen und Resonanzen aus dem Organismus abstrahlen helfen, denn vor eine neue Aufnahme gehört erst einmal die Ausscheidung.

Das Kätzchen

Es schleicht mit angewinkelten Ellbogen und Knien schnurrend um Tischbeine und Schrankecken herum (Abb. 45).

Abb. 45

Das Kätzchen schleicht mit angewinkelten Ellbogen und Knien schnurrend um die Tischbeine

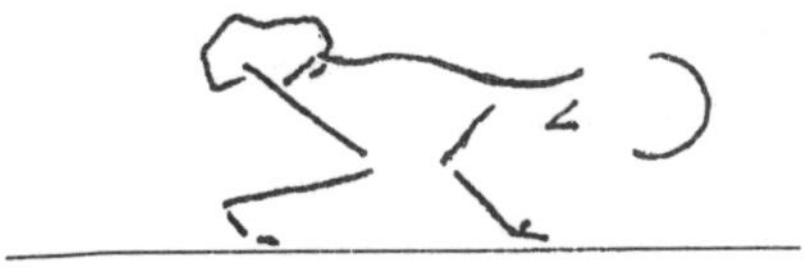

Bitte versuche das zu imitieren. Alle kleinen Gelenke und der mittlere Rumpf werden auf diese Weise aktiviert.
Vergiss nicht das Schnurren! Es hat ähnliche Wirkung wie das gesummte OM. Sonnengeflecht, Herzzentrum, Milzzentrum und Kehlzentrum werden dadurch zu intensiven Abstrahlern.
Bei regelmäßigem Gebrauch dieser Übung gewinnt der Adept die Zuneigung seiner Umgebung und vermag ihr mit Rat und Tat zu helfen.

Der Tatzbär

Er vollzieht die gleichen Wege wie unser Kätzchen, nur mit steifen, fast durchgedrückten Knien und Ellbogen (Abb. 46).

Abb. 46

Der Tatzbär ist behäbig und stapfrt mit ziemlich gestreckten Gelenken durch die Gegend.

Die großen Gelenke sind jetzt zur Aktion gezwungen. Hand- und Fußsohlen brauchen nicht fest auf den Boden aufgesetzt werden.
Jetzt konzentriert sich das Blut nicht mehr zum Rumpf, sondern es schießt in den Kopf. Diese Übung ist infolgedessen nicht für Bluthochdruckler geeignet. Hände, Fußsohlen und Augen erhalten aus dieser Übung ihre Strahlkraft.

Nicht zuletzt frischt man das Gedächtnis auf, eine meist willkommene Beigabe, besonders für ältere Semester.

Der Wackelpeter

Als vorletzte Übung dient er nunmehr der Harmonisierung aller muskulären und energetischen Vorgänge. Er macht fröhlich und ausgeglichen (Abb. 47).

Abb. 47

Der Wackelpeter harmonisiert. Alles am Rumpf wird energetisch aufgeladen. Man watschelt auf dem Teppich mit weit gespreizten Beinen auf den Pobacken in jede Richtung.

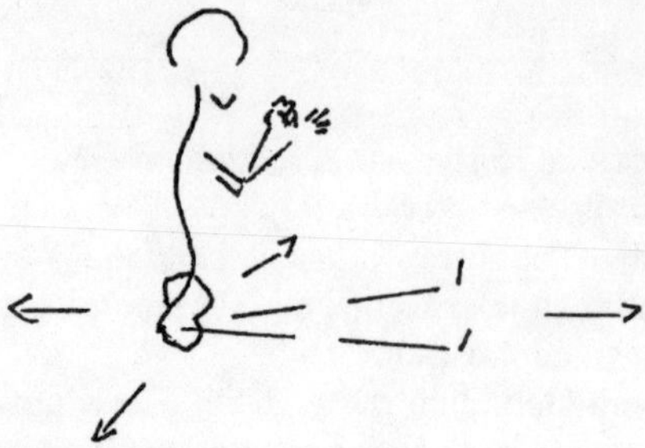

Setze dich auf einen sauberen Teppich und ziehe vorsorglich ein Höschen an. Strecke die Beine leicht gespreizt und flach vor dich hin. Und nun watschelst du wie eine Ente auf deinen vier Buchstaben vor- und rückwärts, nach rechts und nach links.

Halte deine Arme halb angewinkelt, sodass die entspannten Hände etwa in Kinnhöhe sind. Es ist eine entspannende Übung, wenn sie richtig gemacht wird.

Wie ein Tanz, mit Beteiligung des ganzen Körpers, werden die Hüften gebeugt und gedreht. Die Wirbelsäule schwingt im ständigen Gegenrhythmus und der Kopf ist zur Erhaltung des Gleichgewichtes genötigt, sich ständig hin- und herzuwenden. Alle Chakren sind geöffnet und nehmen im Zentrum Energie auf und geben sie in der Peripherie wieder ab. Alle elektrischen Aktionen sind geweckt und bedürfen nun nur noch eines Regulanzes: der Drehung.

Der Kreisel

ist jetzt gefordert. Du kennst ihn aus deiner Kinderzeit. Stell dich auf eine freie Fläche und strecke deine Arme in die Waagerechte seitlich aus. Und nun drehst du dich, zunächst bitte langsam, im Uhrzeigersinn um deine eigene Achse.

Wenn du nicht weißt, wie herum ein Uhrzeiger wandert, leg dir deinen Wecker auf den Fußboden, dann weißt du es für alle Zeit. Diese Übung will trainiert werden, damit man nicht besinnungslos zu Boden sinkt.

Wie schon erwähnt, besteht der Mensch zu reichlich, nämlich 3/4, aus Wasser. Es ist unser Lebenselixier und es will sich drehen. Hindern wir es daran, setzt es Schäden. Auch eine Linksdrehung des Körpers würde Schäden verursachen. Steigere diese Übung bis auf 21 Drehungen, und wenn du das mehrmals am Tage tust, ist es sicher kein Schaden. Der Erfolg wird sich rasch in Gesundung und Verjüngung ausdrücken. Ein alter Kindertrick beim Drehen ist, einen Punkt im Zimmer als Fixpunkt für die Augen zu wählen. Dabei muss man den Kopf fleißig wenden, was zusätzlich einen energiebildenden Effekt zeitigt.
Schweißtreibend, nein das sind diese Übungen nicht übermäßig, es sei denn man hätte viel inneren Dreck hinauszubefördern.
Vor allen Dingen wäre es ratsam, vor den Übungen die Haut durch Bürstung zu sensibilisieren. Der zu erwartende Erfolg wird sich verdoppeln.

Das Trockenbürsten
Wirkt Wunder und geschieht am besten mit einem Massagegurt. Suche dir zu diesem Zwecke den schärfsten aus, den du finden kannst.
Bewährt hat sich mir der *LECORUB MASSAGEGURT*. Er besteht aus lauter Perlonschleifen, die so verwebt sind, dass keine Verletzungsgefahr besteht. Nur das Gesicht wird damit nicht gerubbelt.
Die Bearbeitungsreihenfolge sollte der alt bewährten Kneipp´schen Regel Rechnung tragen:
rechtes Bein - linkes Bein; rechter Arm - linker Arm; Hals und Nacken; Rücken, Brust und Bauch.
Die Brüste der Frau sollen dabei nicht ausgespart werden; allerdings darf man dabei zunächst etwas vorsichtiger verfahren. Später braucht darauf keine Rücksicht mehr genommen werden, und je weniger, desto besser ist dies eine Krebsvorsorge für diese gefährdeten Organe.
Die Streichrichtung sollte an den Streckseiten der Extremitäten zum Rumpf hin erfolgen und an den Beugeseiten vom Rumpf fort. Der Grund hierfür sind mögliche energetische Blockaden. Rücken und Bauch dürfen quer von oben nach unten bearbeitet werden.
Die trockene Haut verlangt jetzt nach Öl. Jedes natürliche, organische, unerhitzte Öl hat den PH-Wert der Haut. Dieser Wert sagt etwas aus über den Säuregrad eines Stoffes und wie viele Wasserstoffionen darin enthalten sind. Welches Öl für deine Haut das Richtige ist, kann deine Nase entscheiden. Sie allein weiß, welche Begleitstoffe und Spurenelemente für deinen Stoffwechsel gut sind.
Bitte, ziehe niemals anorganische Öle in Betracht. Sie sind zwar billiger, aber sie schaden Haut und Stoffwechsel. Eine Ölmenge wirkt um so besser, je geringer sie ist. Viel hilft eben nicht viel!

Nimm vier bis sechs Tropfen in die hohle Hand und die doppelte Menge Wasser dazu, verreibe das und verteile das über deine Körperlandschaft. Meistens genügt eine einzige solche Portionierung.
Sobald du nämlich mit der Menge übertreibst, denkt deine Haut: „Na ja, ich krieg´s ja frei Haus geliefert, warum soll ich mich da noch anstrengen?“ Die unausbleibliche Folge ist, dass deine Haut noch trockener wird. Hast du jedoch eine zu fettige Haut, darfst du dich des Öfteren einmal in Fett wälzen. Ölbäder oder reichliche Ölaufträge würden der Überfettung nach und nach Paroli bieten.
Jetzt erst, nach den Übungen und dem Einfetten, ist dein innerer und äußerer Adam/Eva bereit, mit Wasser konfrontiert zu werden.

Die Dusche
nicht doch, nicht warm! Nur bei Krankheit und Magersucht ist das erlaubt.
KALT IST ANGESAGT.
Warum denn das schon wieder?
Bitte bedenke, dass sich in den roten Blutkörperchen magnetisch polarisiertes Eisen befindet. Polarisiert bedeutet, dass jedes Eisenteilchen magnetisch nach Plus und Minus ausgerichtet ist, damit die dynamoartige Rotation des Blutes auch Strom zu liefern vermag.
Gib einmal einen schwachen Magneten in über 38° C heißes Wasser, du kannst ihn hinterher wegwerfen. Er hat seine Kraft fast ganz verloren, weil er depolarisiert wurde.
Genau so ergeht es den Eisenteilchen in deinem Blut. Wasser, das mit über 38° C Wärme an deine Haut herantransportiert wird, macht dich auf Grund der Depolarisation schlapp und schwach, oft sogar schon bei 24° C.
Jeder kennt diesen Effekt sehr genau, und dennoch laufen die Menschen wie die Lemninge immer wieder unter die heiße Dusche. Wie hypnotisiert stehen sie unter dem heißen Geriesel und können kein Ende finden, ganz besonders, wenn das Wasser sie nichts kostet.
Das laue Wasser, zwischen 18° C und 38° C hat die leidige Eigenschaft, die Hautporen weit zu öffnen. Folge ist, dass zum einen die Körperdecke ihre Oberfläche mehr als verdreifacht und somit besonders erkältlich werden lässt. Zum anderen resultiert eine Fettaustrocknung sondergleichen, womit verbunden ist, dass die Resonanzfähigkeit des Betreffenden fast ganz erlischt.
Christus sprach zu den Kranken: „Hütet euch vor dem Lauen.“
Das gilt für´s Wasser gerade so wie auch im übertragenen Sinn. Mit Wasser hat er folglich gemeint, man solle es so benutzen, wie es uns die Natur liefert: KALT!
Wenn du deine Bürstungen und Gymnastik vorgenommen hast, brauchst du bei dem Gedanken daran auch gar nicht so ostentativ zu schaudern, und wenn du die Kneippsche Reihenfolge einhältst, ist´s ohnehin kein Angang mehr.

Bei absoluter Ungewohntheit muss ich allerdings einschränken, dass man im ansteigenden Frühjahr ins kalte Wasser hineintrainieren sollte. Jeden Tag ein bisschen mehr.
Beginne mit dem rechten Fuß und zähle bis sieben. Sodann wird der Unterschenkel zusätzlich beflutet, auch sieben Sekunden. Die Zeitdauer der Beflutung möge vom Adepten so lange gesteigert werden, bis eine Schmerzreaktion einsetzt. Dann erst wird's ganz richtig.
Diese starke Durchblutung ist die erwünschte Folge, und wie viele Sekunden das dann jeweils sind, ist von Person zu Person verschieden.
Ich sprach soeben von Befluten! Befluten lässt sich ein Körperteil immer nur durch einen geschlossenen Wasserstrahl. Da wir jedoch in einem Wassernotstand leben, können wir den normalen Wasserschlauch nicht mehr mit gutem Gewissen verwenden. Hier bietet sich die Friseurbrause an. Statt des normalen Brausekopfes kann man zumeist einen Perlatorkopf auf den Handgriff aufschrauben. Ist das nicht möglich beschaffe man sich eine Friseurbrause.
Das perlende Wasser hat gleichfalls die Eigenschaft des Beflutens, oder wie Kneipp es ausgedrückt hat, zu ummanteln.
Damit der Ummantelungseffekt bei einem solchen Duschgerät erhalten bleibt, muss man den Perlatorkopf nach abwärts richten.
Nach dem Unterschenkel bekommt das Knie eine Wasserladung extra, und dann erst kommt der Oberschenkel dran. Immer sieben Sekunden.
Die gleiche Reihenfolge gilt natürlich auch für links. Zum Training erweitert man pro Tag immer nur um eine der geschilderten Stufen.
Für's erste rechte Bein müssen also vier Tage veranschlagt werden. Der Rest wird mit dem Waschlappen kalt gewaschen.
Die gleichen Stufen gelten auch für die Arme: erst rechts, dann links; Hand, Unterarm, Ellbogen, Oberarm mit Schulter.
Als quasi fünfte Extremität folgt der Kopf mit Hals und Nacken, Stirn, linkes Auge und rechtes Auge, Nase und Wangen, Mund und Kinn. Der letzte Schwapps kommt in den Rachen.
Unser Rücken verträgt, ohne zu knurren, 10 Sekunden, wenn man vorher tief ausgeatmet hat, ehe der Wasserstrahl vom Nacken her niederrieselt. Der untere Rücken bekommt direkt nichts, genau so hält man es mit dem Bauch. Man umrundet mit dem Wasserstrahl die rechte Brust und dann die Linke. Es ist ausreichend an Wasser, welches zum Bauch herabrieselt. Er bedarf dort keiner extra Zuwendung.
Dafür ist es aber notwendig, die Genitalien von unten her zu bedenken, natürlich nur von außen.
Zum guten Schluss wird Reizableitung betrieben, indem erst die rechte Hand, dann die linke, der rechte Fuß und dann der linke je eine Dusche unter die Handflächen und Fußsohlen bekommen.
Das wäre also überstanden!

Wenn es deine Zeit erlaubt, schlage ein Badelaken um deine Schultern und lege dich für fünf Minuten ins Bett. Erhebliche Entgiftungsimpulse werden auf diese Weise osmotisch gesetzt. Fehlt diese Zeit, nimm um Himmels Willen kein schmuseweiches Handtuch zum Trocknen. So grob und körnig wie möglich sollte ein Frotteehandtuch sein. Weich kann nur verweichlichen. *D u r c h* blutung lässt sich jedenfalls nicht durch Nichtreiz erreichen.

Die Seife

Ganz zu Recht fragst du danach, und fast hätte ich sie vergessen, weil ich selbst höchstens zweimal im Jahr davon Gebrauch mache.

Nö, sehe ich wirklich so dreckig aus? - Danke, dass du mir das Gegenteil bestätigst.

Seife ist basisch. Selbst wenn sie den PH-Wert 7 aufweisen würde, ist immer noch ein Säuregefälle zur Haut mit PH 6.8 vorhanden.

Das bedeutet, dass in jedem Falle eine Verseifung der Haut - Fettsäure entsteht.

Großartig, wirst du jetzt sagen, denn dann haben wir ja eine Grundreinigung der Haut aus sich heraus. Schön wär´s.

Leider ist nämlich in der Fettsäure der Haut eine ganze Menge an Mineralien und Kalk enthalten. Es entstehen folglich nicht einfach Seifen, sondern Kalk- und Mineralseifen, und die sind leider wasserunlöslich. Das wiederum bedeutet, dass der ganze Dreck plus Kalkseifenschmier als basischer Rückstand in den Hautporen hängen bleibt.

Du kannst dir gar nicht vorstellen, wie sehr sich die Dreck- und Stinkbakterien darüber freuen; denn das ist ihr Milieu, in dem sie den Fortbestand vieler Generationen zu sichern vermögen.

Das war´s denn auch schon: Seife hat nur etwas an unserer Haut zu verrichten, wenn ganz grober Dreck zu beseitigen ist. Ansonsten macht Seife dreckig und stinkig - niemals sauber!

Wasser und Borstenbürste tun das Ihre und zwar mit viel Erfolg.

Nieder-PH-wertige Seifen scheinen da zunächst annehmbarer; aber leider ist auch das keine akzeptable Lösung. Sie verändern die feinst eingespielten Säurewerte der Haut und führen zu Austrocknung und Schwingungsunempfindlichkeit. Genau das Gegenteil ist jedoch dein erklärtes Ziel.

Die Zähne

Vergiss bitte nicht die Nachtbeläge aus Mund und Zähnen zu entfernen. Damit kommt nun das leidige Thema der Zahncremes auf dich zu.

Mit Fluor, ohne Fluor, mit Desinfektionsmittel, ohne Desinfektionsmittel, mit Zahnspülwasser und ohne dieses. ---

Mit vollem Rohr versucht die Reklame über Presse, Funk und Fernsehen hierhin oder dorthin zu zwingen, alles *wissenschaftlich begründet.*

Trau nur deinem eigenen gesunden Urteilsvermögen. Fluor ist ein chemisches Abfallprodukt aus vielerlei Industrien, die natürlich versuchen, dieses lukrativ an den Mann zu bringen. Die Fluormenge, die ein Erwachsener täglich braucht, ist leicht, selbst aus biologischer Nahrung, gedeckt.
Die Überfluoridisierung wird in den meisten Applikationsfällen Vergiftungserscheinungen hervorrufen.
Ich gebe dir einmal zur Orientierung eine kurze Übersicht darüber, und du wirst rasch erkennen, welche gesundheitlichen Störungen in deiner Umgebung allein aus dieser Ecke stammen: Minderwertigkeit des Bindegewebes mit Senkung innerer Organe, Erschlaffung und Erweiterung der Venen und Hämorrhoiden, Überstreckbarkeit der Glieder und Gelenke, besonders bei Kindern, Gelenkentzündungen, Drüsenschwellungen und Kröpfe, Gerstenkörner, grauer Star, Mittelohreiterungen und Verkalkung, Nasenkatarrhe, Zahnlockerungen, Cysten an den Geschlechtsorganen, Fisteleiterungen und Lymphknotenschwellungen. Ich könnte noch doppelt so viel aufzählen.
Diese Vergiftungserscheinungen wurden von 39 Ärztinnen und Ärzten des Robert-Bosch-Krankenhauses in Stuttgart durch Doppelblindprüfungen 1953 festgestellt. Geprüft wurde mit der D 12, was etwa der Menge entspräche, wenn unser Trinkwasser fluoririsiert worden wäre.

Ende des letzten Krieges wurden s. Zt. Versuche auf der Insel Sylt in den dortigen Kinderheimen unternommen. Sechzehn Kinderheime wurden verpflichtet, den Kindern das Zähneputzen zu verbieten und sechzehn Heime hatten peinlichst auf Einhaltung der Zähneputzpflicht zu achten.
Der Erfolg dieser außergewöhnlichen Maßnahme zeigte sich umgehend. Die Gruppe der „Putzer“ bekam nämlich zu 32 %, eine ubiquitäre Mandelentzündung, während die „Nichtputzer“ nicht einen einzigen Fall von Erkrankung zu melden hatten.
Als Zahncremes bei den „Putzern“ wurden verschiedene desinfizierende Marken verwandt.
Was war geschehen?
Die „Putzer“ hatten durch Desinfektionswirkung nicht nur Fremdbakterien hingerichtet, sondern auch die eigenen „Hofhunde“, die eigenen Bakterien. Die Mundschleimhäute der „Putzer“ waren der Fremdbesiedlung durch ganz normale, ortsspezifische Bakterien schutzlos ausgeliefert, während die „Nichtputzer“ mit ihrer intakten Mundflora diesen Angriffen gewappnet gegenübergestanden hatten. Nichts war ihnen geschehen.
Zähneputzen solltest du trotzdem; aber bitte mit Putzmitteln, die nicht auf dem Prinzip des Tötens aufgebaut sind. Firmen wie Weleda und Wala haben auf diesem Sektor Beachtliches zu bieten. Aber auch die Neydhartinger Moorzahnpasta, aus der moorigen Wiener Tiefebene, ist auf Naturbasis erstellt, ein Zahnpflegemittel ersten Ranges.

Zahnwässer sind überflüssige Beigaben, die ebenfalls meistens mit Desinfizien ausgestattet sind. Du tust damit deiner Mundhöhle und den Zähnen keinen Liebesdienst.
Eine gute Zahnbürste, evtl. sogar elektrisch betrieben, und eine Munddusche sind ausreichend, um das Gebiss bis ins hohe Alter kaufähig zu erhalten. Stehen die Zähne weit genug auseinander, lohnt es sich außerdem mit Interdentalbürstchen zu arbeiten. Es ist erstaunlich, wie viel an Belägen man damit zu Tage fördern kann.
Mit Zahnseide vermag nicht jeder umzugehen. Sie wäre die beste Alternative, Zwischenräume belagfrei zu halten.
Die Zähne haben eine ausgeprägte Antennenfunktion für unseren gesamten Organismus. Sie sind ja auch die ersten, die mit den Schwingungen des zu Verspeisenden konfrontiert werden. Mit Hilfe der Kaumuskulatur werden die von dort übergeleiteten Impulse in neue Frequenzen umgewandelt und an die entsprechenden Empfängerorgane weitergeleitet: Magen, Leber, Pankreas, Dünndarm, Lymphkreislauf und Bewegungsorgane, einschließlich der Wirbelsegmente.
Das hat nun nichts zu tun mit dem hormonellen Geschehen. Hier handelt es sich ausschließlich um ein Lebensgefüge zwischen dem Aufzunehmenden und dem des Umzuwandelnden in Lebensenergie.
Die Pflanzen, als lebensspendende Personen, erwarten von den Lebewesen, die sie fressen werden, eine Erhöhung energetischer Natur; ob es sich dabei um Mensch oder Tier handelt ist nicht wichtig. Auf keinen Fall sollte man sie durch Kochen vorher töten.
Wie ich schon angedeutet habe, ist jedem Lebewesen die Tendenz zur Reifung eingeboren.
Da die Energieumwandlung mit den Zähnen beginnt, ist es allein schon ein Akt der Höflichkeit gegenüber den Pflanzen, mit gereinigten Zähnen an diese Umwandlung heranzugehen. Außerdem bist du somit auch in der Lage, den Kauakt sinnvoll zu gestalten. Messbare Energieschübe weisen uns auf diesen Umstand hin. Schon mittels des einfachen siderischen Pendels sind die frei werdenden Schwingungen sichtbar zu machen.
Halte nur einmal mit der rechten Hand ein Pendel neben die rechte Wange, wenn du zu kauen beginnst. Dein Pendel wird einen Rechtskreis beschreiben und den um so größer, je kräftiger du zu kauen beginnst. Für die linke Seite muss man die linke Hand einsetzen. Eine Linksrotation wird sich einstellen, wenn die Nahrung tot gekocht ist oder wenn du chronisch krank bist, etwa im Sinne des Krebses oder sonst einer Verfestigungskrankheit.
Die Volksweisheit, vom Heulen und Zähneklappern verrät uns, wie tiefgreifend diese Verbindung der Zähne zur Psyche ist.
Aus der Akupunktur ist uns ferner die spezifische Verbindung einzelner Zähne zu jeweils bestimmten Organen bekannt.

Biologisch denkende Zahnärzte therapieren sehr oft nach diesen Kautelen und zwar mit sehr großem Erfolg.
Gleiches lässt sich über die Neuraltherapie berichten. Ich selbst verwende die Inspektion der Zähne regelmäßig zur Diagnosefindung. Den Alten sei tröstend gesagt: lieber keine Zähne als tote Zähne. Der ausgeheilte Kiefer übernimmt die Antennenfunktion.

Die Haare
Sie sind Antennen wie die Zähne, die keineswegs wirkungsvoller werden, je länger man sie trägt. Das absolute Gegenteil ist der Fall. Energetisch wichtig ist ihre Elastizität.
Wenn ich mich so in der esoterischen Szene umschaue, kann ich immer nur mit Bedauern feststellen, wie sehr die Pflege dieses wichtigen Körperteils vernachlässigt wird.
Jedes Tier, das etwas auf sich hält, pflegt seinen Pelz mit Hingabe; bei Esoterikern scheint jedoch die Meinung vorzuherrschen, Natur sei gleich Dreck zu setzen.
So meine Freunde, ist es nicht. Der fünfzinkige Kamm genügt nicht! Die Bürste muss her, und gelegentlich kommt man nicht um eine Haarwäsche herum.
Ich gebe zu, dass es nicht einfach ist, biologische Haarseifen ausfindig zu machen. Genannt sei hier die Firma CONLEI.
Eine alte Bauernregel sagt indessen, dass je weniger die Haare gewaschen werden, um so mehr müssen sie gebürstet werden.
Leider stimmt diese Regel heute nicht mehr unserer dreckigen Luft wegen. Also waschen müssen wir schon und Bürsten außerdem. Ungepflegte Harre sind Energiebremsen.
Je länger die Haare sind, um so häufiger bedürfen sie der Pflege, oft sogar stündlich. Sollte das nicht möglich sein, würde ich dringend raten: „RUNTER MIT DER PRACHT!“
Die kosmische Schwingungsresonanz ist mit dem Kurzhaarschnitt mindestens zehn mal so hoch als beim Langhaarschnitt. Bei langem Haar ist ohnehin höchster Energieverlust durch dauernde Kurzschlüsse zwischen Plus und Minus von Oberkopf und Schultern. Sender und Empfänger unserer obersten Regierung, Hypophyse und Epiphyse, werden blockiert. Senden und empfangen ist absolut out. Sagt nicht der Volksmund: „Lange Haare kurzer Sinn, kurze Haare Gotts Beginn.“
mit langen Haaren heute abgebildet. Wie lange diese jedoch wirklich waren, kann uns keiner verraten. Sind vielleicht die seiner Zeit aktuellen Modevorstellungen so gewesen.
Einen Christus mit langen Haaren habe ich jenseits jedenfalls bislang noch nicht erlebt.

Der Bart

Er gehört auch zum Haarkleid des Menschen, vor allem dem des Mannes. Es versteht sich wohl von selbst, dass auch der seiner Pflege bedarf; entweder dadurch, dass man ihn zum Kahlschlag kürzt, oder so pflegt, dass er nicht als Sauerkraut imponiert, in dem alle Essensreste aufbewahrt werden.

Je nach Länge sollte er täglich oder mindestens jeden zweiten Tag gewaschen und gebürstet werden.

Diese Sorte an Haaren hat im esoterischen Sinne eine ganz besondere Bedeutung. Ähnlich den Augen sind die Barthaare in der Lage ein geistiges Raumbild zu vermitteln, und ganz besonders dann, wenn sich der Bartträger in entsprechenden meditativen Zustand versetzt.

Ein Kahlschlag verlangt ohnehin seine tägliche Pflege; man hüte sich jedoch Hautpflegemittel zu verwenden, die detergentienhaltig sind.

Einen Unterschied zwischen kurzen und langen Barthaaren habe ich bisher nicht feststellen können. Beide haben die gleiche Wirkungsbreite, vorausgesetzt, das Gesicht ist entsprechend gepflegt.

Die Schamhaare

unterliegen den gleichen Voraussetzungen wie die Barthaare, mit dem kleinen Unterschied, dass nicht Raumempfindung ihre Aufgabe ist. Sie dienen der Gefühlsübermittlung. Sie zeichnen verantwortlich für Impulsübertragung zwischen Hirn und Genital, und je sauberer sie gehalten werden, um so besser ist die Übermittlung und auch der Hormonhaushalt. Was ich allerdings bisweilen bei jungen und alten Patienten manchmal erleben muss, ist Urwald hoch drei. Stinkig und ungepflegt. Natürlich schwitzt man sehr leicht im Genitalbereich, und wenn diese Behaarung alles überwuchert, ist an Reinlichkeit nicht mehr zu denken. Auch hier hat die Schere oder ein Rasierapparat die Aufgabe, auf etwa 1 bis 1/2 cm zu kürzen. Niemals dürfen diese Haare lang werden, und schon gar, wenn du esoterische Fortschritte machen willst. Das gilt nicht nur für die Weiblichkeit. Zu den Schamhaaren gehören auch die Axelhaare.

Die geistige Energieaufnahme

Ehe du nun zum Festakt des Frühstücks übergehst, solltest du noch schnell deiner Energieaufnahme gerecht werden.

Stell dich mit geschlossenen Füßen und dem Gesicht nach Osten und breite beide Arme aus. Hebe sie ein wenig über Kopfhöhe und öffne deine Handflächen zu einer Schale. Fühle einige Atemzüge lang wie sich die Hände mit etwas füllen. Sodann schließe Daumen und Zeigefinger zu einem Ring und erlausche das leise Ziehen, das von außen durch den Ring strömt. Wieder hat man das Gefühl, dass die Handflächen sich mit etwas füllen. Ist dir dieses Gefühl bewusst geworden, führe die Arme kreisförmig nach hinten unten und wieder aufwärts nach vorne. Vorsichtig, damit du nichts verschüttest und gehe niemals unter die Waagerechte. Siebenmal musst du das wiederholen. Jetzt bist du für den Tag gerüstet.

Solltest du aus Krankheits- oder anderen Gründen einmal ein Warmbad oder eine heiße Dusche genossen haben, muss vor der genannten Übung auf jeden Fall vorneweg die Hauptkörperenergiebahn wieder geöffnet werden. Das ist die beste Möglichkeit, die Eisenteilchen der roten Blutkörperchen wieder zu polarisieren.

Stelle dich zu diesem Zwecke aufrecht hin und wandere in Gedanken sehr langsam vom Damm her über die Genitalien, immer entlang der Linea alba, der Mittellinie des vorderen Rumpfes bis hinauf zur Kinnfalte des Unterkiefers. Von hier denkst du weiter über die Unterlippe in den Mund hinein, immer auf der Mittellinie verbleibend, unter die Zunge, diese umrundend und Richtung Wirbelsäule schleichend. Hier triffst du auf eine Energiebahn vor der rechten Wirbelsäule, die von hier zum Steißbein hinunterzieht. Hier lässt du deinen Energiestrom auftauchen und entlang der rechten Wirbelsäule zum Nacken, über den Schädel und den Nasenrücken zur Oberlippe ziehen. Wieder gehst du auf Tauchstation entlang des oberen Gaumens, Rachens, hin zur linken vorderen Seite der Wirbelsäule. Mit dem Gedankenfahrstuhl unten angekommen kreuzt du hinüber zum Damm und das ganze Spiel kann von vorne beginnen. Wie oft, natürlich siebenmal. Die Akupunktur spricht bei diesen beiden Meridianen vom großen Verteiler, TOU MO und YEN MO. Plus und Minus, aktives und ruhendes Potential oder wie die Chinesen es sagen, Herrschen und Zeugen.

Nur die Bewegung zwischen beiden lässt LEBEN WESEN. So sind wir denn Lebewesen.

Tag und Nacht

Sie wechseln in schöner Regelmäßigkeit, erkennbar durch Helligkeit und Dunkelheit. Was wir allerdings nicht wahrnehmen können und was viel wichtiger ist, ist dass die Energiezustände auch bei uns in wechselnder Polarisierung auf uns einwirken. Was uns am Tag vermehrt an positiven Partikelchen um die Nase schwirrt, tangiert uns des Nachts vermehrt als negatives Geschehen. Das gilt sogar an den Polen, bei denen die Helligkeit und Dunkelheit anderen Gesetzen folgen.

Es ist also nicht nur der Wechsel von Hell und Dunkel, der unser Leben regiert. Der Sauerstoffgehalt der Luft verändert sich auffällig zu den verschiedenen Tageszeiten.

Unsere Erde als Lebewesen zu begreifen, lässt verstehen, dass auch sie atmet. Mit ihrer Einatmung trinkt sie Hekatomben von Wasser und spaltet es auf zu Wasserstoff und Sauerstoff. Ersteren verbraucht sie zur Energiegewinnung und letzteren atmet sie, vor allem morgens zwischen 3°° und 7°° Uhr wieder

aus. In dieser Zeit reichert sich die Atemluft fast um das Fünffache an im Verhältnis zu dem, was uns in den übrigen zwanzig Stunden zur Verfügung gestellt wird.
Wir stehen folglich zwei wichtigen Voraussetzungen gegenüber, die unser geregelte Schlaf- und Wachverhalten bestimmen sollten.
Einerseits verlangen die physiologischen und andererseits die energetisch kosmischen Verhältnisse biorhythmisches Verhalten.
Dabei sollte es nicht Wunder nehmen, dass beide gleichen Ausdruck in unserem Lebensbereich gefunden haben. Betrachte dazu einmal sehr genau die Abbildung 48.
Die im oberen Teil als Kürzel bezeichneten Organmeridiane entstammen der Akupunktur. Viereinhalbtausend Jahre ist diese Organuhr alt. Die Chinesen haben sie in Kreisform dargestellt. Da unser europäisches Verständnis mehr dem Linearen aufgeschlossen ist, habe ich sie auf eine Strecke abgetragen, und für diesen Zweck ist das dann auch völlig ausreichend.

Abb. 48

Nacht und Wachkurve nach der chinesischen Organuhr

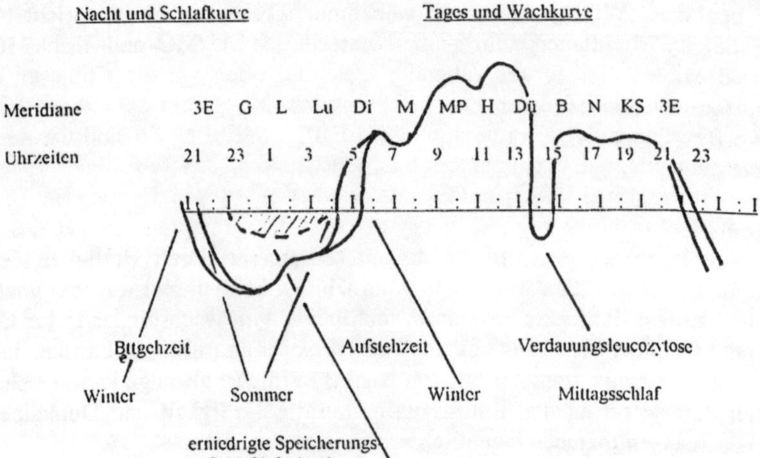

3E = Hypophyse: G = Galle: L = Leber: Lu = Lungen: Dü = Dünndarm: M = Magen:
MP = Milz-Pankreas: H = Herz: Di = Dickdarm. B = Blase: N = Nieren: KS = Kreislauf/sexus

Diese Uhr besagt, dass jedes Organ zwei Stunden lang seine maximale energetische Funktionszeit hat. Um das auf der Zeichnung zu verdeutlichen, habe ich die Uhrzeiten dementsprechend bezeichnet.

So beginnt denn auch die Speicherungszeit und Schlafphase um 21^{00} Uhr mit der Energieumlenkung von Tag auf Nacht mittels der Hypophyse / Epiphyse. Man könnte das mit dem Vorglühvorgang beim Dieselmotor vergleichen.

Nun folgen - Galle und Leber - Maximalzeit, Zentrum jeglicher Speicherung. Wer kennt nicht das nächtliche Erwachen zwischen Mitternacht und drei Uhr, wenn man des Abends zu schwer gegessen hat. Der Magen fordert zu Recht Verdauungsenergie an, die eigentlich der Leber gebühren müsste. Kommt auf diese Weise die Verdauung zu kurz, fehlt für den kommenden Tag die Kraftreserve und unser Stoffwechsel lebt, wie die ganze Welt heute, auf Pump.

Zwischen 3^{00} Uhr und 5^{00} Uhr folgt die Lungenzeit. Sie dient der Ausnutzung des großen Sauerstoffangebotes und damit der Verbrennung von Stoffwechselgiften.

Das dabei anfallende Wasser wird in die nachfolgende Dickdarmzeit abgeleitet. Der wird auf diese Weise ausreichend besaftet um gleichfalls Grobschlacke zum After hinauszutransportieren.

Du wirst jetzt ohne Schwierigkeiten erkennen, wie wichtig rechtzeitiges Aufstehen für natürlichen Stuhlgang ist.

Wenn nun alles schön leer ist und der Organismus sauerstoffangereichert, sei dem Frühstück nichts mehr im Wege. Nun darf der Magen seine Rechte geltend machen.

Milz und Bauchspeicheldrüse stehen schon Gewehr bei Fuß, um mit der Verdauungsarbeit anzufangen.

Unser Wachheitsgrad strebt seinem energetischen und kräftemäßigen Tageshöhepunkt entgegen, sodass nach einer kleinen Verschnaufpause das Herz seinen Teil beanspruchen kann. Inzwischen ist die aufgenommene Speise in den Dünndarm gelangt, um hier dem Stoffwechsel anheimgegeben zu werden.

Da es sich dabei um Speicherungsarbeit handelt, möchte unser gesamter Organismus für eine viertel bis halbe Stunde schlafen. Ein Mittagspäuschen ist fällig, und ich denke an die Halbmondkissen in Großmutterns Ohrenlehnsessel, auf dem fein säuberlich aufgestickt stand: „Nur ein Viertelstündchen.“ Was haben unsere Altchen eigentlich schon alles gewusst.

Auch die 11^{00} Uhr - Pause mit Frühstück am Feldrain war allen Orts Gang und Gäbe.

Nun bereitet sich die Blase auf die Ausscheidung für den kommenden Tag vor. Ihre Zeit ist die zwischen 15^{00} und 17^{00} Uhr. Da sie nicht direkt Energie verbraucht, steht dem Körper noch einige zur Verfügung, um nach außen zu wirken. Immerhin ein mittlerer Energieschub nach außen. Viele Patienten

beklagen sich, dass der Nachmittag nicht mehr so arbeitsaktiv sei. Das ist aber normal!
Andere Patienten beklagen sich, dass sie erst nachmittags so richtig mobil würden.
Die Ärmsten ahnen nicht, dass sie auf Grund falschen Schlafverhaltens ihre schönste Leistungsphase vormittags verpasst haben. Sie wissen gar nicht, wie groß ihr wirkliches Leistungspotential sein könnte.
Von 17°° bis 19°° Uhr fordern die Nieren ihr Recht. Welche Riesenarbeit diese zu verrichten haben, weißt du schon aus dem Vorausberichteten. In dieser Zeit ist die letzte biologisch vertretbare Gelegenheit, Nahrung in leichtester Form aufzunehmen.
Kneipp ließ zwar schon um 16°° Uhr die Küchentür zusperren. Ich halte das für berechtigt, meine aber doch ein wenig großzügiger sein zu können. Aber nach 18°° Uhr würde man der Hormonaufbauphase effektiven Schaden zufügen.
Die nun folgende Aktivphase des Kreislaufes sollte diesem auch gewidmet werden. Zeit ist es zum Spaziergang, der gesündesten Gymnastik überhaupt, und natürlich genügt es nicht auf dem Bildschirm, Aktion auf sich wirken zu lassen.
Auch Jogging bringt nichts, eher das Gegenteil. Selbst der Spaziergang, der nicht gleichzeitig mit den Augen und dem Herzen vollzogen wird, kann schwerlich die Entspannung vermitteln, die jetzt notwendig wäre, um den Kreislauf für den kommenden Tag leistungsfähig zu machen.
Je nach Sommer und Winter müsste die biologische Bettgehzeit zwischen 21°° und 21.30 Uhr eingehalten werden. Beachte die Sommerzeit, die alles eine Stunde verschiebt!
Hier beginnt die Dämonenspäte, wie die Inder sagen. Ein sehr eindringliches Wort, das sich krass abhebt von dem Begriff der Herrgottsfrühe.
Morgenstund hat halt Gold im Mund.
Ich habe als junger Mann gelegentlich in Klöstern übernachtet. Die Sommerzeit im Urlaub bot sich dafür an. Früh um vier wurden die Klosterbewohner mit dem Klostergeläut zur Frühmette geweckt. Meine Frage nach dem Grund dieser Regel wurde jedes Mal ähnlich beantwortet: „Wir wollen doch gesund bleiben, mein Lieber." Als die Klöster noch Zentren des alltäglichen Lebens und von Bildung waren, hing der Rhythmus der Bevölkerung überwiegend von deren Verhalten ab. Das Leben begann im Sommer um vier Uhr in der Frühe und überall im Kloster und im Dorf verloschen um 21°° Uhr die Lichter.
Der Abendplausch an der Dorflinde zwischen 19°° und Bettgehzeit wurde durch Tanzübungen von Jung und Alt begleitet. Die Mundharmonika oder die Quetschkommode taten es ebenso schön wie eine Disco.

Selbst das Vieh richtete sich, meist auch heute noch, nach dieser Biotag-Regel. Früh ruft es den Melker aus den Federn und kommt der abends zu spät zu dieser Prozedur, sinkt prompt die Milchleistung.
Interessant ist auch, dass messbar die Nacht völlig andere energetische Voraussetzungen bietet als der Tag.
Die Nacht ist ionosphärisch vorwiegend minuspolig und der Tag pluspolig aufgeladen, gleich Licht und Dunkelheit. Die Körperdecke der Lebewesen weist bei Tag Pluspoligkeit auf, wobei die inneren Oberflächen minuspolig sind. Des Nachts kehrt sich das um. Wer wüsste das nicht aus seinem Instinkt und aus dem Herzen.
Von ganz anderer Seite liegen Forschungsergebnisse vor, veranlasst s. Zt. durch Robert Kennedy, als er noch Gouverneur von Massachusetts war. Die dortige Universität warb s. Zt. auf sein Geheiß achtzig freiwillige Studenten an für einen Schlafversuch über ein Vierteljahr. Zwanzig Früh-, zwanzig Spät-, zwanzig Nicht- und zwanzig Langschläfer wurden ausgesucht.
Sie waren nicht wie später vom Max Planck-Institut in Betonbunkern, sondern in natürlicher Umgebung, nämlich in einem Bergwerk, untergebracht. Die Räumlichkeiten waren streng voneinander separiert und recht komfortabel eingerichtet. Eine Verständigung untereinander war nicht, die mit der Oberwelt dagegen über Bildschirm gegeben. Zeitunregelmäßig verteilte Posten sorgten dafür, dass keine Zeit oder Tagesorientierung möglich wurde. Uhren fehlten den Probanden selbstverständlich auch. Etwas Sonderbares stellte sich zunächst heraus: Die Teilnehmergruppen gerieten in den ersten drei Wochen völlig aus der gewohnten Fasson. Sodann aber schliefen alle nach den Zeiten der Chinesischen Organuhr. Die Langschläfer sollen sogar behauptet haben, dass sie so lang und so tief wie noch niemals in ihrem Leben geschlafen hätten, wobei die effektive Schlummerzeit in Wirklichkeit kürzer gewesen ist.
Rückschließend aus diesem Versuch stelle ich fest, dass unsere Langschläfer und Nichtschläfer unbiologischen Gewohnheiten gehuldigt haben. Ihnen kann ich also nur raten, sich mit den Kausalitäten vertraut zu machen. Aus eigenem Erleben kann ich nur bestätigen, dass Schlafrhythmusstörungen nichts anderes sind als bedenkenlose Unarten der Natur gegenüber.
Natürlich war ich als junger Student, wie alle meine Kommilitonen, aus dem biologischen Tag - Nacht - Ablauf ausgebrochen. Eltern und Großeltern waren für uns in deren Ansichten heillos antiquiert. Arbeiten und vor allem Feiern ging doch nachts viel besser.
Durch persönliche Empfehlung meines damaligen Physikprofessors, Peter Paul Koch, wechselte ich kurz vor Kriegsende die Universität. Von Hamburg nach Tübingen, an die schöne, heile Neckarstadt ging´s , und die Quartierfrage war durch einen Brief an den Professor der Sinologie und Germanistik, Prof. Böttger, im Vorwege gelöst.

Ich wurde aufgenommen wie ein eigener Sohn mit freier Kost und Logis. Allerdings bezog ich ein ungeheiztes Zimmer unter dem Dach bei 12° - 16° C Kälte.
Mir machte das nichts aus, nur arbeiten kann man bei solchen Temperaturen nicht. Nach dem Abendessen fasste ich mir ein Herz und fragte, wo ich wohl arbeiten dürfe, denn ich hätte mich noch auf das kommende Praktikum vorzubereiten.
Kopfschütteln war die unmissverständliche Antwort, ergänzt durch den urschwäbischen Satz: „Noi noi, gehscht nuff zum Schlafe!"
Au weia, was nun? Ca.15 Minuten habe ich´s mit brennender Kerze unter der Bettdecke versucht. Das wollte natürlich nicht gelingen. Also legte ich mich schlafen.
Fünf Uhr früh - ich dachte mein Großvater stände an meinem Bett wie zur Kinderzeit - stand Herr Professor über mich gebeugt und wusch mir zärtlich mein Gesicht mit einem eiskalten Waschlappen!
„So," sagte er, „schtesch uf un kommscht nunner, ´s Bad und die Bibliothek sin g´heutzt, da kannscht arbeide!" Kaum getan, war er auch schon wieder verschwunden. Der Morgenfrühe gänzlich entwöhnt, habe ich mich in die Bibliothek geschleppt und bin dann auch im Sitzen prompt sanft wieder entschlummert. Drei volle Wochen habe ich gebraucht um wieder Tritt zu fassen.
Ich konnte mich nicht einmal drücken, weil mein freundlicher Gastgeber absolut unbeugsam blieb; und heute kann ich ihm das nur immer wieder danken.
Damals war ich zu dumm, um ihn nach dem Grund zu fragen. Erst nach seinem Tod habe ich begriffen, dass er als Sinologe Kenntnis gehabt haben muss von der chinesischen Organuhr.
Heute weiß ich inzwischen, dass die Umgewöhnung sehr viel sanfter möglich ist, als ich das damals durchlitten habe.
Jeden Morgen fünf Minuten eher aufwachen (nicht wecken lassen!), lässt allmählich die Müdigkeit des Abends eher das Kommando übernehmen. Verlass dich dabei ausschließlich auf deinen inneren Wecker. Das Weckenlassen hat eine hinterhältige Wirkung, weil man dagegen Aversionen aufbaut. Man bekommt den Eindruck Amboss zu sein, auf dem den ganzen Tag herumgehämmert wird.
Dein Wille etwas zu tun, lässt dich zum Hammer werden, der das eigene Schicksal zu schmieden im Stande ist. Lass dir diese Initiative niemals aus der Hand winden.
„Sei deines Schicksals eigener Schmied" Ist der Volksmund nicht sehr weise?

Rückblendend möchte ich dich aufmerksam machen auf den sich ergebenden Essrhythmus, der sich den jeweils abfallenden Schenkeln in der Organuhr anzupassen scheint.
Sicherzustellen ist ferner, dass auf die Nahrungsaufnahme hin immer eine Ruhe-, mittags sogar eine Schlafperiode folgt.
Ganz deutlich erkennt man den Wechsel von Entspeicherungs- und Speicherungstendenz, und ohne Frage sollte man daraus die Konsequenz erkennen, dass nach dem Essen nicht gleich wieder Leistung angesagt sein sollte. Unseren Hausfrauen möchte ich deswegen ans Herz legen, nach dem Essen nicht immer gleich den Abwasch in Angriff zu nehmen. Mach es doch wie zu Großmutters Zeiten und lehne dich bequem in einen Sessel zurück und schließe die Augen. Gut, meinetwegen gehst du auch ins Wohnzimmer und legst dich für 1/4 bis 1/2 Stunde aufs Ohr, aber bitte nicht länger, sonst zerschläfst du dich. Das wäre genau so untauglich wie ungebremstes Roboten. Beide Gefahren lauern auf dich.

Beten und arbeiten
wie der Berliner sagt, entsprechen unseren modernen Vokabeln für Leistung und Erholung. Schauen wir uns nochmals unsere Tag- und Nachtkurve an. Acht Stunden Schlaf, so über den Daumen gepeilt, und 16 Stunden Wachsein, das entspricht dem Verhältnis 1 : 2 .
Dieses Verhältnis übertrage doch bitte auf deine Tagesleistung, ganz gleich was du so vorhast.
Willst du joggen, lauf meinetwegen sechs Minuten, entspann dich dann aber drei Minuten locker im genüsslichen Spazierschritt. Das sollte nicht nur für den sportlichen Aspekt gelten. Jede Arbeit bedarf ihrer Ruhephasen, wenn du dich nicht in Stress und Roboterei verlieren willst. Bei Nichtbeachtung wirst du deinen Vielleicht-Zeitgewinn sehr teuer bezahlen. Nehmen und Geben sollten in einem harmonischen Gleichgewicht balancieren. Zugegeben, der Staat macht uns das Geben schwer; dennoch ist Geben seliger denn nehmen.
Darum heißt es schließlich wohl auch Gebet = gebet.

Weder Herz- noch Kreislauftraining ist das Radfahren, auch dann nicht, wenn man das als Langweiler auf einem Heimtrainer zu tätigen gehalten wird. Das Gleiche gilt für den Zweiarmroller. In beiden Fällen wird die Arm und Brustmuskulatur zu eisenhartem Krampf verdichtet, gerade in den Regionen, in denen das Herz seine Reflexzonen hat; u. a. laufen auf und unter den Armen Meridiane für den Dünndarm, das Herz, die Hypophyse, den Kreislauf, den Dickdarm und die Lungen. Deren Energietransport wird bei Krampf unweigerlich blockiert.

Feiertage

Sie waren nicht ausschließlich aus Gründen des Ausruhens erfunden. Wie der Tag durchbrochen ist durch Ruhepausen, so präsentiert sich unser Jahr ebenfalls durchbrochen, und zwar durch Feiertage. Sie waren aber zunächst Feste religiöser Natur. Seinerzeit war der Urlaub noch nicht erfunden. Die Zeit hat sich seither gewandelt, und aus diesem Grunde ist es wohl zulässig auch den Urlaub zu den Feiertagen hinzuzurechnen. Mit der Einrichtung des Urlaubs allerdings entfiel mehr und mehr der religiöse Hintergrund, und selbst rein religiöse Feiertage entbehren meist bei der Bevölkerung dieses Hintergrundes.

In jedem Falle schlossen früher Feiertage tiefreligiöse Sinngehalte ein wie Werden und Vergehen, Geburt und Tod; aber nicht mal eben so, sondern im großen kosmischen Rahmen. Beginnen wir einmal mit dem Weihnachtsfest. Lucis, das Licht oder auch das Feuer, hat unseren Altvorderen sicherlich höchste Verehrung abverlangt, und ganz besonders von dem Augenblick an, als man gelernt hatte, dieses unbegreifliche Phänomen selbst zu zeugen. So weit mir bekannt ist, hat die Geschichtsforschung einundzwanzig Feuerzeugungsberichte gefunden. Tenor aller dieser Überlieferungen ist die Schilderung der Schöpfung des Gottessohnes AGNI.

Natürlich war in einer Menschengemeinschaft der ingeniöse Typ der Tischler, der die Feuerzeugung zuerst zustande gebracht hatte. Er war somit auch fortan der Priester, und er war es dann auch, der für den heiligen Akt der Feuerzeugung das Kreuz erfand, in dessen Schnittpunkt er die Marje meißelte, eine Mulde. Marje und Maria, welch verblüffende Wortähnlichkeit, diese Lautverbindung drängt sich einem unwillkürlich auf. Natürlich wurde der Sohn Gottes, das Feuer, auf Stroh in der Feuerkrippe gebettet, damit er wachse. Natürlich geschah das im Stall, bei Ochs und Schaf, weil dort das Stroh gelagert war.

Gewiss, Legenden; aber in solcher Häufung und Übereinstimmung? Immerhin war in allen diesen Fällen offensichtlich eine jungfräuliche Zeugung abgelaufen.

Dieses Ereignis ist jedenfalls für die Menschheitsgeschichte prägnanter gewesen als alle anderen und späteren Deutungen, wobei eine Terminierung völlig unwesentlich erscheint, jedenfalls im Hinblick auf Jahreszahlen.

Die Zeitplatzierung des Weihnachtsfestes am Jahresende, in der dunkelsten Zeit, weist eindeutig auf die Zeugung des Feuers hin. Abgesehen davon sind sicherlich astronomische Aspekte mit ins Kalkül zu ziehen. Im Altertum wusste man offenbar sehr gut darüber Bescheid, was vielerlei Bauwerke überall auf der Erde bezeugen können.

Bedenke bitte wie die Umlaufbahn der Erde um die Sonne aussieht. Wie eine Ellipse (Abb. 49).

Abb. 49

Die elliptische Umlaufbahn der Erde um die Sonne

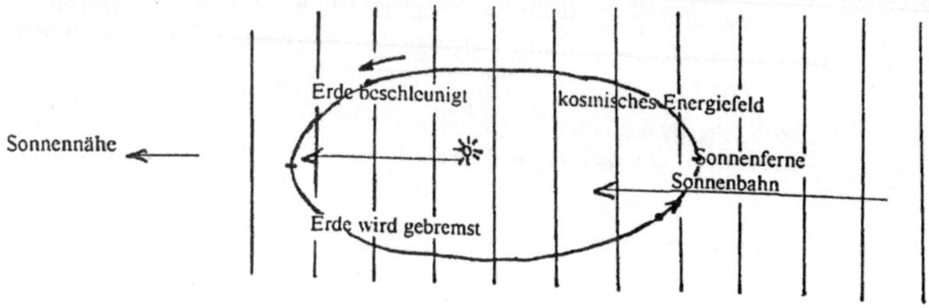

Ohne Frage sind völlig andere energetische Verhältnisse zu erwarten, wenn diese Bahn in die Sonnenferne hineinschwingt, als wenn sie in der Sonnennähe verläuft.

Die Umkehrphase auf beiden Seiten der Ellipse dauert 12 Tage und Nächte. Sie wurden früher für heilig erklärt. Die Frauen durften in den Tagen nicht waschen, und auch sonst waren strenge Vorschriften einzuhalten.

Die heiligen Nächte wurden mit Feuern erhellt, nicht wie heute zur Belustigung, sondern in ständiger Wiederholung der Feuerzeugung, quasi als religiöse Mahnung. Gleiche Bedeutung hatten auch die 12 Tage um den 21. Juni herum. Sonnwendfeuer ließen die Menschen andächtig das Wunder des Feuers betrachten. Feuerräder ließ man die Berge herab laufen, um das Wissen um die Bewegung im Kosmos zu demonstrieren.

Der Wechsel der Bewegungsrichtung der Erde, hindurch durch ein polarisiertes Energiefeld des Kosmos, muss früher sehr viel mehr bewusst gewesen sein, als es heutzutage Beachtung findet.

Nicht nur die äußeren Wettererscheinungen haben unsere Vorfahren auf absonderliche Jahresumstände hingewiesen. Tiefreligiöse Empfindungen begleiteten diese Äußerlichkeiten. Wer bewusst Acht gibt auf die lichtärmste und lichtreichste Zeit, wird deutlich spüren, dass sie uns mit Schwingungen ganz besonderer Art tangieren.

Nicht zu vergessen ist, dass die Erde, solange sie mit der Sonnenbahn um die Erde kreist, eine ganz erhebliche Beschleunigung durchstehen muss, während sie im umgekehrten Sinne stärksten Bremsvorgängen unterworfen wird. Allein dieser Umstand lässt im ersten Falle eine energetische Bugwelle vermuten, die im zweiten Fall entfällt. Ein nicht ganz stichhaltiger Vergleich kann das verdeutlichen: Der s. g. Dopplereffekt. Er zeigt sich, wenn ein Auto hupend auf dich zufährt. Der Hupton wird mit zunehmendem Herannahen immer heller und intensiver. Sobald das Vehikel an dir vorbeigerast ist, erscheint der Ton plötzlich dunkel und verschwindet sehr rasch. Dabei hat sich an dem Hupton effektiv nichts verändert. Diesen veränderten Bedingungen muss sich auf der Erde jedes Lebewesen stellen, auch der Mensch.

Vom 21. Dezember an steigt die Helligkeit wieder an; d. h. am 15. Dezember beginnen eigentlich die 12 heiligen Nächte. Der 16. bis 27. Juni wäre der effektive Gegenpol der Ellipse. Warum Weihnachten und das Erntedankfest aus diesen Zeiten herausjongliert worden sind, könnten uns wahrscheinlich Wirtschaftswissenschaftler vergangener Zeiten verraten. Sie waren früher überwiegend beim Klerus zu finden.
Die Frage nach dem letzten Sohn Gottes, Jesus, lässt sich nur aus dem Wissen um andere Lebenssphären beantworten. Jesus hat ohne Frage gelebt. Wann das gewesen ist, darum wird man sich weiterhin erbittert streiten. Dabei ist das völlig unwichtig und nebensächlich.
Er war ein Magier ersten Ranges, ein wirklicher Guru, wenn du so willst. Das hat mit Gottessohnschaft nicht das Geringste zu tun. Du und ich und alle Menschen sind Gotteskinder, eben nur in verschiedenen Entwicklungsstadien, hüben wie drüben unseres hiesigen Bewusstseins. Die große Frage, die ich an dich richte heißt: Wie bewusst bist du dir dessen?
Neujahr ist folglich nur ein rein kalendarisches Fest. Gerade so verhält es sich mit dem Karfreitag, Ostern und Himmelfahrt. Alle drei haben keine kosmische Bedeutung. Was durch das Christentum hineingelegt wird, hat quasi nur persönliche Bedeutung, von der man nicht einmal weiß, wie weit diese zutreffend ist.
Alle heidnischen Bräuche hatten noch effektive kosmische Anbindung an den Frühlingsmond als Zeichen der Liebe und Zeugung. Alle weiteren Feiertage sind entweder ihrer kosmischen Bedeutung beraubt oder sie haben gar nicht erst eine gehabt.
Natürlich ist es gut, dass die Menschenseele angehalten wird, Einhalt und Besinnung zu üben. Der 1. Mai, Himmelfahrt, Pfingsten, Buß- und Bettag, Volkstrauertag und die vier Advente gehören in diese Reihe.
Ganz bewusst habe ich den Totensonntag ausgespart. Der ist ein Feiertag, der mindestens einmal im Monat geübt werden sollte, und zwar nicht aus kosmischer Sicht, sondern all den Verstorbenen zuliebe, die ihren Tod ohne esoterisches Bewusstsein ins Jenseits angetreten haben. Sie geistern evtl. orientierungslos im Zwischenzustand hier auf der Erde im materiellen Schwingungsbereich herum, oder sie meinen brav auf ihrem Sarg in strammer Haltung ausharren zu müssen, bis dass der *Jüngste Tag* sie erlöse. Hier könnte ein starkes, liebevolles Andenken der Hinterbliebenen dem Verblichenen sein Zurechtfinden auf der anderen Seite wesentlich erleichtern. Ihm könnte bewusst gemacht werden, dass Jenseitige ihn erwarten, um ihn in das pulsierende Leben dort einzuführen. Er bräuchte nur seine inneren Augen zu öffnen.
Seinen ganz persönlichen *Jüngsten Tag* wird er dann auf jeden Fall erleben, und wenn das geschehen ist geht ihm eine wundersame Welt auf.
Dieser *Jüngste Tag* ist leider einer Missdeutung anheimgefallen. Auch bei jeder Geburt erlebt der Mensch seinen *Jüngsten Tag.*

Die Ermahnung, die jenseitigen oder inneren Augen endlich zu öffnen, sollte den Hinübergegangenen ständig im Gebet oder durch kontemplative Gespräche vermittelt werden. Geschieht das nicht, wird man von dem Verstorbenen auch keine Rückäußerung erhalten können, einmal abgesehen davon, dass die Trauer des Hinterbliebenen einen dichten Vorhang zwischen hüben und drüben zieht.
Die Aussegnung und ein Totensonntag im Jahr sind einfach zu magere Hilfen.
Wie lange man einen Toten begleiten sollte, hängt ganz davon ab, wie aufnahmefähig der sich bis zu dieser Cäsur entwickelt hat. Auf jeden Fall lässt uns die andere Seite spüren, wann unsere Bemühungen gefruchtet haben. Eine sonnige Zufriedenheit umgibt uns plötzlich und das Bewusstsein des Helfensmüssens erlischt spontan.
Hier liegt eine der größten Schwierigkeiten des Problems. Die Hinterbliebenen sind mehr als weniger häufig so stark in ihrem Hinterbliebenenegoismus befangen, dass sie sich jedem Impuls aus dem Jenseits durch Trauer und Tränen verschließen. Ihre Trauer ist nur Vorwand, um das zu verdecken. Sie trauern weitgehend um sich selbst, versinken in Depressionen, weil sie es versäumt haben, LIEBE zu lernen. Liebe allein ist in der Lage herzugeben.
Natürlich bleibt die schmerzhafte Cäsur am Herzen als Weh hängen! Gerade dieses aber kann befähigen, an den Hinübergegangenen stark und positiv zu denken; denn dein Liebesdienst an ihm sind alle deine guten Gedanken, die ihm seinen Weg auf der anderen Seite ebnen helfen. Gut, heule dich dreimal tüchtig aus; aber nun zeige dem Fortgegangenen wie sehr du ihn wirklich liebst und mit welcher Liebeskraft du fähig bist, ihm den Himmel zu öffnen. Kennst du nicht das Märchen vom Tränenkrüglein, in dem die Tochter die verstorbene Mutter fragt, was sie denn immer für einen Krug mit sich schleppt. Antwort der Mutter: „Ach wenn du wüsstest! Das sind alle deine Tränen, die ich tragen muss."
Mein dringender Rat: Reinige dich von den selbstbedauernden Tränen und tue dem Verstorbenen den Liebesdienst, ihm alle positiven und guten Gedanken zu widmen, denn das ebnet ihm seinen Erkenntnispfad jenseits!

Das Temperaturgefüge
um unsere Körperdecke herum trägt wesentlich zu unserem Wohlbehagen und unserer Schwingungsempfindlichkeit bei. Frostzitternd lässt sich schwerlich eine Kontemplation durchführen. Die Meditation muss ich für diesen Fall ausklammern, weil sie ganz anderen Gesetzen gehorcht und in jeder Lebenslage erfolgen kann.
Ebenso kann kontemplative Arbeit nicht in überhitzten Räumen durchgeführt werden.

Letzteres hat z. Zt. in der deutschen Bevölkerung in erschreckendem Maße um sich gegriffen. 25° C und höher sind heutzutage im Wohnbereich keine Seltenheit. Abgesehen von dem Grad der Verwöhnung, die entschieden den Geist verwirrt, sind Gedankenschwäche und Vergesslichkeit unabdingbare Folgen.
Die Empfangsbereitschaft für kosmische Schwingungen sinkt dabei fast auf null.
Ausgenommen sind natürlich sehr alte und kranke Menschen, die ohnehin kosmisch abgeschottet vegetieren.
Ansonsten sollte als Maß gelten:
16 - 18 ° C in Arbeitsräumen mit körperlichen Tätigkeiten.
20 - 22 ° C in Arbeitsräumen für sitzende Tätigkeiten
18 ° C gilt als gute durchschnittliche Schlafzimmertemperatur. Besser liegt diese noch um 1 - 4 ° C darunter.
Eine amerikanische Feldstudie hat ergeben, dass Krebskranke niemals in Räumen mit mehr als 18° C bleiben dürfen, weil in einem wärmeren Milieu die immunologische Abwehrfähigkeit des Körpers drastisch abfällt.
Erfahrene Krebstherapeuten wissen, dass im Frühherbst vermehrt Geschwulstkranke in die Praxen kommen. Die ersten Frostnächte veranlassen dann die Menschen, viel zu vorzeitig zu heizen.
Die Krebskranken erweisen sich zu 80 % als aus überheizten Wohnräumen kommend, mit mehr als 25 ° C . 12 % führen ihr Leben in Wohnräumen mit einer Temperatur von 21 ° C bis 24 ° C, und nur 1 % stammt aus Wohnräumen mit einer Durchschnittstemperatur von 18 - 20 ° C.
Schlafzimmertemperaturen um 14 ° C gewähren 90 % der Menschen volle Gesundheit (NASA - Resach - Center).
Ohne Frage müssen Schlafräume gut gelüftet sein. Dass Schlafzimmer über Nacht geöffnete Fenster haben sollten, ist ein weit verbreiteter Irrtum, außer bei sehr heißen Tagen. Unser Schlaf bedarf nicht des Sauerstoffes. Was der Schläfer an Kohlendioxid ausatmet, möchte er zum Teil wieder zurückhaben, Grund genug, die Nase so halb unter die Bettdecke zu stecken. Das wissen selbst unsere Piepmätze, die im Schlaf ihr Köpfchen unter einem Flügel verbergen. Der Grund für dieses Phänomen ist die gesamte Umpolung des Säugetieres, eben auch des Menschen bei Dunkelheit.
Sonnenanbeter wissen in der Regel gar nicht, wie sehr sie sich nicht nur auf der Haut schaden. Die Körperdecke trocknet aus und sie machen sich vorzeitig alt. Andererseits sollten sie wissen, dass gerade das was sie dazu treibt, nämlich ihre Eitelkeit, einen Schwingungszustand auslöst, der Sensibilität und Kontaktvermögen auf ausschließliche Äußerlichkeiten reduziert. Die Haut trocknet nicht nur aus, sie wird grobporig und faltig. Da sie aber übersäht ist mit photoaktiven Zellen, die in der Lage sind, Licht und Schwingungsreize kosmischer Herkunft für unsere Sensibilität lesbar zu machen,

blockieren wir durch Übertreibungen mit Sonnenbädern brutal unser Kontaktvermögen zu dem, was wir GOTT nennen.
Natürlich möchte ich dich nicht zur Zimmerpflanze erziehen. Bewege dich gern in der frischen Luft zwischen Licht und Schatten, schließlich würdest du es auch nicht gut finden, dich nur von Pudding ernähren zu müssen. Jede Einseitigkeit wäre für deinen Organismus fatal. Ein Schläfchen im Freien sei dir erlaubt, der Halbschatten ist dafür die ideale Gelegenheit.

Die Sauna

Sie ist für dich in dieser Beziehung gleichfalls interessant. Bei richtiger Benutzung ist sie eine der besten Methoden, sich gegen Krankheiten zu feien.
Bei schon vorhandenen Leiden sollte man jedoch vorher seinen Behandler zu Rate ziehen, da der nicht in jedem Falle zuzustimmen vermag.
Ansonsten ist das Saunieren für die Sensibilitätssteigerung unserer Haut ein ausgezeichnetes Unterfangen.
Keinesfalls sollte man das als Entfettungskur auffassen. Was du ausschwitzt, ist nämlich nichts weiter als Salz und Wasser. Die eigentliche Stoffwechselreinigung erfolgt über die Nieren. Betrachte einmal deinen Urin nach einem Saunagang, wie dunkel und stinkig dieser ist.
Saunieren hat nicht den Negativeffekt des Warmbadens, weil die Wassermoleküle mit keinem Frontalangriff unser Vegetativum bestürmen. Das ist auch der Grund dafür, dass Temperaturen bis zu 120 ° C klaglos vom Organismus ertragen werden. Entspannten Dampf nennt man das. Gleiches gilt ebenso für das römische Dampfbad.
Richtiges Saunieren muss gelernt werden! Es ist nämlich nicht damit getan, einfach in den Saunaraum hineinzuspazieren und sich rösten zu lassen. Rekordhascherei ist ohnehin nicht gefragt.
Erste Grundregel sollte sein, soviel Wasser vorher zu trinken, wie man währenddessen auszuschwitzen gedenkt. Das weißt du natürlich erst nach dem ersten Saunagang. Rechne also mal einen Liter, und vergiss nicht auf der Wage zu kontrollieren. 1 l = 1 kg!
Zweite Grundregel: So weit Birkenruten zur Körpermassage fehlen, sind diese durch Bürstungen mit einer Naturborstenbürste zu ersetzen und zwar über alle Körperteile. Die Hautporen müssen nämlich geöffnet werden.
Willst du nun den Saunaraum betreten, nimm Sandalen, Handtuch und Bürste mit.
Auf die unterste Stufe gehörst du als Anfänger. Breite dort dein Handtuch aus und lege dich mit dem Rücken darauf. Atme tief und gleichmäßig und lass die Bürste hier und dort kreisend auf verschiedenen Körperarealen massierend einwirken.

Bleibe keine Minute länger im Saunaraum als dir wohl ist, und wenn es sich nur um 1/2 Minute handelt. Sollten Mitsaunisten dich abfällig betrachten, kümmere dich nicht darum!
Hast du den Raum verlassen, sollte dich dein Weg sofort in den Dusch- und Baderaum führen. Benutze als erstes den dicken Wasserschlauch in der Kneippschen Reihenfolge. Jetzt erst kannst du in das Tauchbecken steigen; aber bitte nur dann, wenn es ständig bewässert wird. Findet nur hin und wieder eine Bewässerung statt, rate ich dringend von einer Benutzung ab, besonders für Frauen, wegen der Gefahr von Pilzübertragungen und anderer Infektionen, besonders an den Schleimhäuten.
Ruhe ist jetzt angesagt. Mindestens 20 Minuten sind fällig, auch wenn du nur ganz kurz im Heißen gewesen bist.
Drei Saunagänge sind erwünscht. Du brauchst also Zeit dazu und die solltest du vorher einplanen.
Die unterste Stufe ist diejenige, die am meisten Schweiß austreten lässt. Trockene Typen sollten sich generell dort aufhalten. Die oberste Stufe ist nur in Ausnahmefällen zum Schwitzen geeignet; sie dämmt eher die Feuchtigkeit des Körpers zurück und ist deswegen für Starktranspirateure zu empfehlen. Normalschwitzer halten sich auf der mittleren Stufe am vorteilhaftesten auf.
Sehr genau nimm den Hinweis, sofort nach dem Saunagang frische Wäsche anzuziehen; denn die bis dato Getragene ist, wenn auch mit eigenen, so doch sehr intensiv mit Bakterien durchseucht. Diese treffen nunmehr auf eine durch Hitze und Wasser schutzlos gewordene Körperdecke. Selbst wenn du die Poren durch kaltes Wasser und Nachfetten verschließt, kann es zu allergischen Reaktionen überall kommen.
Besonders fußpilzträchtig bist du außerdem und tätest deswegen gut daran, deine Badelatschen nicht nur mitzubringen, sondern auch anzuziehen.
Ebenso anfällig sind Achsel- und Schamhaare, besonders wenn sie im Alltagsgetriebe stiefmütterlich behandelt wurden. Entweder lässt man sie mit Antischweißsprays vor sich hin vegetieren oder man kümmert sich überhaupt nicht um sie. Beides ist fatal.

Desodorantien
sind Flüssigkeiten, die den Schweißgeruch dadurch hemmen sollen, dass sie Bakterien töten. Bakterien aber sind Lebewesen, die sich nur dort aufhalten, wo ihnen das Terrain angenehm ist. Außerdem heißt es: „Du sollst nicht töten“, und schon gar nicht mit Gift!
Diese Gifte haben nebenher die leidige Eigenschaft durch die Pelle der Bakterien hindurchdringen zu können; sonst würden die ja auch gar nicht daran eingehen.
Du bringst also solch ein Gift auf deine Achsel- und Schamhaare auf und bedenkst nicht dabei, dass dies auf weit offene Schweißdrüsen trifft, und weil

es nun einmal auch durch Membranen hindurchschlüpfen kann, tut es das auch bei den Membranen der Schweißdrüsen. Wie im Bakterium lässt es die Lymphe, auf die es jenseits der Scheidewand trifft, gerinnen. Nach und nach werden so die Straßen der Körperpolizei, der Lymphe, verstopft. Wie gut oder schlecht das ist, kannst du dir an fünf Fingern ausrechnen. Was ist zu tun?
Bestes schweißhemmendes Mittel ist und bleibt das kalte Wasser!
Wie schon gesagt, die Haare in den Achselhöhlen und im Intimbereich kurz halten. Krankhaftes Schwitzen bedarf natürlich einer inneren Behandlung.

Augenkosmetik
ist ein ähnlich dringliches Thema. Du liebe Güte, was schmiert sich die holde Weiblichkeit alles an und um die Augen und weiß gar nicht welch schwerwiegende Schäden sie sich für die Zukunft dadurch einhandelt. Dabei sieht das zumeist nicht einmal schön aus, und befragte Ehemänner sind ohnehin nicht davon begeistert. Und wenn man das genau betrachtet, wollen die Betreffenden etwas aus sich machen, was sie gar nicht sind. Aus esoterischer Sicht absolut contraindiziert!
Alle Tuschen, bis auf die reinen Schwarztöne aus Ruß, sind mit diversen Schwermetallen ge- und vermischt. Manchmal finden sich sogar radioaktive Substanzen darunter.
Bitte ich bin kein Pharisäer; du sollst das auch nicht sein! Wenn du also zu hohen Fest- und Feiertagen den großen Apachenkriegsschmuck anlegen möchtest, wird dein armer Körper damit schon fertig werden, weil du ihn für lange Zeit zur Erholung unbehelligt lässt. Tägliche Bemalung dagegen lässt über verschiedene Faktoren schwerste Schädigungen eintreten.
Allein schon die Wimperntusche, auch wenn sie nur auf Ruß aufgebaut ist, zieht in die Lymphschlingen ein, die die Haarwurzeln umfließen.
Das ist im Augenmikroskop besonders gut zu beobachten. Die Lymphwege der Augenlider sind von diesem Dreck von vorn bis hinten durchseucht. Diese Polizeistraßen in den oberen Augenlidern haben eine sehr enge Beziehung zum Herzmuskel.
Ich habe ja gar nichts dagegen, wenn du ein schwaches Herz für jemanden hast; aber dieser Lymphstau macht ein effektiv schwaches Herz in muskulärem Sinn.
Die Farben die du oberhalb des Lymphlidsaumes aufbringst, irritieren die Herznerven, die es sich dann nicht nehmen lassen, die Herzkranzgefäße zu ärgern, und ganz besonders, wenn die Augenbrauen gerupft worden sind. Die Unterlider weisen eine Beziehung zu den Nieren aus. Auch hier findest du Fernwirkungen erheblicher Brisanz. Nerven und Blutgefäße werden übererregt, sodass den Nieren nichts anderes übrig bleibt, als sich dementsprechend zu kränken.

Das ganze Gesicht ist ein Spiegel unseres physiologischen Daseins! In jedem Falle triffst du reflektorisch zugehörige Organe, die allesamt ausgewiesen sind, kosmische Impulse zu empfangen und umzuwandeln.
Du weißt das auch. Denke doch einmal daran, wie wohl dir im Frühling ist, wenn dich die ersten wärmenden Sonnenstrahlen treffen.
Durch aufgetragene Farben blockierst du nun nicht nur ganze Areale, sondern nimmst gleichzeitig statt dessen Gifte und Farbschwingungen auf, die ihrerseits zusätzlich ihre ganz besondere Bedeutung haben können (siehe Farbwirkungen in Band III dieses Werkes, Zahl und Schicksal).
Das gilt auch für Haartrachten, die in die Stirne getragen werden. Physiologisch ist das ein sehr häufiger Akneauslöser, esoterisch aber, und das scheint mir viel wichtiger, zieht man gegen die Umwelt einen Vorhang vor die Seele. Geist und Seele können nun nicht mehr miteinander sprechen. Der Volksmund meint dazu, dass jemand nicht mehr die Stirne zu bieten vermag.
Ähnlich wie beim nicht Erwachen mögen, degradiert man sich zum Amboss, auf dem der Hammer des Alltags sein Spiel zu treiben vermag, dabei rät der Volksmund, dass man die Augen offen halten solle. Viele sprechen dann auch von der Schlafzimmergardine, offensichtlich dazu geeignet, das männliche Geschlecht anzulocken. Männer, die darauf fliegen, sind allerdings keineswegs esoterisch interessiert. Alles ist eben auch eine Niveaufrage.
Quintessenz: Beherrsche deinen Wachheitsgrad und gehe mutig und bewusst in den Tag.

Kleidung
ist eine zweite Haut des Hochhauses Mensch und sehr oft einer *Ver*kleidung ähnlich.
Grundsätzlich bedürfen wir einer Naturfaser, die nicht industriell mit Trick siebzehn chemisch ausgerüstet ist. Natürlich kannst du auch hier die Ausnahme gelten lassen. Dabei wirst du es nicht leicht haben, gesunde Kleidung zu finden. Auf jeden Fall prüfe mit dem Pendel und du wirst so manche Überraschung erleben.
Sie soll leicht, locker und mit glatter Oberfläche getragen werden und keine Beengungen aufkommen lassen. Ich erinnere dich an das Kapitel über Atmung.
Bei den zu tragenden Farben verweise ich nochmals auf den Band III dieses Werkes.
Auf keinen Fall sollte Rosa deinen Kleiderschrank bevölkern. Es strahlt eine Krebs induzierende Schwingung aus.
Schwarz, black und uoire waren lange Zeit die dominierenden Farben der modeführenden Französin. Glücklicherweise hat sich das inzwischen gewandelt. Schwarz drückt nämlich in der Schicksalsbildung den PUNKT aus: „Bis hier und nicht weiter!“

Schwarz als Trauerkleidung fördert die Isolation des Trauernden. Für kurze Zeit mag das gerechtfertigt sein. Zur jahrelangen Zeremonie erhoben, verwirrt es den Geist und drängt unausgesetzt zum Augenblick des Todes Angehöriger zurück, ein Unterfangen, das nicht zulässig sein sollte, weil es hüben und drüben kränkt.

Körpergefühl
ist eine wichtige Voraussetzung zur Bewusstseinsbildung. Leider erlebe ich allzu oft bei jungen Menschen, dass sie nicht mehr in der Lage sind, sich zu lösen. Versuch´s selbst einmal. Lass deinen rechten Arm locker herunterhängen, richtig wie einen Waschlappen. Kannst du das noch? Alle Körperteile müsste man auf diese Weise bewusst entspannen können.
Modernes Stichwort: „RELAXING".
Eine der günstigen Übungen, um das wieder zu erlernen, ist Schwimmen. Nein, natürlich nicht in Rekordzeiten. Einfach so, auf den Rücken legen und nur mit den Händen ein wenig paddeln. Natürlich darf das Wasser nicht 32 ° C warm sein. 18° bis höchstens 23° C wären erlaubt. Wärmer würde schlapp machen und nicht lösen. Seewasser eignet sich noch mehr als Leitungswasser, weil es wesentlich besser trägt.
Leg dich also auf den Rücken ins Wasser, sodass nur noch Mund, Augen und Nase herausragen. Gelegentliche leichte Handbewegungen sorgen dafür, dass du in Richtung Kopfende etwas Fahrt aufnimmst. Die Beine werden dadurch an der Oberfläche gehalten. Fühle dich einfach wohl. Das entspannt.
Weitere Übungen beziehen sich auf die rechts - links - Beziehungen zwischen linkem und rechtem Gehirn und den zugehörigen Körperseiten.

Bewusstsein im Alltag
Was wäre die Esoterik, wenn sie nicht in den Alltag getragen würde. Nur zu fälschlich so benannten Meditationsübungen in entsprechenden Kreisen zusammenzukommen, ist einfach vertane Zeit. Der Alltag ist es, der uns fordert, und der sollte bewusst gelebt werden.
Du kannst es dir hundertmal vornehmen, alles am kommendem Tag bewusst zu vollziehen, und hast es bis spätestens beim Frühstück wieder vergessen. Wie also sollte man lernen, einen Tag bewusst zu durchleben? Natürlich gelingt eine so umfassende Aufgabe nicht auf Anhieb.

Ich muss dazu etwas weiter ausholen:
Unser menschliches Gehirn hat zwei funktionell getrennte Hälften, rechts und links natürlich. Die rechte Hälfte ist diejenige, die sich überwiegend mit automatischen und unbewussten Tätigkeiten abgibt, allem vegetativen Geschehen und der Speicherung angenehmer Erfahrungen; aber auch Laufen, Essen, Schlucken, Kauen, Atmen, ja selbst Sprechen, Singen und Autofahren werden

in den meisten Fällen so getätigt. Du kannst dir sicherlich noch eine ganze Reihe anderer Funktionen hinzudenken, und vor allem , dass wir diese Gehirnseite für unsere linke Hand reservieren.
Die linke Hälfte zeichnet verantwortlich für alles bewusste Tun, für die rechte Hand und Tuseite. Dennoch sind wir weitgehend versucht, auch dieses ins Unterbewusste zu verdrängen. Wir nennen das Gewohnheit. Aus dieser heraus sind wir dann auch bereit, alle negativen Erfahrungen in diese Hirnseite einzuspeichern. Negative Erfahrungen haben leider die Eigenschaft Bewusstsein zu bremsen. Das ist nicht gut. Will ich das Bewusstsein fördern, bedarf ich der Hilfe des rechten Gehirns, verantwortlich für die linke Hand und Nichttuseite.
Du wirst es recht bald bemerken, wenn ich dich bitte, die linke Hand zu allerlei alltäglichen Tätigkeiten einzusetzen. Das fällt schwer und man ist versucht alles wieder mit rechts zu veranstalten. Beginne getrost schon beim Aufstehen und ziehe deine Puschen mit der linken Hand an die Füße. Zähne putzen, Po abwischen, rasieren, Haare kämmen, duschen, viele Handgriffe beim Bekleiden, Brot schneiden und mit Butter beschmieren und vieles andere mehr, den ganzen Tag über, das bringt Übung. Steigern wie beim Training ist das Geheimnis. Das Bewusstsein wird es dir danken. Nicht nachlassen, Phantasie entwickeln, jeden Tag neu. Nichts schult so wie der Alltag.
Eine gute Erweiterung der rechts - links - Übungen ist im täglichen Betasten des eigenen Körpers zu empfehlen, mal mit der gleichseitigen Hand und mal im entgegengesetzten Sinne. Man bekommt dadurch gleichzeitig einen guten *Begriff* von den eigenen Proportionen und schärft die Gefühlsqualitäten für alle von außen kommenden Reize. Bewegungseinschränkungen werden zeitig wahrgenommen und können eher einer Regulierung zugeführt werden. Oberflächenunregelmäßigkeiten fallen einem auf, die zumeist sonst keine rechtzeitige Beachtung finden können. Wenn dir ein Partner zur Verfügung steht, betaste auch ihn, aber mit geschlossenen Augen und versuche Form- und Konsistenzunterschiede von Haut und Gewebe zu erfassen. Gehe schließlich noch einen Schritt weiter und versuche den Schwingungsunterschied zwischen Mann und Frau oder auch zwischen Mensch und Mensch zu registrieren, indem du deine tastende Hand um wenige Zentimeter von der Körperdecke des Gegenüber abhebst.
7 cm, 14 cm, 28 cm, 56 cm, 112 cm sind Entfernungen, die man deutlich zu fühlen vermag. Interessant sind in den unterschiedlichen Bereichen die Temperaturen von warm bis kühl und nicht nur in Bezug auf die Entfernungen, sondern auch auf die vier Körperquadranten, rechts - links / oben - unten betreffend.
Tangiere die Innenhandflächen gleichsinnig und über Kreuz und mach dir die unterschiedlichen Schwingungen bewusst. Das gleiche Spiel lässt sich auch

mit den Fußsohlen wiederholen. Dazu braucht man nicht einmal die Schuhe auszuziehen.
Intensiv kannst du auch die Schwingungen wahrnehmen, die über der eigenen Brust im Vergleich zum Partner bzw. der Partnerin vorhanden sind. Genitalien und Brust haben eine besonders große Schwingungsintensivität. An Fingerspitzen, Zehenspitzen, Nase und Kinn, Schultern und Hüften; überall hast du Gelegenheit, deine Empfindsamkeit an unterschiedlichsten Ausstrahlungen zu schulen.
Hast du erst Erfahrung im Nahbereich von Lebewesen gemacht, versuche deine Empfindungen zu verifizieren bei Vergrößerung der Abstände im Meterbereich. Schließlich werde dir bewusst beim Betreten eines Hauses, welche Schwingungen dominieren. Das kann warnen und es kann Sympathie herausfordern oder einfach Gleichgültigkeit signalisieren. Training kannst du auch beim Autofahren betreiben. Hast du dir schon einmal ins Bewusstsein gerufen, mit was für einem Schwingungsberg eine Hochspannungsleitung über dich herfällt?
Ohne Frage wirst du dich daran erinnern, wie merkwürdig schwer die Unterquerung einer Autobahnbrücke über dir zusammenschlägt.
Registriere auch einmal deine Empfindungen, die dir beim Passieren einer großen blauen Hinweistafel an der Autobahn begegnet. Sie sind besonders geeignete Übungsobjekte, und schließlich auch die kleineren und die Kilometerpfosten.
Autos überholen dich, oder du trittst selbst mehr als die anderen auf dein Gaspedal. Was spürst du dabei. Wie viele Personen befinden sich im anderen Auto, welche Farbe hat das Fahrzeug. Wie reagiert dein Empfindungssystem? Überall wird dir mehr und mehr deine Umgebung Mitteilung machen, wer sie ist.
Schließlich erprobst du dich an Bauernhöfen in der Nähe und auch weiter weg. Chausseebäume bieten sich dir an, kleine Wäldchen, ganze Landschaften liegen dir zu Füßen.
Sind sie feucht, gesund, ungesund, trocken oder sogar elektrosmoggestört? Alle und alles kannst du wahrnehmen. Natürlich kannst du das nicht von heute auf morgen; aber das, meine ich, ist esoterisches Alltagsverhalten. Beherrschst du erst dieses, wird es dir möglich sein, die Lage deiner Organe und Körperzentren zu fühlen und schließlich mit ihnen zu sprechen.
In der schematischen Abbildung (Abb. 50) hast du eine Übersicht über die Lage der wichtigsten Organe, und wo du sie in deinem Körper suchen und finden kannst.

Abb. 50

Schematische Darstellung von den wichtigsten Organen im Körper.

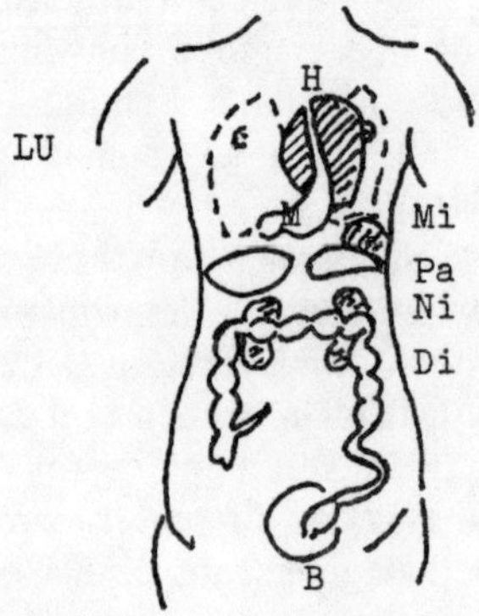

H - Herz	M - Magen	L - Leber	Mi - Milz
Pa - Pankreas	N - Nieren	Di - Dickdarm mit Apendix und Ampulle	
B - Blase	Lu - Lungen		

Lege zunächst eine Hand auf die vermutete Stelle und versuche dir vorzustellen, wie zwischen deinen Fingern, der Handinnenfläche und den Fingerballen ein leises kribbelndes Ziehen entsteht. Warte einige Atemzüge lang und du wirst es in der Atempause deutlich wahrnehmen.

Dieses Gefühl bleibt erhalten, wenn man die Hand vorsichtig abhebt, zunächst 5 - 7 cm.

Nach einiger Übung legst du immer mehr Entfernung zwischen Hand und vermutetes Organ, bis du schließlich längere Arme haben müsstest, und jetzt kannst du deine Hände ganz aus dem Spiel lassen. Dabei wird dir etwas zunächst sonderbar Entscheidendes passieren. Du hast plötzlich das entsprechende Organ deutlich vor Augen.

Ich kann dir das nicht besser beschreiben und es ist auch nicht so, wie wenn du einen Gegenstand fixierst; dennoch erlebst du, wie es ist etwas zu sehen, was nicht gegenständlich zu sehen ist.

Solche ersten Erlebnisse sind aufregend, und sie sind es dann auch, die uns motivieren alle die langweiligen notwendigen Übungen weiterzuführen. Es lohnt sich, nicht nur mit den eigenen Organen zu experimentieren. Alle Gegenstände gewinnen plötzlich an Interesse und nicht nur jene, welche du gerade Gelegenheit hast zu betrachten, auch solche, die du lange Zeit nicht in deiner Umgebung gesehen hast, wie z. B. deine Kinderpuppe oder dein Schaukelpferd aus der Knabenzeit: Aber komm auch ruhig einmal auf die Idee, dir Menschen vorzustellen und was sie gerade tun. Hier hättest du eine gute Kontrolle, weil du nachzufragen vermagst, ob deine Vorstellung gestimmt hat. Alles das ist vorstellbar und noch viel mehr.

Übung, tägliche treue und unverbrüchliche Übung führt zum Ziel. Phantasie und Erfindungsgeist sind dir dann gute Paten.
„Wer immer strebend sich bemüht," ... hat unser großer Frankfurter Altmeister formuliert.
Das lass dir ans Herz legen! Diese Art der Disziplin ist bereits Kontemplation, Bewusstwerdung.

Einordnung in die Umgebung
Sie zählt zur Reinigung des körperlichen Gefüges. Deine Stellung oder Einstellung zu den Dinglichkeiten deiner Umgebung ist bereits Schwingungsselektion, so wie beim Radio ein Sender scharf oder unscharf einzustellen ist.
Man spricht dann zwar von Charakterschulung, was sicherlich ein gerechtfertigtes Begleitsymptom ist, vorrangig bleibt jedoch zu erlernen, dass jede unkontrollierte Lebensäußerung zugleich eine Unschärfe kosmischen Empfangs bedeutet.
Bis in die Alltäglichkeiten hinein reicht diese Problematik, und ich möchte keineswegs Moralstandpauken verteilen, wenn ich dich frage, ob du deine Ordnungsfaktoren alle wirklich im Griff hast.
Keine Angst, ich möchte dir nicht alle Situationen aufzählen, in denen du versagt haben könntest. Dennoch kann ich nicht umhin, Beispiele aufzuführen, um deine Augen zu öffnen.
Du bist z. B. auf Reisen und siehst dich gezwungen auf der Autobahnraststätte ein gewisses Örtchen anzusteuern. Wie sauber hat dein Vorgänger den Ort verlassen? Benutzt du selbst wirklich die Klobürste um etwaige Bremsspuren zu beseitigen? Benutzt du etwa auch zu Hause deine Gardinen zum Schuhe putzen? Es mag sein, dass du jetzt milde lächelst und meinst, meine Fragen seien überzogen und so schlimm sei das doch auch gar nicht.
Nein, ich bin ganz und gar nicht deiner Meinung. Nicht nur die Ästhetik fordert, dass man sich nicht angezogen und mit Schuhen in ein frisch bezogenes Hotelbett flegelt. Schwingung hat etwas mit Persönlichkeit zu tun. Seine Schwingung bringt man folglich ein in alles, was man tut. Eine eingebrachte Schwingung geht in jedem Falle ein in die Akasha-Chronik. Wenn ich bedenke, wie viele Menschen mit einer Wolke von Fehlschwingungen in dieser oder anderer Weise ihre Umgebung belasten, so kann ich immer nur dringend raten, sich nach Möglichkeit davon fern zu halten und selbst, auch in Kleinigkeiten, bedächtig und liebevoll zu wirken.
Alles in deiner Umgebung ist belebt, so wie du selbst Teil einer grandiosen Schöpfung bist. Selbst in deiner ureigensten Umgebung wirst du mannigfache Quellen an Fehlverhalten entdecken.
Dabei sind es nicht nur Männer, die sich ihre **unbewussten** Schnitzer leisten. So mancher Blick in fremde Badezimmer und Küchen hat mich da eines Besseren belehrt: Badewannen als Abstellbehältnisse für Medikamente und

sonstigen Schurrmurr; nass und dreckig hinterlassene Putztücher, Kalkflecken im Waschbecken und an den Wasserhähnen, uralte Zahnbürsten, möglichst ungereinigt, Kamm und Bürste seit Jahresfrist nicht der Kopfschuppen entledigt, Spiegel über dem Waschbecken, blind und dreckig, dass nicht einmal die böse Königin aus Schneewittchen hätte hineinfragen mögen. Das Thema Handtücher will ich gar nicht erst ansprechen.
Selbst am Esstisch stößt man bisweilen auf Manieren, die der vorgegebenen esoterischen Grundhaltung in keiner Weise Rechnung tragen.
Ohne Frage passiert jedem einmal ein Malheurchen. Das ist hier nicht zur Diskussion gestellt; aber wenn unausgesetzt gekleckert, unsauber gegessen, das Messer mit einem Butterbohrer verwechselt, oder der Teppich als Krümelwiese benutzt und der Eierlöffel in die leer gegessene Eierschale gerammt wird, dann kann einem schon der Appetit vergehen.
Diese Lieblosigkeiten finden in der Regel ihre Fortsetzung bei ungeputztem Schuhzeug, schief zugeknöpften Hemden und Blusen und wochenlang nicht gelüfteten und gemachten Betten.
Sieh mal, diese Liste könnte ich unendlich verlängern. Will ich gar nicht. Ich hoffe jedoch, dich auf eine Spur gesetzt zu haben, ohne aus dir einen Pharisäer machen zu wollen.
Wenn du in aller Natürlichkeit den Sinn meiner Standpauke begriffen hast, wirst du sehr rasch erkennen, wie befreiend eine Selbstbemeisterung auf dich zurückwirkt.
Nicht anders sollte es sich verhalten mit deiner lebendigen Umgebung. Tier und Mensch bedürfen gleichermaßen der liebevollen Zuwendung, was keineswegs bedeuten soll, dass alle Wesen zu umarmen sind. Weder bei Menschen noch bei Tieren würde das positive Wirkungen in esoterischem Sinn auslösen.
Ich habe in letzter Zeit den Eindruck gewonnen, dass man als Esoteriker nicht *in* ist, wenn man sich nicht ständig in die Arme fällt.
Das Gegenteil ist der Fall. Gewiss wird es häufiger vorkommen, dass Gleichgesinnte eine besondere Adhäsionskraft zueinander haben; aber brenne es dir in deine Seele ein: *Liebe bindet nicht!* Die getätigte und üblich gewordene Übervertrautheit ist bereits egoistische bis egozentrische Bindungsabsicht.
Etwas anderes ist es, wenn ein Höherstehender versucht, dem Gegenüber durch eine Umarmung zu helfen. Das kann aber nur der Betreffende entscheiden. Wie oft muss ich dem Wunsche widerstehen, einem guten Freund aus großer Sympathie das SIE anzubieten.

Gefordert ist Achtung und Ehrerbietung vor dem Wunder Leben, auch wenn es sich um ein Krokodil handelt. Es wäre schlichtweg als Pseudoreligiosität zu titulieren, wenn sich ein Esoteriker vor Spinnen, Schlangen oder Kröten ekelt.

In unserer heutigen Zivilisation sind wir zwar dazu erzogen, Tiere als Sache zu empfinden; glücklicherweise ist der Passus bezüglich *Tieren als Sache* aus dem Gesetz entfernt worden und Pflanzen sind uns absolut ebenbürtige Wesenheiten. Im Unterschied zu denen sind wir Menschen mit unserem Bewusstsein insgesamt auf diese Seite des Lebens geboren, Grund genug, um jenseitige Aspekte fast ganz zu vergessen.
Tier und Pflanze befinden sich zwischen 70% und 20% mit ihren Sinnen jenseits unserer Wahrnehmung. Sie sind sich daher der ständigen Metamorphose zwischen hüben und drüben voll bewusst. Sie wissen um den Wert des Sterbens und um die Schwingungserhöhung mittels des Gefressenwerdens.
Das Problem für Tier und Pflanze ist nicht die Schlachtung oder die Ernte. Es dreht sich um den Menschen, der vergisst Liebe zu geben, d. h. Schwingungen zu vermitteln, die diesen Vorgang zu einer Erhöhung des Sterbens zu führen vermögen.
Da der Mensch seine bewusste Verankerung in die jenseitige Welt gelöst hat, ist er nicht einmal mehr in der Lage, innerhalb seiner eigenen Spezies Frieden zu halten.
Für die nicht menschlichen Lebewesen ist es gleichgültig, ob ein Damwild geschossen oder ein Gemüse geerntet wird. Der Mensch hat nun einmal in den sauren Apfel gebissen und sein volles Bewusstsein aus para dies mitgenommen. Somit hat er dafür die Angst vor dem Tod eingetauscht.
Die Problematik für die nichtmenschlichen Lebewesen besteht folglich nicht in Furcht vor dem Tod, sondern in Lieblosigkeit, Massentierhaltung, Massenschlachtung und Totkochen von Tier und Pflanze. Bilde dir also nicht ein, du seiest ein tadelsfreier Esoteriker. Wann hast du z. B. zerkochtes Gemüse verspeist?

Im Rahmen dieses Kapitels liegt auch die Bewältigung des eigenen Schicksals.
Es wäre traurig und langweilig zugleich, wenn Menschen fehlerlos wären. Schicksalsablauf hat schließlich seinen Sinn, und zwar in dessen Bewältigung. Reifung und Erkenntnis hängen davon ab. Erkenntnis eigener Unzulänglichkeiten ermöglichen uns erst den unverzichtbaren Akt der Umkehr zu erleben.
Gewiss, das ist nicht immer leicht, ist aber bereits der wichtigste Teil der Reifung.
Nichtreifung wäre echte Sünde, weil man zuwider eigener Erkenntnis handeln würde.
Es ist die einzige Sünde auf Erden und anders ausgedrückt, einem Wesen oder einer Sache bewusst zu schaden.
Alles andere, was ein Mensch in seinem Leben an Fehlhandlungen begangen hat, ohne besseres Wissen, ist entschuldbar. Das Wort drückt das deutlich

aus: *gehe hin und entschuldige dich.* Hast du als junger Mann eine Geliebte sitzen lassen, sei dir nicht zu fein, um ein versöhnliches Wort zu sprechen.
Hast Du Vater oder Mutter verletzt, überwinde dich zur Entschuldigung, auch wenn du immer noch der Meinung bist, du seiest im Recht.
In jedem Falle ist das eine absolute Absolution, vorausgesetzt, dass dir solches nicht wieder passiert. Natürlich gilt das auch für bewusste Untaten. Das alles hat nichts mit Moral zu tun. Im Gegenteil, Moralin ist ein schweres Gift, vor dem man sich wohlweislich hüten sollte. Es ist der Mode unterworfen und immer nur zum Zwecke irgendeiner Machtkonstellation erfunden worden. Wer sich auf Moralgesetze beruft, spricht falsch Zeugnis und hat Böses im Sinn.
Die andere Seite des Entschuldigens ist die des Verzeihens. Nicht verzeihen können würde schuldig machen. Es würde eine Kette von Schuld und Fehlhandlungen auslösen.
Nicht nur Generationsprobleme drücken sich hierin aus. Volksfehden, Stammesfehden, Städtefehden, Familienfehden, sie alle lassen den menschlichen Verstand verkümmern unter Mangel an Erkenntnisbereitschaft.
Wer in der Lage ist, die wogenden positiven und negativen Energieballungen zu beobachten, wird mir bestätigen, wie unheilvoll der sich ins AUS katapultiert, der nicht verzeihen kann.
Wer nicht über die innere Wahrnehmung, die inneren Augen verfügt, solches wahrzunehmen, sollte sich einmal in die Aufzeichnungen von Leadbeater vertiefen: *Gedankenformen.* Er ist einer der begnadeten Hellseher.

Der Vergessene Schritt Teil II

Kontemplation - Meditation

Zur Arbeit im esoterischen Bereich hast du hoffentlich eingehend die Voraussetzungen studiert und verinnerlicht, ehe du dich an diesen Teil des Buches wagst.

Ich warne dich eindringlich, esoterische Übungen - ganz gleich aus welchem Bereich auch immer - anzugehen, ohne eine ausreichende innere Umorientierung vollzogen zu haben.
Ich sage dir das deswegen, weil ich immer wieder erlebe, wie Suchende sich in der Wüste verlieren und nicht in der Lage sind aus ihrer Kreiswanderung auszubrechen.
Die gute esoterische Absicht allein bewirkt noch keinerlei Berechtigung, sich esoterisch kompetent zu empfinden, und schon gar nicht, wenn Yoga in irgend einer Form betrieben worden ist, ohne die vorgenannten Kenntnisse.
Aus einem HALBEN wird niemals ein GANZES!

Das Refugium
solltest du dir als Erstes in einem abgeschlossenen Raum oder in einer wenig begangenen Zimmerecke schaffen, ausschließlich deinen Übungen vorbehalten.
Eine bequeme Sitzgelegenheit, mit schräg nach vorn abfallender Sitzfläche, mittelweich gepolstert gehört dazu; ferner ein Schrein oder halbhoher Tisch, bedeckt mit Brokatdeckchen, Kerzenhalter mit Kerze und sich im Laufe der Zeit anreichernden Utensilien.
Einem Stuhl kann man notfalls die Vorderbeine kürzen.
Der Lotussitz ist für europäische Extremitäten nicht zu empfehlen. In der Regel beobachte ich, wie sehr die Betreffenden innerlich abgelenkt sind. Der fernöstliche Knochenbau differiert gegenüber dem unseren eben doch erheblich.
Abgesehen davon hat selbst Buddha auf einem erheblich erhöhten Sitz meditiert.

Das Tagebuch
sollte immer zur Hand sein. Natürlich darf der dazugehörige, funktionierende Schreiber nicht fehlen.
Dieses Tagebuch darf zum Zwecke der kontemplativen Übungen nicht für Prosaergüsse oder Gedichte missbraucht werden. Es dient ausschließlich der statistischen Selbstkontrolle; denn ohne eine solche würdest du Mut und Richtung verlieren, weil die *Leistungen* am Anfang sehr stark schwanken. So übersichtlich wie möglich soll es sein, und es bedarf deswegen irgendwelcher

Kurzzeichen wie etwa + , - & ! ´` 0 o ä Ä und so weiter. Jedes dieser Zeichen soll eine ganz bestimmte Übung bezeichnen, die schriftlich als Schlüssel festzulegen ist. Sie erscheinen im Kopf der Seite. In der Senkrechten erscheinen die Übungsdaten denen die Übungswertung als + bzw. – folgt, in Verbindung mit Sekunden = ", Minuten = ´ , Stunden = S , z. B.: 7" 2" 12" 1" 3".
Einen Monat bekommt man auf diese Weise leicht auf eine Seite und hat eine schnelle, gute Übersicht.
Das ist für ein Eso-Tagebuch die Grundforderung. Ein Tagebuch dieser Couleur sollte nicht herumliegen. Fremde Finger haben in ihm nicht zu blättern, selbst wenn die Eintragungen für andere nicht lesbar sind.

Die Sitzhaltung
ist so einzuregulieren, dass man stundenlang ohne Schmerzen und Bedürfnis zur Sitzänderung in ihr ausharren könnte.
Um das zu erreichen begibst du dich erst einmal auf deinen Stuhl, spreizt die Oberschenkel bis fast zum rechten Winkel, kippst die Füße so, dass die Fußsohlen einander gegenüberstehen, legst die geöffneten Hände etwa auf die Mitte der Oberschenkel und beugst dich nach vorne bis in Höhe der Kniescheiben. Das Becken ist nach vorne gekippt, was die Voraussetzung schafft, um die Wirbelsäule in sich zu verankern.
Durch einen sonst nicht erlaubten sehr tiefen Atemzug in den Brustkorb richtest du dich nunmehr auf und lässt mit der Ausatmung die Wirbel nach unten ineinander rutschen. Deine Haltung dürfte jetzt perfekt sein. Auch der Kopf ist in die notwendige Haltung hineingefallen: aufrecht!
Ist deine Aktion richtig abgelaufen, löst sich ein tiefer Seufzer, der alle deine Tagesprobleme davonspült.
Fehlt dieser Seufzer, wiederholst du diese Prozedur solange, bis dir die Last des Tages von den Schultern gefallen ist. Laut und hörbar muss er sein! Das Einrasten der Wirbelsäule muss fühlbar sein. Du wirst hinfort keine Not mehr mit deinem Rücken haben, es sei denn du fällst eine Treppe hinunter. Während der Kontemplation wird dir das ungewollte Buckeln nicht mehr begegnen.

Einleitung der Kontemplation
oder Meditation sollte immer ein Gebet sein. Unter keinen Umständen solltest du nach Schema F ein vorgefertigtes Gedichtchen nur aus Pflichtgefühl dahinleiern. Es muss dir angelegen sein mit Hilfe der Atmung deine Probleme zum großen kosmischen Geschehen ins Gleichgewicht zu bringen.
Allein schon durch die Erkenntnis unserer Kleinheit im Verhältnis zum Kosmos wirst du deine Probleme als Problemchen wahrnehmen, erkennen und einordnen.
Der Schritt zur Reifung wird nur auf diese Weise machbar.

Die erste Übung
kann beginnen. Sie ist die wichtigste in deiner gesamten esoterischen Laufbahn und wird dich fraglos die nächsten zehn Jahre begleiten müssen; denn ohne ihre absolute Beherrschung müssen alle anderen Übungen scheitern.
Entzünde also zunächst deine Kerze und absolviere dein Gebet in einwandfreier Sitzhaltung.
Tunlichst sollte deine Kerze hinter einem gleichschenkligen Kreuz stehen. Die Gleichschenkligkeit ist zunächst deswegen notwendig, weil ein ungleichschenkliges dich schwächen würde. Du bedarfst jedoch zunächst der Stärke.
Ein gleichschenkliges Kreuz sollte aus dunklem Holz sein. Vielleicht kannst du dir ein solches selbst basteln.
Neben dein Kreuz - Kerzen - Arrangement stellst du einen großen und gut lesbaren Wecker mit Sekundenzeiger, der möglichst geräuschlos ist.
Kreuz und Kerze werden nun in ruhiger gelassener Haltung zwischen drei und fünf Minuten eingehend betrachtet. Stell dir vor, du müsstest hinterher ein Bild davon malen. Schließe deine Augen und male in Gedanken dieses Bild. Möglichst genau bitte!
Sobald dein Eindruck sich verwischt, wird sofort die Übung abgebrochen. Zeitkontrolle!
Sofort die Sekundenzahl notieren. Deine Eintragung könnte etwa folgendermaßen aussehen:
Ü. I. 25.11.00. 5°°: 3" 5" 2" 7" 3"
Sei bitte nicht enttäuscht über die kurzen Zeiträume deiner Erfolge. Ganz allmählich werden sie sich steigern. Wenn du 30" erreicht hast, steht dir schon der Lehrlingstitel zu.
Übung I wird nach dem Abbrechen sofort wiederholt, mindestens drei- besser siebenmal.
Sobald die 30" - Sekundenbarriere übersprungen ist, werden alle folgenden Übungen leichter fallen, und nun darfst du mit Übung II beginnen.

Übung II
Sie bezieht sich auf das absolute NICHTS.
Hänge zu diesem Zweck ein schwarzes Tuch von etwa der Größe 50 x 50 cm über die Kante deines Schreins, indem du die Oberkante mit dunkelrückigen Büchern beschwerst.
Kerze und Kreuz in der ursprünglichen Anordnung werden in den Hintergrund geschoben.
Jetzt betrachtest du in Kontemplationshaltung die schwarze Fläche, wiederum drei bis fünf Minuten und schließt sodann die Augen.
Bitte erwarte nichts. Weder ein tiefes dunkles Loch, in das man hineinpurzeln könnte, noch eine ängstigende dunkle Unendlichkeit. Lümmele dich einfach hinein ins Nichts, solange du kannst. Sobald andere Bilder sich hineindrängen

wollen, unterbrich auf der Stelle und kontrolliere die Zeit. Vergiss nicht zu notieren!

Die Atmung
hast du hoffentlich schon bei Kenntnisnahme im ersten Teil des Buches zu üben begonnen.
Wenn du nun erst damit beginnen willst, solltest du auf jeden Fall vier Wochen extra dafür vorschalten, denn wolltest du während dieser Übungen erst immer auf die Atmung Acht geben müssen, könnten die Übungen selbst nicht gedeihen.
Die Dreischrittatmung muss sitzen, sonst wird das ganze Unternehmen scheitern
Ich wiederhole deswegen noch einmal:
Stell dir vor, du wärest ein hängender leerer Luftballon, der durch die Einatmung von kosmischen Kräften und Luft befüllt wird.
Zuerst füllt sich ein solcher Ballon im Fundus und dann erst in der Mitte und schließlich oben.
Die Luft muss folglich zuerst Richtung Genital fließen. Dass dazu der Bauch seine Atemfreiheit braucht, muss ich wohl nicht noch einmal erklären.
Mit der Ausatmung schrumpft unser Luftballon wieder ganz von alleine in seine Ausgangsposition zurück, in gleicher Reihenfolge, wie die Luft hineingekommen ist.
Die nun folgende Atempause dient dem Anfänger der bewussten Entspannung und der Erinnerung dessen, was man eigentlich wollte. Später sollte auch das automatisch ablaufen, damit die Gefühls-, Empfindungs- und Aufnahmekapazität gesteigert werden kann.
Atmung und Übung II sollten sich unser ganzes esoterisches Leben wie ein roter Faden durchziehen.
Letztere Übung ist deswegen besonders wichtig für den werdenden Adepten, um bei Gefahr retirieren bzw. auskneifen zu können.
Bedenke bitte, dass ungewohnte Situationen sehr leicht etwas Bedrohliches haben können. Obschon 90% davon keine echte Gefahr darstellen, und in der Regel Gefahren vom Schüler selbst ausgelöst werden, können diese evtl. ihm selbst zur echten Gefahr werden, wenn er z. B. jenseits der Wahrnehmung als Elefant im Porzellanladen sich selbst begegnet und das nicht erkennt. Eine solche Begegnung kann tödlich verlaufen.
Erkennt er sich selbst, kann diese Begegnung seine große Chance sein und Wandlung auslösen.
Er wird auf sich zugehen, seinem Untier den Hals klopfen und ihm sagen: „Na, dann wollen wir uns mal ändern!“ Dein Elefantendasein hat sofort geendet.

Nach einer solchen bewältigten Begegnung wird dir die Welt ganz neu vorkommen. Du hast deinen Standpunkt gewechselt und siehst zwangsläufig alles anders.
Ereignissen wie diesem kannst du eben auch aus dem Wege gehen, wenn du entweder ins absolute Nichts flüchtest, oder du erfüllst die Forderungen der Tugendliste der kleinen Kabbala, erfüllst und sie einfach in dir wahr werden lässt.
Beschäftige dich also auf jeden Fall mit der kleinen Kabbala und studiere deine Zahlenkombinationen (Band III: Zahl und Schicksal).

Oft höre ich von Geisterfurcht, von Besessenheiten und von Kobolden, die einem schaden wollen. 10% davon entstammen jenen Bereichen, in denen die Toten noch nicht begriffen haben, dass sie sich auf der anderen Seite des Lebens befinden. Wenn sie uns befallen, dann liegt das an der eigenen Unreinheit, denn sie bedingt eine geistige Anziehung an unreine Geistigkeiten: alle Schwingungsfrequenzen ziehen jenseits adäquate Schwingungen an.
Ausschließlich ein verstorbener Säufer kann in unserer Lebensebene von einem Säufer angezogen werden. Man nennt das dann mit Recht Besessenheit.

Wenn alles nicht klappen will
besteht A die Möglichkeit, dass du dein Reinheitsprogramm nicht sorgfältig genug verarbeitet hast oder B, dass deine Atmung und Körperertüchtigung nicht ausreichend durchgeübt hast, wodurch dein Nervenkostüm noch der Festigkeit ermangelt.
Fall A ist weitaus die häufigste Ursache. Fall B, Atmung und Körperübungen sollten intensiviert werden. Die meisten Schüler ertappe ich dabei, dass sie beides einfach verschlampen lassen. Sie wissen anscheinend gar nicht, was sie dabei verschenken.
Jugendlichkeit und Elastizität bis ins hohe Alter wären allein schon eine vorzügliche Belohnung, auch ganz ohne Esoterik!
Fall B erfordert zudem eine drei- bis fünfwöchige Gedankendressur. Jawohl, du liest ganz richtig. Ich spreche von Dressur!
deine Übungen sollen nämlich frei bleiben von störenden und querulierenden Gedanken.

Die Gedankendressur
verlangt ebenfalls eine einwandfreie Kontemplationshaltung.
Schließe deine Augen und stelle dir direkt vor deiner Nase eine weiße oder farbige Leinwand vor, auf der deine Gedanken spazieren gehen dürfen, mit Zutritt von links und rechts.

Belausche dieses Spielchen und du wirst bemerken, dass gewisse Gedanken immer von rechts und andere von links kommen. Es ist dabei unerheblich, wie deutlich du Bilder siehst oder Schriftfetzen oder auch filmartig ablaufende Bilder. Wichtig ist, dass du die Leinwand immer ein wenig weiter von dir fortschiebst, sobald sich deine Gedanken deutlicher dargestellt haben.
Bis zu diesem Punkt bedarf es meistens etwa einer Woche. Vier bis fünf Meter Abstand sollten dann schon erreicht werden.
Dein Erstaunen wird groß sein, da schon diese Aktion zur Folge hat, dass deine Probleme dich nicht mehr so hautnah tangieren. Nach Erreichen dieses Stadiums bist du nun auch in der Lage, deinen Gedanken Befehle zu erteilen.
Benutze meinetwegen gedankliche Einbahnstraßenschilder, um deinen Gedankenstrom nur von einer Seite durchzulassen. Nach einer weiteren Woche drehst du die Schilder um und lenkst deine Gedanken entgegengesetzt.
Wenn du schließlich beide Richtungen willkürlich lenken und sperren kannst, schaltest du einfach einmal ab. Dann ist´s geschafft.

Erweiterung von Übung I
Hast du´s so weit gebracht, dass Übung I eine Minute lang das Ziel Kontemplation erreicht hat, dürftest du dazu übergehen, andere Gegenstände auszuwählen. Ich warne dich, nimm nicht gleich zu komplizierte Gerätschaften, damit du ich nicht überforderst.
Weist dein Tagebuch jetzt einschneidende Rückschritte auf, schalte bitte sofort wieder zurück. Hat dich dieser Wechsel jedoch beflügelt, darfst du zusätzlich dazu übergehen, Dinge zu visualisieren, die aus der Kinderzeit in Erinnerung geblieben sind: Etwa eine Puppe, ein Schaukelpferd, ein Roller oder irgend etwas, das dir lebhaft in Erinnerung geblieben ist.
Steigere dieses Spielchen, indem du dir Dinge vergegenwärtigst, die du Tags zuvor in einem Zimmer oder Büro hast liegen sehen.
Schreite weiter fort und versuche dich an Personen, Situationen oder Ereignissen, die du aus der Vergangenheit zurückrufst. Immer wenn ein solcher Schritt einige Wochen Steigerung erfahren hat, versuche etwas Neues.
Ist die Vergangenheit perfekt, wähle gegenwärtige Ereignisse und schließlich auch Zukünftige. Diese brauchen absolut nicht in deiner unmittelbaren Umgebung zu sein. Schweife umher, aber halte dich dabei absolut rein.
Es ist ein ungeschriebenes esoterisches Gesetz, nicht in Nachbars Schlafzimmer vorzudringen. Alle Übungsmühen wären augenblicklich zunichte gemacht.
Wesentliche Erleichterung bietet dir in dieser Hinsicht eine bestimmte Handhaltung.
Lege vor einer solchen Exkursion alle Fingerkuppen aneinander, nicht zu fest, nur so eben.

Beide Mittelfinger dürfen sich nur zärtlich tangieren. Treffen beide Kuppen senkrecht aufeinander, werden sich alsbald Farbveränderungen vor den geschlossenen Augen ausbreiten, in denen nach etlichen Übungen Gegenwartsbilder auftauchen. Sie werden mit der Zeit immer bestimmter und schließlich gestochen scharf.
Kippst du die Mittelfinger um wenige Millimeter kleinfingerwärts, wirst du mit der Vergangenheit in Verbindung treten.
Stellst du die Mittelfinger ein wenig daumenwärts, stellt sich die Zukunft ein.
Beide Abweichungen müssen etwa 3 - 5 ° betragen.
Jede Exkursion sei begleitet von Tagebucheintragungen. Ich betone nochmals: es ist eminent wichtig, weil dir sonst der Weg bei Unebenheiten im Vorankommen nutzlos erscheinen könnte. Deine Statistik weist dir in solchen Fällen aus, dass immer einmal Tage des Unvermögens dazwischenpurzeln.
Bist du einmal kräftemäßig aus dem Gleichgewicht geraten, so kontrolliere deine Psyche und deine Energiebilanz. Irgendetwas ist in deinem Denken und Tun nicht in Ordnung.
Reguliere das schnellstens und lass deine Energie um die senkrechte Körpermitte kreisen.
Außerdem , welche Ursachen auch immer dahinterstehen mögen, hilf dir mit der s. g. Energieatmung.

Die Energieatmung

Sie ist aufgebaut auf der Tatsache, dass mit der Einatmung YIN oder Minusteilchen als Lebenselixier aufgenommen werden, während die Ausatmung YANG oder Plusteilchen wieder herausbefördert. Ist dieses Gleichgewicht gestört, wird der Mensch leistungsschwach.
Zur Richtigstellung der Bilanz muss erst einmal die Lunge der Plusteilchen entledigt werden. Dazu betont man zunächst die Ausatmung mit sieben Tiefstausatemzügen mit je sieben Sekunden, denen als Gegengewicht nur drei Sekunden Einatmung folgen:

Ausatmung 1 2 3 4 5 6 7 ; Einatmung 1 2 3 .

Da jetzt Platz geschaffen ist für unser Lebenselixier YIN, wird nun die Einatmung betont:

Ausatmung 1 2 3 ; Einatmung 1 2 3 4 5 6 7 .

Zum guten Schluss wird die Bilanz im Verhältnis 7 : 7 harmonisiert:

Ausatmung 1 2 3 4 5 6 7 ; Einatmung 1 2 3 4 5 6 7 .

Jede dieser drei Phasen wird siebenmal durchatmet.

Hast du deine vorgegebenen Übungen so vervollständigt, dass du diese jeweils fünf Minuten reproduzieren kannst, so hast du dir deinen Gesellenbrief erarbeitet und kannst dich von nun an als ADEPT begreifen.

Das Kreuz
wird gemeinhin als sakrales Heiligtum verehrt. Tatsächlich verdient es diese Verehrung ganz besonders. Allerdings ist seine Geschichte sehr viel älter als das Christentum.
Wie ich dir schon berichtet habe, liegt sein Ursprung lange vor unserer Geschichtsschreibung und ist entsprungen aus dem Akt der Feuerzeugung. Dass dieser ehrwürdige Gegenstand zu Folterungen missbraucht worden ist, zeigt den Rohheitszustand der Menschen an, den sie heutzutage nur mühsam zu unterdrücken trachten, in Wirklichkeit aber auf andere Weise ausleben, etwa mit dem Auto oder auch mit Überfällen und örtlichen Kleinkriegen. Biedere Hausfrauen machen Jagd auf unschuldige Lebewesen wie Silberfischchen oder Ameisen. Spinnen, Fliegen und Wespen werden zu hunderttausenden hingerichtet. An Tischen mit Fleisch, Fisch, Kuchen und Getränken findet dann ein regelrechtes Massenschlachten statt, wie im Schlachthaus.
Zuchtvieh wandert regelmäßig zur Massenschlachtung und Haustiere werden in Käfigen und Zwingern gehalten, schlimmer als Menschen im Zuchthaus. Dabei haben Tiere meines Wissens noch keine Kriege und Elend über die Menschen gebracht, nicht einmal Atombomben.
Es ist schon ein KREUZ!

Dieser Ausspruch zeigt dir, wie tief das Kreuz in unserem Bewusstsein verankert ist.
Gerade deswegen eignet es sich ganz besonders als Übungsinstrument, quasi als Brücke zu unserem Unterbewusstsein. Als solches ist es deswegen unentbehrlich.
Plaziere also dein dunkles Kreuz vor einer nicht zu dunklen Lichtquelle (etwa eine 15 Watt Birne), und einem nicht zu dunklen Hintergrund; dann kannst du jederzeit ein kleines Wunder erleben. Fixiere dein Kreuz getrost zehn bis fünfzehn Sekunden im Schnittpunkt der beiden Balken, schließe sodann deine Augen, so wird dir nach einer kurzen Pause sein golden leuchtendes Ebenbild erscheinen.
Dieses im Anfang optische Phänomen verwandelt sich alsbald in ein meditativ rückgespiegeltes aus dem Jenseits, etwas blasser, aber deutlich wahrnehmbar.
Voraussetzung ist allerdings, dass du sorgfältig auf richtige Atmung bedacht gewesen bist.
Hast du deine Gesellenprüfung bereits hinter dir, kannst du dieses Spiegelbild lange Zeit erhalten. Mit einiger weniger Übung vermagst du dann sogar durch

dieses Kreuz hindurchzuschreiten und befindest dich auf der anderen Seite des Lebens.
Hast du diesen Reifegrad noch nicht erworben, bieten sich dir immerhin interessante andere Aufschlüsse, die dir deinen Stand der Entwicklung deutlich sichtbar signalisieren.
Du wirst nämlich erleben, dass eine oder beide Seiten des Querbalkens nicht voll oder verspätet zur Abbildung gelangen, oder die Senkrechte entzieht sich ganz oder teilweise deiner Wahrnehmung.
Dazu merke dir: die untere Senkrechte weist auf den Zustand deines Mesoderms hin, gleichzeitig deinen Intellekt verkörpernd.
Der Querbalken zeigt dir, wie es um deine Psyche bestellt ist. Entodern und Seele sind im rechten oder linken, im PLUS oder MINUS unter- oder überentwickelt.
Der obere senkrechte Balken repräsentiert dein Bewusstsein, deine ektodermale geistige Reife.
Mit deinem Kreuz steht dir folglich eine ausgezeichnete Kontrolle deiner Entwicklung zur Verfügung und du weißt hinfort, wo du vordergründig bei deiner esoterischen Arbeit anzusetzen hast.
Zu viel an Lichtreflexion weist auf Überfunktion, zu wenig auf Unterfunktion hin.
Alles sollte gleichzeitig und gleich hell dein Gesichtsfeld erfreuen und auch wieder verlassen.

Bastlern rate ich sich das Kreuz selbst herzustellen. Man erhöht dadurch die Schwingungsfähigkeit erheblich. Man benötigt dazu Balken in der Dicke von 4 x 8 cm.
Vom Kreuzungsmittelpunkt aus sollten die vier Schenkel 16 cm lang sein. Für ein ungleichschenkliges Kreuz rechnet man für die untere Länge 14 cm hinzu.
Wer ganz geschickt verfahren will, zapft dieses untere Stück drehbar an und bemalt es von drei Seiten weiß. Der Rest muss schwarz oder sehr dunkelbraun getönt sein.
Auf diese Weise hätte man für beide Gelegenheiten das richtige Bild: Willst du dich kräftigen, drehst du die weiße Seite nach vorn; beabsichtigst du dich zu schwächen - um z. B. zu exterroisieren - belässt du die schwarze Seite in Frontstellung (Abb. 51).
Als Sockel sägst du dir ein 3 cm dickes Brettchen mit 30 cm im Quadrat zurecht. Gut geschmirgelt und mit einem farblosen Lacköl bearbeitet, bekommt das Ganze schon ein gutes Aussehen.

Abb. 51

Wie man sich ein Kreuz zwecks Kontemplation oder Meditation zusammenstellt

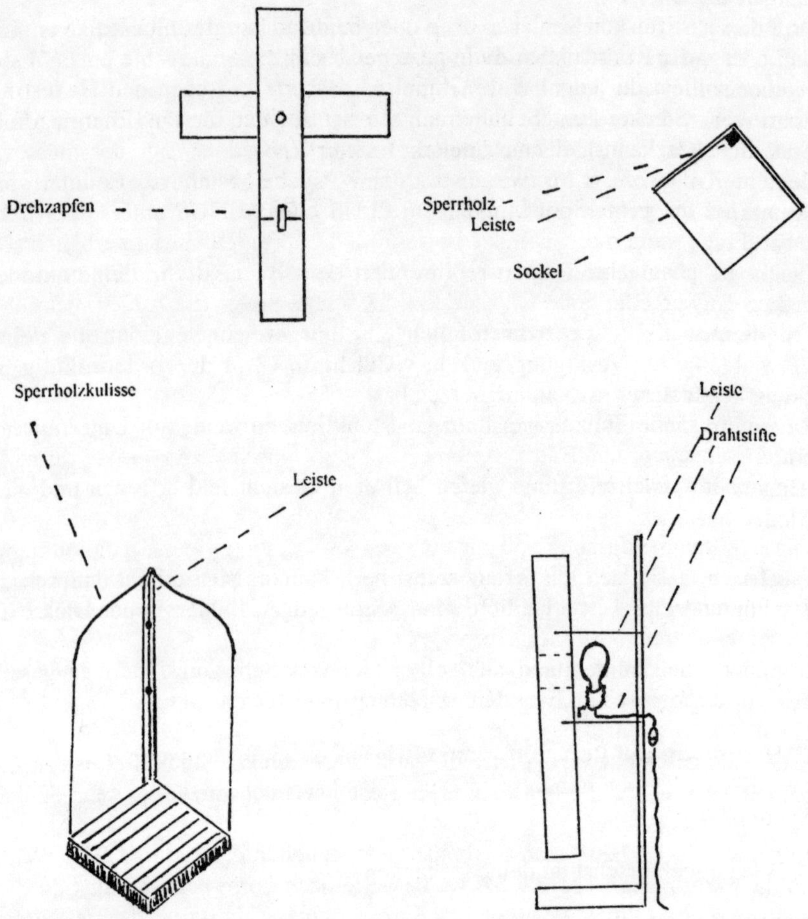

An der Hinterkante befestigst du zwei 25 x 50 cm Sperrholzbrettchen, an der Oberkante ein wenig geschwungen zugesägt. Auch hier farblosen, ungiftigen Lack verwenden. Beide werden mit dem Sockel verleimt und am hinteren Winkel mit einer 2 x 2 cm Leiste verbunden, damit das ganze Halt bekommt. Lass das alles gut durchtrocknen, denn es soll das Rückgrat für dein Kreuz werden.

Ist alles so weit fertig, bohrst du ca. 2 cm oberhalb und unterhalb des Querbalkens in die senkrechte Mittellinie ein 3 mm dickes Loch und gleichfalls in die rückwärtige Leiste. Nun kannst du zwei 3mm dicke Drahtstifte in die Rückwand stecken, so bemessen, dass dein Kreuz etwas nach vorne geneigt hängen kann.
Auf diese Stifte nun schiebst du das Kreuz und sorgst mit Hilfe von Uhu dafür, dass die Konstruktion nicht auseinander fällt.
Vorher solltest du jedoch eine Glühbirnenfassung zwischen den Haltestiften anbringen. Stecker und Schalter sorgen schließlich für die Energiezufuhr. Statt Schalter kannst du auch einen Dimmer verwenden, nur der muss von deinem Kreuz einen Mindestabstand von, einem Meter haben, denn sonst könnte der die ganze Schwingung zunichte machen.
Ohne Frage kann man auch auf Batterie und Fahrradglühbirne aufbauen. Der Effekt ist absolut gleichwertig. Bewährt hat sich, in den Schnittpunkt der beiden Balken eine helle Glasperle zu kleben. Sie lässt die Augen nicht abirren, wenn man das Kreuz fixiert.

Selbstkontrolle
Du kannst deine Selbstkontrolle nach dieser Checkliste vor- oder auch rückwärts vollziehen. Die Hauptsache ist, dass du schlüssige Ergebnisse dir selbst gegenüber aufweisen kannst.

Diese Zusammenfassung soll dir eine schnelle Orientierung bezüglich deiner esoterischen Fortschritte offenbaren, denn Kontemplationen können nicht erschöpfend genug getätigt werden und ich wiederhole, dass sie die Phase der Vorbereitung auf Meditationen sind.
Meditationen sind das Gegenteil von Disziplin und Übung. Sie sind Loslassen, so wie man das tut, wenn man schlafen will.

1. Hast du dir ein Refugium geschaffen mit den notwendigen Übungsutensilien, Kreuz, Kerzen mit Kerzenhalter, Sitzgelegenheit, Schrein, Tagebuch mit Schreiber?

2. Wie gut beherrschst du deine Gedanken?

3.Wie gut ist dir die Atmung ins Alltägliche eingegangen.

3. Wie gut ist Deine Energiebilance ausbalanciert.

4.Wie gut ist deine Sitzhaltung zur Selbstverständlichkeit geworden?

5. Wie oft vergisst du vor der Kontemplation zu beten?

6. Wie viele Sekunden / Minuten beherrschst du die erste Übung?

7. Wie viele Sekunden / Minuten beherrschst du die zweite Übung?

8 Wie gut hast du deinen Stoffwechsel einreguliert, Ernährung, Getränke?

9. Wie gut hast du deine Körperreinigung vollzogen?

10. Wie gut ist dein regelmäßiges Körpertraining?

11.Wie gut hast du die Reinigung des geistigen Prinzips vollzogen?

12. Wie gut kontrollierst du alltäglich deine Motivationen?

13. Wie gut bist du in der Lage deine Emotionen zu richten ohne zu werten?

Wenn du dich nicht in der Lage fühlst die genannten Voraussetzungen alltäglich zu erfüllen, sieh zu, dass du etwaige Lücken nachbesserst.
Bitte kontrolliere eingehend und oft, und ganz besonders, ehe du übungsmäßig meinen weiteren Ausführungen folgen möchtest.
Natürlich kannst du weiterlesen, aber deine Übungen sind hier beendet, wenn auch nur einer der Kontrollpunkte nicht voll erfüllt sein sollte.
Du hättest dir Blockaden gesetzt, die dein Fortkommen im esoterischen Bereich ersticken würden. Habe also Geduld mit dir, und wenn es sich um Jahre handeln müsste!

Exterroisationen
In den gewohnten Erdbereich
sind simpel und sehr einfach durchzuführen. Zwei mir bekannte Möglichkeiten stehen zur Wahl. Die erste steht den Träumern offen. Die zweite bedarf einiger Übung.
Beide lassen allerdings einen Wechsel in andere Schwingungsaggregatzustände nicht zu, jedenfalls nicht ohne die Beherrschung der Chakren und deren Wurzeln.
Dennoch ist es für den Adepten ein gewisses motivierendes Erfolgserlebnis.
Späterhin wird man auf diese Art des Szenenwechsels weitgehendst verzichten.
Nochmals weise ich auf meine Warnungen im vorangegangenen Kapitel hin. Das gilt auch für jene Ausnahmen, die meinen die *Ausnahme von der Regel* bestätigen zu müssen.
Sicherlich können einige Menschen unter Umständen schon von Kindesbeinen an Dieses und Jenes. Dennoch werden sie der Selbstblockade verfallen, wenn sie nicht schleunigst die Reinigung von Körper, Seele und Geist vollziehen.

Methode I

Jeder Mensch wird in seinem Leben die Erfahrung gemacht haben, dass er oder sie für den kommenden Tag einen höchst wichtigen Termin einzuhalten hatte, der zur ungewohnten Zeit aus dem Bette treiben musste. Du hast dir deinen Wecker gestellt und entweder verschlafen oder du bist eine bis zwei Sekunden oder Minuten vor dem Klingeln deines Chronometers hellwach gewesen. Im ersteren Fall rate ich dir, vergiss diese Methode.

Das Phänomen des pünktlichen Erwachens ist in jedem Fall Voraussetzung zur Exterroisation. Adepten, die behaupten, sie hätten sich die ganze Nacht unruhig gewälzt oder gar nicht geschlafen, sind keine und haben ihre Lektionen bis hierher nicht gelernt.

Wenn du das Erwachen bis auf die Sekunde genau beherrschst, ist es ein Leichtes, sich abends beim Einschlafen zu programmieren: *im Traum zu erwachen.*

Du wirst überrascht sein, dass beim Gelingen dieser Übung, keineswegs der voraufgegangene Traum Wirklichkeit ist. Nur auslösende Elemente deines Unterbewusstseins findest du wieder.

Du fährst z. B. im Traum in einem D-Zug und musst aufs Klo.

Das ist ein häufiges Traumelement. Der Zug symbolisiert dich selbst. Das Klo wird durch Blasendruck zur gegenständlichen Vorstellung. Der Blasendruck versetzt dich in einen Halbwachzustand, jenem Zustand, der notwendig ist, um den Körper zu verlassen.

Erwachst du nun durch diese Auslösefaktoren im Traum, ist vom Zug und vom Klo nichts mehr präsent. du befindest dich nun etwa in deinem Arbeitszimmer und suchst irgendein Buch oder Unterlagen, die du für den nächsten Tag benötigst.

Dabei wird dir bewusst, dass du eigentlich zum „stillen Örtchen" müsstest. Dein Traum war also nur Ausdruck deines Unterbewusstseins, der erdgebundenen Seele, angeregt durch dein nicht bewusstes mondsuchtartiges Wandeln auf einer anderen Empfindungsebene.

Immer wieder lässt einen die Exterroisation nach diesem Schema an gewohnten Orten auftauchen: Küche, Kühlschrank, auf dem Weg ins Büro, zur Bank, im Garten o. ä..

Erst im zweiten Schritt wird dir bewusst, dass du dich nicht im materiellen Körper befindest.

Bitte kontrolliere das sofort durch Berühren vertrauter Gegenstände und erschrick nicht, wenn dir Materie keinen Widerstand entgegensetzen kann. Du bist jetzt „der Mann oder die Frau, die durch die Wand gehen kann." Keine Materie bietet dir Widerstand.

Auch der Fußboden auf dem du vermeintlich einherschreitest. Dieses Schreiten kannst du auch nur deswegen, weil dir die Vorstellung aus deiner Gewohnheit heraus das ermöglicht.

In Wirklichkeit kannst du schweben. Da du´s nicht weißt, fehlt dir die Vorstellung und da geht´s eben noch nach alter Gewohnheit.
Du kannst dich überall hin bewegen und bei einiger Übung um die ganze Welt.
Auch hier nochmals die eindringliche Warnung: Hüte dich, in den Intimbereich anderer Personen einzudringen. Geistige Gesetze würden dir unnachgiebig den Weg für jeden weiteren esoterischen Schritt ein für alle Male blockieren.
Du wirst jetzt weiterhin bemerken, dass du nicht alleine außerhalb deines Körpers wandelst.
Unterschiedliche Erscheinungen menschlicher und tierischer Statur werden dir begegnen.
Du siehst sie z. T. schattengrau und dann auch wieder farbig.
Wenn du farbige Gestalten ansprichst, wirst du deutlich vernehmbare Antworten erhalten, ohne dass du etwas von Mundbewegungen wahrnimmst. Es handelt sich um jenseitige Wesenheiten, die ihre Anwesenheit auf diesem Plan induzieren können; das heißt, sie beherrschen ihre Energiewirbel, die Chakren.
Bei den Schattengrauen wirst du nach und nach wesentliche Unterschiede erkennen lernen.
Absolut unansprechbar ist der größte Teil. Er ist seines Wandelns unbewusst und es handelt sich um diesseitige Schläfer.
Ein relativ kleiner Teil trägt über dem Kopf ein goldenes Straußenei, was dir signalisiert, dass es sich um einen Träumer handelt. Sprichst du ihn an, wirst du in seinen Traum einbezogen, keinesfalls real, und bekommst dementsprechend irreale Antworten. Das ist, wie wenn du einem Schwerhörigen etwas erzählst, der dich nicht versteht.
Der weitaus kleinste Teil hat offensichtlich das goldene Ei im Oberkopf. Er ist, wie du evtl. auch, ein bewusst Wandelnder. Wache und exakte Antworten werden gesprochen, und der Gang ist schwebender als bei den vorgenannten Gruppen. Manchmal trifft man sogar auf nur schwebende Wesenheiten. Es handelt sich dann um Fortgeschrittene.
Im übrigen wirst du überrascht sein über die Farbigkeit und Klangfülle deiner gewohnten Umgebung.
Du wirst entdecken, dass alle Fortgeschrittenen ihre Erscheinungsform durch Gedanken in unwahrscheinlicher Schnelligkeit verändern können. Hatte z. B. soeben noch jemand einen Arbeitsanzug an, so steht er plötzlich im Frack vor dir mit grünen, gelben oder weißen Socken, ganz nach deinem oder seinem Geschmack. Du kannst das auch.
Willst du surfen, so tust du das bereits. Möchtest du nach London oder Paris - vorausgesetzt deine Vorstellungskraft erlaubt das - so bist du im Gedanken-

sprung bereits dort. Ob das alles allerdings ratsam ist, wäre eine Frage nach der Motivation. Denke dabei an den Pfannkuchenberg im Märchen.
Die Leidenschaft am Essen hat so viel Gewalt über den Müllerssohn, dass er sich jenseits immer mehr mit Materie anfüllt, frisst, dass er gewaltsam auf Grund seiner angegessenen Erdenschwere auf die Erde zurück muss. Das gilt sowohl in direktem als auch im übertragenen Sinne.

Methode II
ist uns von einem amerikanischen Elektriker namens MULDON gezeigt worden.
Durch einen Hochspannungsschlag war er durch weitgehende Lähmung für dauernd ans Bett gefesselt. Ein Praktiker kennt keine Langeweile, und so machte er sich ans Probieren, um sich aus seiner mißlichen Lage zu befreien.
Da er während seines Unfalles alles außerhalb seines Körpers miterlebt hatte, war er fest davon überzeugt, dass seine Bemühungen Erfolg haben würden, und so war es dann auch.
Er hat das in einem lesenswerten Büchlein festgehalten.
Behilflich, um dieses Ziel erreichen zu können, war ihm ein yogabeflissener Freund, der Herrn Muldon einige wesentliche Übungen erklärt und ihn begleitet hat.
Muldons Überlegungen waren, dass der Körper dann bereit sein müsse aus dem Leib auszutreten, wenn man gerade noch nicht eingeschlafen sei. Nach den ihm angebotenen Yogaübungen fand er seine Theorie schließlich bestätigt.

Seine Technik ist folgendermaßen:
Der Bauch wird, wie bei der Swastika, unter die Rippen gezogen, natürlich während der Ausatmung. Nach der dabei eingehaltenen Atempause wird tief in den Bauch eingeatmet.
Nach sieben solchen Atemzügen ist die Pression auf die Aorta, das große arterielle Blutgefäß, das im Körper von oben nach unten zieht so gewaltig, dass die Durchblutung mit großen Energieüberschüssen durch den Kreislauf drängt. Diese lassen sich nun gedanklich lenken.
So auch bei Muldon: er ließ sie zunächst in das rechte Bein fließen, dann in sein linkes, schließlich in den rechten Arm und zuletzt in den linken.
Um diesen Energieschub für seine Zwecke auch dem Gehirn spürbar zukommen zu lassen, ließ er Kopf und Nacken so lagern, dass sein Kopfkissen den gesamten Oberkopf frei schwebend beließ.
Was er erwartet hatte, dass nämlich die Halsschlagadern verstärkt pulsieren würden, traf ein und so konnte er in dieser Lage seinen Kopf im Pulsrhythmus auf und ab wippen fühlen.

Nachdem sein Energieüberschuss nun auch in den Kopf eingeströmt war, versuchte er durch Mitzählen seines Pulsrhythmusses, diesen zu verlangsamen.
Bis auf vierzig Pulsschläge, hatte er gehört, müsse man das Herz herunterlocken, und das gelang ihm schließlich nach fleißigem Üben auch. Nun war er so weit, den Schlaf zu überlisten. Zu diesem Zweck stellte er den linken noch beweglichen Unterarm senkrecht neben seinen Kopf, und immer wenn er einzuschlafen drohte, kippte der Arm und weckte ihn. Nicht auf Anhieb, aber irgendwann gelang auch dieser Übungsabschnitt und Muldon fand sich wie in einem Fahrstuhl in die Höhe schwebend. Weil ihm das jedoch Übelkeit verursachte und Angst in ihm aufstieg, beförderte ihn sein Vegetativum mit einem heftigen Ruck zurück in seinen Körper. Er ließ jedoch nicht locker und wappnete sich gegen Angst und Übelkeit. Nicht lange, und auch das gelang. Er fühlte sich nun bis an die Zimmerdecke schweben.
Sein Fehler war, dass er sich mit Hilfe seines Willens aufrichten wollte. Wieder wurde er mit einem Ruck in seinen Körper zurückgeschleudert. Du kennst diesen Ruck mit Sicherheit auch, nämlich den, der dich beim Einschlafen weckt. Immer dann bist auch du schon außerhalb deines Körpers gewesen.
Erst wenn der Geistkörper sich am Fußende des Bettes von selbst aufgerichtet hat, ist der Mensch frei seinen Willen und Initiative zu entfalten. Bis dahin, so schildert es Muldon, kann nur Dankbarkeit und Andacht den Vorgang der Exterroisation bewirken.
Natürlich habe ich s. Zt. diese Methode probiert und kann Wort für Wort Muldons Niederschrift bestätigen. Dankbarkeit, Andacht und Zärtlichkeit gehören zur Kontemplation.
Ungewohntes begegnet einem nach dem Aufrichten. Man will zur Tür wie gewohnt schreiten; da man aber gar nicht Schritt vor Schritt zu setzen braucht, sondern dorthin schwebt, scheint die Tür auf einen zuzurasen. Schreck lass´ nach und schon bist du wieder in deinem Körper, und das geht so lange, bis man sich auch dagegen gewappnet hat.
Wie meinst du wohl ist es, wenn ein ganzer großer Bahnhof auf dich zugeschwebt kommt, und das in rasender Geschwindigkeit. Sicher würdest auch du alle Viere vor Dir ausstrecken und aufschreien. Dabei hättest du nur zu denken brauchen: So, da bist du ja!
Ich will dich nicht mit einer Unzahl eigener Erlebnisse langweilen. Immer ist zwingende Folge auf Angst die augenblickliche ruckartige Rückbeförderung in den schlafenden Körper, und das ist wie ein Bauchklatscher im Schwimmbad vom Dreimeterbrett. Besser, du gewöhnst dir vorher deine Angst ab, sie ist ohnehin zu nichts nütze.
Ich verweise in diesem Zusammenhang auf den ersten Band: Ein Wanderer zwischen zwei Welten und Jenseits aus dem Gesamtwerk , Selahc - Schüler St. Michaels

Die fünf klassischen Elemente
die ich bereits erwähnt habe und durch deren Emanationen wir über unsere Sprache ständig Wirkungen aussenden, lassen sich sowohl kontemplativ als auch meditativ mittels gerichteter Emotionen aus ihrem Akashaverband heraus zu neuen, eigenständigen Gebilden verdichten.

Volte
nennt man solche Gebilde. Die Stärke und Form eines Volts hängt von deiner Vorstellungskraft ab. Die Form eines Volts kann zum Beispiel interponiert sein in die Spitze eines Spazierstockes, in die Ziffern einer Uhr oder auch schwebend frei als Kugelgebilde auf einer Ecke deines Schreibtisches. Du selbst kannst dich mit einem Volt einhüllen wie in die Schale eines Eies.
Es bleibt jedem unbenommen, sich selbst aufzuladen oder irgendwelche Gegenstände.
Die Selbstaufladung allerdings sollte man nur kurzfristig bewerkstelligen, weil man sonst seinen ganzen Energiehaushalt durcheinanderbringt.

Zwei Grundregeln
sind bei der Arbeit mit den Elementen unter allen Umständen zu beachten

1.) Willst du dich selbst als Voltträger oder Überträger darstellen, so musst du vor Ablauf des Tages, vor 24°° Uhr, dieses wieder aufgelöst haben durch siebenfaches gezieltes Abatmen des oder der interponierten Elemente.

2.) Willst du ein bleibendes Volt erschaffen, lass es immer außerhalb deines Körpers entstehen. Gib diesem Volt nach Fertigstellung einen Namen. Bestimme seine Lebensdauer, gib ihm einen festumrissenen Auftrag und Bestimmungsort.
Zusätzlich kannst du den Auftrag erteilen, dass es sich automatisch bei Nennung eines Lautes oder Namens verstärkt. Das allerdings kann es immer nur nach deiner zur Verfügung stehenden mentalen Intensität. Zum Schluss sprichst du, wie alles andere auch, laut: „Du hast alleine mir zu gehorchen, und wenn ich dich bei deinem Namen rufe, wirst du mir Folge leisten und deinen Auftrag ausführen. Das ist mein fester Wille.
Was jetzt erschaffen wurde, nennt man ein **Elemental**. Die Eindringlichkeit deiner Aussprache ist Garant für die Zuverlässigkeit, deiner Schöpfung.

Allgemeines
Dazu, sei gewiss, dass es sich um Schöpfung handelt; denn jede Energiewelle hat ihren Ursprung in Materieteilchen, die du durch deine gedankliche Kraft neu strukturiert hast.

Max Planck hat dazu einmal geäußert, dass er der Meinung sei, jedes neu entdeckte Element über das 98. Hinaus sei durch die Gedankenkraft elüstrer Gehirne entstanden.
Deine Gedankenreinheit und deine soziale Motivation sind dein Schutz vor Fehlschlägen und deren bösen Folgen.
Die größte Gefahr für dich bist immer nur du selbst, zumal man´s - wie bei jeder Sucht - zunächst nicht merkt.
Fehleinschätzung eigenen Könnens, kann jahrelang folgenlos bleiben; aber dann schlägt´s ganz plötzlich zurück.
Ich denke dabei zum Beispiel an *Toni Agpaoa* von den Philippinen, der mit seinen Geistoperationen vielen Menschen helfen durfte. Als ihm sein unerwarteter Reichtum zu Kopfe gestiegen war und er geldsüchtig wurde, siechte er in einem knappen Jahr dahin, unter vollem Verlust seiner Fähigkeiten. Er war nicht ein Einzelfall.
Alles hat eben seinen Preis, und man sollte nicht erwarten, dass Reinheit sich mit Unreinheit folgenlos paaren lässt.

Die kontemplative und meditative Beherrschung der fünf klassischen Elemente ist engstens mit der Atmung verknüpft. Erinnere dich bitte an die Dreischenkligkeit der Atmung!

Deine Atempause repräsentiert die Ursache eines Elementes in der mentalen Phase.
Bei einiger Übung wirst du dieselbe immer als außergewöhnlich farbig erleben, natürlich neben dem Gefühl des an dich Herantretens und Anschmiegens. Fortgeschritten kannst du es sogar als tönendes Rauschen hören.

Die Einatemphase gleicht der Geburt in die Materie hinein. Sie präsentiert sich Dir deswegen in gewohnter irdischer Natur.

Mit der Ausatmung durchläuft man die Todesphase, einmündend in den astralen Zustand, was soviel bedeutet, dass die energetische Ausstrahlung wahrgenommen wird.

Ich hatte schon angedeutet, dass wir die Emanationen der Elemente im täglichen Sprachgebrauch durch unsere fünf Vokale ständig aktivieren.

I E O U A

I das Feuer, Tejas (Tedjschas)
E die Erde, Prithivi (Pritthivi)
O die Luft, Waju (W a h j u h)
U(VW) das Wasser, Apass (Apass)
A ein Lichtquant, Akasha (Akasha)

Ich habe die fernöstlichen Ritualformeln gleich hinzugefügt, weil du späterhin nicht nur mit Buchstabenkontemplationen auskommen wirst. Je weiter du später mit deinen Übungen fortgeschritten bist, um so eher kannst du auf die Buchstabenkontemplationen verzichten. Die Formeln werden dich noch eine ganze lange Zeit begleiten. Sie sind vergleichbar den Schritten, die man beim Computer gehen muss.
Zunächst bedarfst du jedoch der Buchstaben wie ein ABC-Schütze seine Tafel und den Griffel.
Beginne zunächst also mit Laut- und Haltungsübungen, damit dir die innere Bildlichkeit deines Tuns bewusst wird.
Desgleichen bleibe bitte tunlichst bei der von mir vorgezeichneten Reihenfolge, die gleichfalls Formelcharakter trägt.
Lies einmal: J E O U A oder besser J E H O V A

Selbstverständlich gehört das H zum O des Luftelementes. Mit diesem Hauchlaut beginnt und endet schließlich unser diesseitiges und jenseitiges Leben.

U V und W sind identische Buchstaben. Das wird dir um so klarer werden, wenn du an die Bezeichnungen des Wassers in verschiedenen Sprachen denkst:

zu deutsch: **W A S S E R** ; dänisch: **V A N D** ; englisch: **W(U)** A T E R:

Jehova ist infolgedessen kein Göttername, sondern eine von vielen ähnlichen Meditationsformeln, die, wenn man meditativ in der Lage ist ihren Sinngehalt in einem Atemzug zu erfüllen, einen auch in die Lage versetzt, Körper, Seele und Geist voneinander zu trennen, ohne dabei zu sterben. Alle drei Aggregatzustände stehen einem dann nach Belieben zur Verfügung.

Beginne also zunächst mit dem Feuer

I TEJAS

Stelle dich mit geschlossenen Füßen aufrecht hin, mit dem Gesicht nach Osten gerichtet.
Der linke Arm und die zugehörige Hand werden fest an den Körper angelegt, nicht gepresst.
Der rechte Arm mit der geschlossenen Faust reckt sich gen Himmel und nur der Zeigefinger löst sich aus der Faust und weist nach oben und fühlt sich an, als ob er brennen würde.

Summe in dieser Stellung laut und ausdauernd I - - - - - - - - - - - - -I und stelle dir vor, du selbst seiest ein brennendes Strohdachhaus, bei dem die Funken nach allen Seiten auseinanderstieben, ein elektrisches Phänomen! Da du in der Energie- und Ausatemphase begonnen hast, ist dieses Bild absolut zutreffend.
Wenn du gelernt hast deinen Gefühlen zu lauschen, wirst du konstatieren, dass ein deutliches elektrisches Spannungsgefühl dabei zu Tage tritt. Achte zunächst ausschließlich auf die Ausatemphase, einige Tage, oder gar drei Wochen lang.
Nach jeder Übung vergiss nicht das kontemplierte Element konzentriert abzuatmen; wie ein Drache, feuerspeiend; siebenmal, aus Augen, Mund und Nase gibst du dieses Element dem Kosmos zurück. Nach dieser Übung wirst du versuchen, das I nicht mehr laut zu intonieren, sondern seine Vibration in ganzer Länge vor der Wirbelsäule zu erzeugen. Du wirst bemerken, dass solches sich nicht erzwingen lässt. Im Gegenteil, je liebevoller, zarter und zugewandter du herangehst, um so eher bist du in der Lage die Stimmgabel Wirbelsäule in Schwingung zu versetzen.
Hab´ Geduld mit dir und registriere alles fein säuberlich in deinem Tagebuch. Sicherlich vergehen drei weitere Wochen bis du zufrieden sein kannst.
Der nächste Schritt betrifft nun die ausschließliche Beachtung der Einatemphase.
Gleiche Haltung, aber anderes Bild und statt I - - - - I erzeugst du ein lang gedehntes H I - - - - - - I, wie ein Indianer.
Die materielle Erscheinung des Feuers zeitigt vor allem Hitze. Da du während der Einatmung nicht singen kannst und da du den Klangkörper Wirbelsäule schon im Griff hast, projizierst du dein H I - - I gleich und von Anfang an dorthin.
Verbunden mit der inneren Intonisierung sieh dich ganz dicht vor einem brennenden Haus stehen. Empfinde die gewaltige Hitze, die über dir zusammenschlägt.
Generell, ganz besonders bei dieser Übung, solltest du das Übungsintervall nicht länger als 21 mal planen und ausführen, du bekommst sonst hohes Fieber, und vergiss niemals das - Abatmen!
Dein nächster Schritt sollte sich mit der Atempause beschäftigen. Die Intonisierung des H I - - - I vor der Wirbelsäule dürfte keine Schwierigkeit mehr bereiten.
Während der Atempause erwartet dich zunächst nur das Gefühl, dass etwas an dich herantritt.
Erst allmählich beginnt sich vor deinen inneren Augen ein roter Feuerschein zu zeigen, etwa wie wenn man von weitem ein brennendes Haus entdeckt, dessen Widerschein den Himmel färbt. Diese Farbe wird alsbald dein ganzes Gesichtsfeld ausfüllen.

Ein leicht warmes bis mildes Kribbeln schleicht sich zunächst um Hände und Arme und breitet sich bei ausreichender Übung über den ganzen Körper aus. Man hat das Gefühl, als ob sich etwas Lebendiges anschmiegt.
Von nun an beginnt die Feuerkontemplation mit der Atempause, indem du alle drei Atemzüge miteinander kombinierst.
Hier in aller Kürze nochmals die drei Stationen der Atmung:

I T E J A S

Atempause	Einatmung	Ausatmung
Mentalphase	Materiephase	Energiephase
Farbe	Materie	Energie
rot	rot heiß	feurig elektrisch
HI	HI	I

E P R I T H I V I

Der nächste Übungsschritt sollte sich mit dem Erdelement auseinandersetzen. Er erfordert die sitzende Position. Es muss kein Lotussitz sein. Wie schon erwähnt ist der unserem europäischen Knochenbau nicht adäquat. Unsere Kontemplationshaltung, mit dem Gesicht nach Süden, auf einer nach vorn geneigten Sitzfläche, eignet sich dazu am allerbesten. Entspannte gespreizte Oberschenkel, von Kleidung befreiter Bauch und nach innen abgewinkelte Fußsohlen sind notwendig. Die Hände liegen leicht eingerollt mit der Kleinfingerseite in der Mitte der Oberschenkel.
Zunächst beginnst du mit der Einatemphase, weil dir die Eigenschaften der materiellen Erde am gegenwärtigsten sind.
Erde ist schwer und somit wirst du das Gefühl haben, wie hunderte von Lastwagen ihren gelbsandigen Inhalt auf dich herabrieseln lassen. Wüstensand.
Versuche dich in der Abatmung einer immer wieder leicht zu reproduzierender Form zu bedienen; schicke die eingeatmete Erde in ein großes massives Kreuz. Du kannst es aber auch einfach in die Natur entlassen.
Die Atempause wird dich mit einem wunderbar transparenten Dunkelviolett überraschen. Bei diesem Element tritt also ein deutlicher Farbenwechsel ein.
Das E wird in der Ausatemphase, wie schon beim Feuer mit einem H versehen: HE - - - H.
Vergiss nicht dich nach den Übungsetappen des Elementes in Richtung Kosmos zu entledigen.
Auch bei dem Erdelement hat man das deutlich Gefühl des sich Anlagerns in der Atempause.
Die Einatmung weist ein immer auffallenderes Schweregefühl auf, die Ausatmung wirkt geradezu erleichternd. Der Druck auf die Sitzfläche auf der man sitzt, lässt nach.

Folgend noch einmal in Kürze die drei Stationen der Atmung:

E PRITHIVI

Atempause	Einatmung	Ausatmung
Mentalphase	Materiephase	Energiephase
Farbe	Materie	Energie
dunkelviolett	sandgelb schwer	sandgelb Form
HE	HE	E

O WAJU

Bedarf für den Anfänger wieder des Stehens, jetzt aber mit dem Gesicht nach Norden.
Sehr viel später ist es völlig gleichgültig, ob du Kopfstand machst oder sonst irgendeine Haltung einnimmst.
Der Anfänger bedarf jedoch erst einmal strenger Regeln, damit sich eine entsprechende Homöostase (Macht der Gewohnheit), einstellen kann. Ausschließlich ein Lehrer - Schülerverhältnis kann gewisse Schritte überspringen lassen.
Du stellst dich also hin und hebst seitlich den rechten, leicht gebeugten Arm so, dass die nach oben wie eine Schale geöffnete Hand über der gleichseitigen Schulter schwebt.
Daumen und Zeigefinger werden zum Kreis geschlossen. Durch diesen Kreis wirst du deutlich das Einströmen der Luft fühlen. Ist das nicht der Fall, verändere die Hand - Armstellung so lange, bis sich das Gefühl des Strömens in der Handinnenfläche eingestellt hat. Der linke Arm hängt locker nach unten mit leicht geschlossener Hand.
Beginne in der Einatemphase mit dem inneren Summton HO - - - - O vor der Wirbelsäule.
Schwebende Leichtigkeit breitet sich aus. Der Druck der Füße auf den Fußboden scheint zu schwinden.
Die energetische Ausatemphase kennzeichnet sich durch das Gefühl unendlicher Ausdehnung in horizontaler Ebene, wie wenn man Flügel bekommt.
Himmelblau - wie sollte es anders sein - erweist sich die Farbe der Atempause.
Segelflieger, Drachenflieger und Ballonflieger haben bei der Qualität dieser Vorstellung die geringsten Schwierigkeiten. Vielleicht entwickelst du eigene adäquate Vorstellungen. Das ist nicht nur erlaubt, eher sogar erwünscht. Denke an das Abatmen des Luftelementes, so angenehm das Gefühl des Schwe-

bens auch sein mag. Erliege nicht der Versuchung. Das wäre der Beginn einer Sucht! Sie würde verdichtend wirken und deine Bemühungen kurzschließen. Hier in aller Kürze die drei Stationen der Atmung :

O WAJU

Atempause	Einatmung	Ausatmung
Mentalphase	Materiephase	Energiephase
Farbe	Materie	Energie
himmelblau	leicht	schwebend
waagerecht	HO	HO O

U APAS

Apas ist wie die Erde ein schweres Element und sollte wieder im Sitzen erübt werden, mit dem Gesicht nach Westen gewandt. Lege zu dieser Kontemplation beide Hände himmelwärts geöffnet auf deine Oberschenkel. Stelle dir vor, du säßest in einem Eisregen oder unter einem stäubenden Wasserfall in den Bergen. Zieh dieses eindrucksvolle Prickeln und Rinnen mit der Einatmung in dich hinein und lass es mit der Ausatmung wieder hinausströmen, wobei sich ein Gefühl einstellt, als seiest du ein Riesenmagnet mit dem dazugehörigen, aus dir herausschwingenden Magnetfeld.
Die Atempause vermittelt eine moosgrüne, transparente Farbe.
Manche Adepten beschreiben ihre Einatemphase als einen Zustand, wie wenn man in einem breiten Fluss dahintreiben würde.
Tatsächlich ist das Wasser ein absolut waagerechtes und minuspoliges Element. Es ist auf unserem Planeten *das* Lebenselement.

Die drei Kurzfassungen der Atmung von

U APAS

Einatmung	Ausatmung	Atempause
Farbe	Materie	Energie
mental	materiell	astral
moosgrün	meergrün, eisig, kalt	grünlich magnetisch
HU	HU	U

A AKASHA

lässt dich - wie einst die Goldmarie - bei der Einatmung in einem Goldstäubchenregen stehen. Um diesen aufzufangen, streckst du beide geöffneten Hände im Stehen mit den Handflächen zum Himmel gerichtet, die Finger leicht gespreizt und das Gesicht in Richtung Sonne gewandt, auch wenn du sie nicht sehen kannst. Ein leises Ziehen und Strömen wird sich bei der Einatmung in dir ausbreiten, das bei der Ausatmung umschlägt in eine intensive Ausstrahlung, sodass man sich selbst wie eine Sonne empfindet.
Die Atempause imponiert durch eine Farbe, die wir von den Roben der Kaiser und Könige kennen: Purpur, höchst transparent, golddurchwirkt und irisierend in allen Farben.
Ein Gefühl von Frühlingshaftigkeit stellt sich ein, wenn man vom Akasha eingehüllt ist.
Die zu denkenden Buchstaben werden in allen drei Phasen mit AH "gesungen".

Zur Kurzorientierung hier nochmals die drei Atemphasen

A AKASHA

Atempause	Einatmung	Ausatmung
Farbe	Materie	Energie
mental	materiell	astral
purpur	sonnig, purpur	ausstrahlende Sonne
AH	AH	AH

In aller Kürze habe ich die einzelnen Schritte skizziert. Du kannst diese aber nur durch fleißiges Üben selbst zum Erlebnis bringen. Keine Schilderung wäre in der Lage die Prächtigkeit der Wahrnehmungen auszudrücken. Meine jedoch nicht, dass Eiltempo des Übens dich ebenso hastig ans Ziel zu tragen vermag. Oft ist eher das Gegenteil der Fall.
Muße und Geduld bis ins Kleinste hinein sind die Schlüssel. Trachte nicht, dieses oder jenes als unerheblich überschlagen zu können. Du kannst es nicht! Und wenn Du trotzdem hier oder dort etwas überschlagen hast und dir gelingt vieles unvorhergesehen gut, dann sei gewiss, dass du an anderer Stelle, ebenso unvorhergesehen, stecken bleiben wirst.

Mir wird oft vorgeworfen ich sei ein Eseltreiber und pflanzte jedem Schüler ein schlechtes Gewissen ein. Wer das behauptet, ist für wahr ein Esel, den ich allerdings zu allerletzt treiben würde.
Ich bin es nicht! Jeder selbst treibt und macht sich ein schlechtes Gewissen.

Wenn alles perfekt und planmäßig bis hierher erübt worden ist, darfst du dazu übergehen, die drei Atemphasen in nicht adäquate Bilder zu tauschen. Tue das zunächst erst einmal nur mit einem Element, was allerdings niemals gelingen wird, wenn du die Atempause vergessen solltest. Sie bleibt der Schlüssel und bedarf folglich in jedem Falle zuerst der entsprechenden Grundvorstellung.
Ist dieser Übungsabschnitt geschafft und die Atempause endlich und nach diesem lang genug, kannst du zusätzlich dazu übergehen, eine materielle oder (und) eine astrale Projektion hinzufügen. Du wirst dazu etliche Zeit benötigen. Denke dabei an die Motivation! Hetze dich nicht selber!
Erst sehr viel später wirst du in der Lage sein ein weiteres Element anzukoppeln, natürlich auch hier in kleinsten Schrittchen.
Nach weiter verstrichener Übungszeit fügst du, mit immer der gleichen Technik, zwei, drei, vier und schließlich fünf Elemente zusammen. Vergiss nicht zu notieren!
Du wirst mich fragen wollen - wie seiner Zeit in der Volksschule - was denn eigentlich der ganze Zirkus soll.

Den Wert dieser Übungen habe ich dir schon einmal versucht zu verdeutlichen. Wenn du nämlich in der Lage bist, alle fünf Elemente in ihren drei Phasen in einem einzigen Atemzug zu vollziehen, steht dir eine weitere Möglichkeit zur Verfügung, frei zu sein von deinem Körper; und wenn du zusätzlich die Chakrensteuerung beherrscht, bist du frei für alle Ebenen im Jenseits.
Das scheint nur unerreichbar! Übung macht den Meister. Das ist wie beim Orgel- oder Klavierspiel. Zunächst hält man sich an jeder Taste fest, bis der Zeitpunkt herangereift ist, dass alles von alleine zu funktionieren scheint.
Soeben habe ich auf die Chakren als Steuerfunktion jenseits hingewiesen. Natürlich muss auch das noch erübt werden, wenn man den Weg auf die andere Seite des Lebens in ihrem riesengroßen Fächer erleben möchte.
MÖCHTE darf allerdings nicht DIE Motivation sein!
Die Motivation, die zur Exterroisation allein gültig ist, dort helfen zu wollen; und es ist nicht nur auf der materiellen Seite notwendige Hilfe erwünscht.
Alle psychischen Erkrankungen diesseits sind ausschließlich und kausal auf der anderen Seite des Lebens zu heilen, und das wiederum nur von Diesseitigen, die exterroisieren können. Sie haben jenseits DAS *gewichtige* Wort. Gewicht des Diesseits steht den Jenseitigen nicht zur Verfügung, es sei denn sie stehen in höchsten Rängen.
Manipulationen mit den Elementen diesseits schlagen auf den Verursacher zurück!

Die Bedeutung der fünf Urelemente

Allgemeines
Zunächst einmal ist nachzutragen, dass jedes der fünf Elemente spezifische Bindungen zu unseren Organen kennt. Grob geteilt könnte man sagen, dass Feuer, das aus den Augen sprühen kann, seinen Hauptsitz im Kopfe hat. Nicht umsonst spricht man vom Feuerkopf.

Das Erdelement findet man in allem Festen, in jeder Form, in den Bindegeweben, Muskeln und Knochen.

Die Luft hat, wie wir es von der Atmung wissen, ihre Heimat im Atembereich, also dem Brustkorb.

Wasser dient allem Flüssigen und damit dem Stoffwechsel. Seine Heimat ist der Bauch, unterhalb des Zwerchfells. In der Region befinden sich ja auch die Nieren und die Blase, verantwortlich für alle wässrigen Ausscheidungen.

Akasha, als alles Vereinendes durchdringt als Atomstrahlung alles und ist dementsprechend allgegenwärtig. Natürlich könnte man die einzelnen Organe wiederum nach einem fünfteiligen System differenzieren. Das soll und muss jedoch dem esoterischen Mediziner vorbehalten bleiben.

Jedes der fünf Urelemente hat seine ganz spezielle funktionelle Bedeutung. Zwei davon sind ihrem Augenschein nach schwer und zwei davon leicht. Daher tendieren die einen der vier nach unten und die beiden letzteren nach oben.
Erde und Wasser als die schweren Elemente, Luft und Feuer als die leichten müssten in dieser Beziehung eigentlich gar nicht mehr benannt werden.
Akasha als Gesamtstruktur ist atomare Struktur. Als Allesdurchdringendes verkörpert es den Spiegel göttlicher Unfassbarkeit. Wir können diese Unfassbarkeit nur mittelbar erleben, wenn wir uns z. B. in der Sonne wohlfühlen. Dabei können wir sie niemals direkt sehen; denn dort wo wir sie wahrzunehmen meinen, ist sie längst verschwunden.
Aksha bedeutet für uns höchste Erweiterung gegenüber der extremsten Verdichtung der Materie, dem Element Erde, projiziert in unserem Falle in unserem Stern.

Unsere Vorfahren bedienten sich - wahrscheinlich als Gedächtnisstütze - des großen **W** am Sternenhimmel (Abb. 52).

Abb. 52

Das große W am Himmelszelt

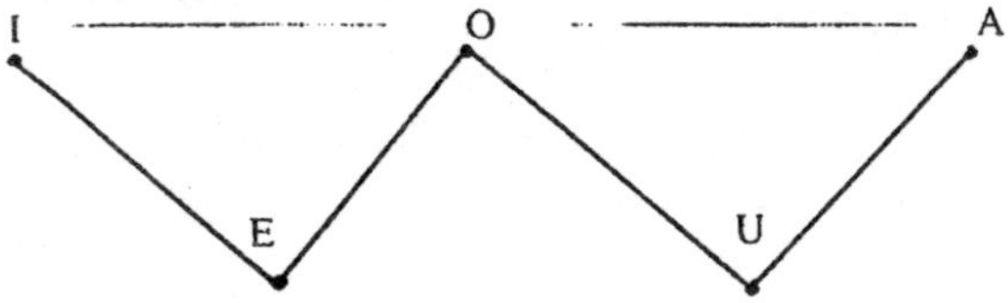

Diese Darstellung erzählt uns aber außerdem, dass nicht nur Erde und Akasha extrem weit auseinander liegen. Gleiches gilt für Feuer und Wasser. Das Luftelement dagegen ist allen Vieren gleich nah.

Das **W** stellt folglich die Spannung zwischen Erde und Akasha sowie zwischen Feuer und Wasser dar. Das Luftelement ist allgegenwärtig, und tatsächlich atmet das ganze Universum. Somit wird verständlich, dass Atmung als ruhender Pol zugleich der Schlüssel zur Meditation ist. *Odem* ist auf allen für uns erreichbaren Lebensebenen zu erfahren. Die Chinesen bezeichnen die oberen Elemente des **W** als **YANG** und den unteren Teil als **YIN**.

Wir würden uns in unserer technischen Sprache mit PLUS und MINUS zufrieden geben, was keinesfalls den wichtigsten Energiefunktionen entspricht.

YANG und **YIN** durchdringen einander; die Darstellung der Monade hat uns das gezeigt. Sie sagt aus, dass zu jeder Zeit einem MINUS ein PLUS gegenübersteht. Somit fehlt unserem westlichen Weltbild diese ganz wesentliche Erkenntnis. Schöpfung kann schließlich nur in der Durchdringung der Polaritäten existent sein.

Der westliche Mensch begreift dagegen PLUS und MINUS, rechts und links, oben und unten, hinten und vorne als entgegengesetzte, quasi feindliche Elemente unseres Daseins; dabei gehören sie alle als Funktion in unsere Wirklichkeit, ohne die ein Leben absolut sinnlos, sogar unmöglich wäre.

Ich verweise in diesem Zusammenhang auf den ersten Teil dieses Werkes: Ein Wanderer zwischen zwei Welten.

Die Erkenntnis dieser Tatsache erst lässt tiefere Einblicke in das Wesen der fünf Urelemente gewinnen.

Ich weiß sehr wohl - und mir geht´s nicht viel besser als Dir - wie ungern man Statistiken liest. Dennoch kann ich dr diese nicht ersparen, weil deren Differenzierung eine sinnvolle Meditation überhaupt erst ermöglicht, und ich

möchte dr dringend ans Herz legen, dch immer wieder mit diesem Kapitel eingehend auseinander zusetzen.
Naturtalente mögen dieser Mahnung entraten können, erlebt habe ich solche Weltwunder allerdings bislang noch nicht.

Die fünf klassischen Elemente sind uns überliefert durch verschiedene magische Schulen. Auch hier gilt: was gelehrt werden kann ist begrenzt.
Das Ziel liegt weit darüber hinaus.
Nur Erfahrung und stete Übung befähigen schließlich kosmische Reife zum *Weltraumsäugling* zu erlangen.

Die fünf Tattwas
wie sie im asiatischen Raum benannt sind, bestehen aus der *Quintessenz*, dem *Akasha* und den vier aus ihm geborenen *Essenzen.*

Akasha
das alles Umhüllende, alles Durchdringende, Höchstes, Mächtigstes UR - Sein aller Dinge

GOTT

Das letzte **T** hätte richtiger auf dem Kopf gestanden. Da streikt jedoch mein Kompuddel.
Das **G** besteht ursprünglich aus drei Lingams = drei rechten Winkeln, quasi drei L
Die Dreieinigkeit
L ist kabbalistisch 3
O verbunden mit dem H hat kabbalistisch den Wert 7
Es ist der Buchstabe der Endlichkeit im unendlichen: OHDEM

T setzt sich zusammen aus zwei Lingams. Aufgerichtet bedeutet es Zeugung ins Endliche 4
verkehrt herum, also auf dem Kopfe stehend bedeutet es Tod, bzw Zeugung ins
Unendliche, ins Jenseits.
Beide verkörpern die Ordnung, nur in unterschiedlicher Schöpfungsrichtung,
Diesseits - Jenseits
Zwischen diesen beiden Lingams befindet sich ursprünglich das Zeichen der Zeugung, der magische Stab = 2 mal die 1 2
__ 20
==
Die Zahl 10 steht für alles Nichterschaffene und alles Erschaffene = 10 + 10
20==

Die Farbe ist wie goldschimmernde Sonnenstäubchen im materiellen Aspekt,
wie golddurchwirktes Purpur im astralen Aspekt,
wie Sonnenstrahlen im energetischen Aspekt.

Die Temperatur ist fast neutral, ein wenig wärmlich.

Die Zuordnung ist der ganze Körper und zur Vitalität, zum Blut und zum Samen

Nichts bleibt dem Akasha verborgen.

I TEJAS - Feuer

Es ist das aufsteigende Feuerprinzip aus dem Akasha

aufsteigend
expandierend
Hitze
Licht
Aktivität
elektrisch
Osten
zur rechten Hand gehörend

Das elektrische Fluid des Feuers ist

im positiven Aspekt +	*im negativen Aspekt* -
aufbauend	zersetzend
schaffend	vernichtend
erzeugend	verbrennend

Das Licht aus dem Feuer ist

im positiven Aspekt +	*im negativen Aspekt* -
leuchtend	blendend
durchdringend	verzehrend
expansiv	sprengend
trocknend	austrocknend
verlangend nach	dörrend
Tätigkeit und Bewegung	Durst und ermattend

Farbe:
in der Materie feuerrot
in der astralen Phase feuerrot, heiß, elektrisch, funkensprühend
in der mentalen Phase transparent rot

Empfindung :

materielle Phase	wie wenn Feuerpfeilchen durch die Haut dringen
astrale Phase	strömend heiß, funkensprühend
mentale Phase	warm und rot anlagernd

Zuordnung im Körper vorwiegend Kopf; aber auch alle Körperteile, aus denen die Wärme bei der Einatmung zum Kopf strömt. Sie wartet dort bis zur Abatmung.

U APAS - Wasser

Es ist das absteigende Wasserprinzip aus dem Akasha

Die Kälte des Wassers ist	zusammenziehend
	absteigend
	dunkel
	passiv
	magnetisch
	Westen
	zur linken Hand gehörig

Das magnetische Fluid des Wassers ist

im positiven Aspekt +	*im negativen Aspekt* -
aufbauend	zersetzend
Leben spendend	zerlegend
ernährend	gärend
erhaltend	auflösend
lindernd	schneidend

Die Dunkelheit des Wassers ist

im positiven Aspekt +	*im negativen Aspekt* -
vorbeugend	verirrend
undurchdringlich	verwirrend
zusammenziehend	erdrückend
schützend	aus Dunkelheit überraschend
abkühlend	erkaltend
durchspülend	durchschießend

Farbe	in der Materie	grün, moosgrün
	in der astralen Phase	grün, kühl bis kalt, Eisnadelgefühl
	in der mentalen Phase	transparent moos - bis meergrün

Empfindung in der Materie	fließend bis eisig, tragend
in der astralen Phase	kalt bis eisig, waagerecht dahintreibend
in der mentalen Phase	transparent grün und kühl

Die Zuordnung ist im Körper die Region unterhalb des Zwerchfells, der Stoffwechsel ist wässriger Natur.
Bei der Einatmung fließt das Wasser spürbar in diese Region.
Ein Teil des Blutes ist außerdem Träger und Verteiler des Wassers.

Anmerkung:
Die Farbe des Wassers ist landschaftsgebunden; denn in Indien z.B. ist dieses Element blau. Das gilt gleichfalls für das Luftelement, welches dann entgegengesetzt grün statt blau erscheint

O WAJU - Luft

Es ist das aufsteigende Luftprinzip aus dem Akasha

Es ist der Vermittler zwischen	Tejas & Apas		
	I	&	U
	Elektrizität	&	Magnetismus

Es ist daher neutrales Medium für Gleichgewicht und zeitigt zu diesem Zweck die

negativen Aspekte des Wassers -& die positiven Aspekte des Feuers +
(Abb. 53)

	- U	+ I
	Leben vernichtend	Leben spendend
	überfließend	trocknend
	aufblähend	durchlüftend
	Übergewicht	Normalgewicht
	Gefräßigkeit	Hunger machend
	passiv machend	tätig sein
	stagnierend	aktiv machend
	überstrukturierend	erhaltend, aufbauend
Farbe	in der Materie	himmelblau
	in der astralen Phase	himmelblau
	in der mentalen Phase	transparentes mildes Blau

Die Zuordnung zum Körper ist der Brustkorb, Zentrum der Atmung

Himmelsrichtung ist die Heimat der vier Winde = Norden

Anmerkung :
wie beim Wasser kann die Farbe landschaftsgebunden statt blau in Grün erscheinen.

Abb. 53

Wayu O Luft ist das aufsteigende Prinzip aus Akasha
Es ist der Vermittler zwischen TEJAS und APAS, Elektrizität und Magnetismus, I und U.

Es ist Medium für neutrales Gleichgewicht und zeitigt zu diesem Zweck die

<u>negativen Aspekte des Wassers</u>	und	<u>die positiven Aspekte des Feuers</u>
<u>U -</u>		<u>+ I</u>

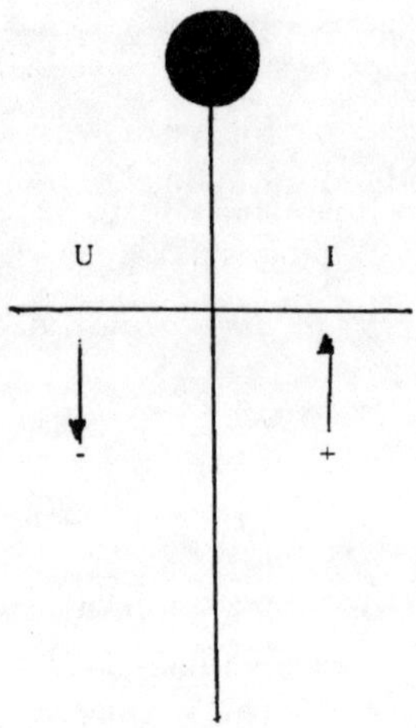

Leben vernichtend	Leben spendend
überfließend	trocknend
wegfegend	erleichternd
aufblähend	durchlüftend
Übergewicht	Gewicht normalisierend
Gefräßigkeit	Hunger machend
passiv machend	aktiv seiend
stagnierend	dynamisch
Überstrukturierend	Appetit genießen
zersetzend	erhaltend
fortschwemmend	aufbauend

E P R I T H I V I - Erde

Es ist das komprimierte Prinzip aus A K S H A als

elektromagnetisches Fluid aus der
Wechselwirkung von

Tejas
Apas
Waju

Die Erstarrung dieser drei Elemente zur Form hatte gezeitigt

M a ß
F l ä c h e
R a u m
Z e i t
G e w i c h t
K r a f t

Als vierpoliger Magnet sind sowohl

Elektrizität im positiven und negativen Aspekt
und
Magnetismus im positiven und negativen Aspekt

gleichmäßig vertreten. Ohne dieses Gleichgewicht könnte unsere Lebensenergie uns nicht erreichen. Sie sind quasi die Gleitschienen für das was uns leben lässt.

F I A T - es werde!

im positiven Aspekt von Tejas; Apas u. Waju +
im negativen Aspekt von Tejas, Apas u. Waju -
(Abb. 54)

beisammenhaltend	auflösend
formend	entformend
belebend	alternd
erhaltend	zersetzend
gedeihend	zerstörend
Geschlechtstrieb	abbauend
oder Geistestrieb	Müdigkeit, körperlich oder geistig

Farbe	in der Materie	gelb - braun, Wüstensand
	in der astralen Phase	gelbbraun und schwer
	in der mentalen Phase	dunkelviolett

Empfindung		
	in der Materie	schwer
	in der astralen Phase	schwer
	in der mentalen Phase	ohne Gewicht, nur als Farbe

Zuordnung im Körper zu allem was fest ist, Knochen, Bindegewebe, Muskeln, Blutkörperchen

Himmelsrichtung ist SÜDEN

Das Hexeneinmaleins
von Johann Wolfgang von Goethe habe ich in Buch I und III dieses Gesamtwerkes ausgiebig in seiner Konstruktion beschrieben.
Seit der große Frankfurter Meister dieses Gedicht niedergeschrieben hat, zerbricht sich alle Welt darüber den Kopf, was er wohl damit gemeint haben könnte.
Soviel ich weiß, hat sogar die antroposophische Gesellschaft einen Preis für die Lösung ausgesetzt.
Wie dem auch sei, der Hintergrund dieser Verse ist eindeutig einem Atemsymbol zugeordnet, das wir in fast jedem Kirchenfenster bewundern können :

das SCHRÄGKREUZ:

Dieses wiederum verbirgt in sich die s. g. Lemniskatenatmung, von deren Existenz Goethe gewusst haben muss, deren Beherrschung die schnellste Art der Exterroisation verspricht.
Gleichzeitig stützt sich dieses Symbol auf die kabbalistischen Zahlen von eins bis neun und weist außerdem aus: viermal Herz, viermal Kreuz, viermal Pik, viermal Karo und viermal As.

Das Schrägkreuz ist somit ein Basiskürzel für esoterisches Wissen um Zahlenmystik und Exterroisation durch Atmung.
Aufmerksame Zuhörer der eigenen Atmung werden entdecken, dass mit dem fließenden Luftstrom ein Energiefluss einhergeht, der sich überwiegend außerhalb unseres Körpers vollzieht (Abb. 55).

Abb. 55

Die Lemniskatenatmung

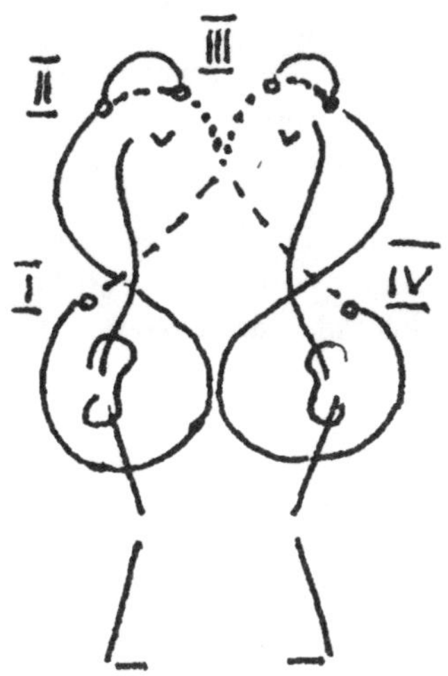

Oberhalb des Kundalinihortes, am Kreuzbein beginnend, umrundet er das Genital (I), um nach oben steigend in Höhe des Bauchnabels durch den Rumpf zu kreuzen. Hier setzt er entlang des Rückens seinen Weg fort, etwa bis zum Hinterhaupt (II). Beim Gesunden, esoterisch Ungeschulten, ist dieser Strom ca. 2 cm breit und läuft von hier mit der Ausatmung zum Ausgangspunkt zurück (I) und verhält hier für die Dauer der Atempause. Geübtere Schüler verbreitern diesen Strom bis etwa auf Handbreite. Die Ausatmung verkehrt nach der Atempause erneut die Flussrichtung in entgegengesetzter Weise, um mit der nächsten Einatmung wieder aufzusteigen, und so weiter ..
Je bewusster die Atemaktion beobachtet wird, um so breiter wird der Energiestrom und um so intensiver das Gefühl dafür.
Am Hinterhaupt (II), kommt es durch Übung zunächst zu Stauungserscheinungen, evtl. sogar mit Kopfschmerzen. Sie weichen jedoch fleißigem Weiterüben. Ein Geräusch wie eine platzende Kaugummiblase beendet sodann das Stauungsgefühl.
Der weiteren Kopfumrundung stellt sich oberhalb der vorderen Haargrenze ein gleiches Hindernis entgegen (III).
Ist dieses überwunden, wandert die Energie bis in Höhe der Nasenwurzel, um wiederum den Rückweg anzutreten.
Nunmehr ähnelt die Energiebahn einer Lemniskate, dem griechischen L = S.
Wer diesen Atemstatus erreicht hat, sieht sich schließlich in die Lage versetzt, die Atmung nicht mehr zurückkehren zu lassen, sondern sie in das spiegelbildliche Gegenüber zu projizieren. Die nun anschließende Atempause vollzieht sich nunmehr von Kreuzbein (IV), zu Kreuzbein (I), wie in einem zweiphasigen Spitzbogen (gestrichelte Linie).
Wenn du in diese dynamische Doppelfigur deiner selbst die fünf Elemente in einem Atemzug hineinprojizieren kannst, wirst du augenblicklich deinen Körper verlassen und zwar auf eine Weise, die es dir erlauben wird, jede Erlebniszone zu erreichen, natürlich bei ausreichender Kenntnis deiner Chakren.
Das Schrägkreuz ist also die Darstellung einer Doppellemniskate; aber nicht nur das, schau dir einmal die Abbildung 56 an. Die Ähnlichkeit mit dem schematisch dargestellten Photonenkreuz wird dich überraschen. Hast du etwa auch dieses Kreuz schon in der Natur beobachtet?

Wenn im Frühlingsbuchenwald die Sonne durch die Blätter strahlt, wird dir dieses Kreuz hundertfach präsentiert. Achte nur einmal darauf !
Haben wohl in vergangenen Zeiten die Baumeister alter Kirchen und Dome um diese Dinge gewusst, als sie die diversen Schrägkreuze in die Sonnenfenster einfügen ließen?

Abb. 56

Schematische Darstellung des Photonenkreuzes.

Die Ähnlichkeit mit unserer Doppellemniskate tritt deutlich zutage.

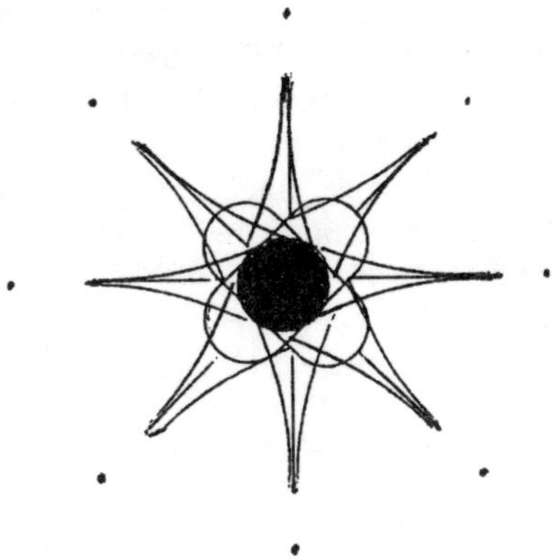

Jedenfalls hat diese Form des Kreuzes eine starke magische Wirkung auf Gemüt und Geist.

Fixiert ein Trauernder seinen Blick während einer Beerdigungszeremonie darauf, werden seine Tränen versiegen. Er wird dem Akt des Scheidens gefasst und stark gegenübertreten.
Lässt er sich hingegen von dem ungleichschenkligen Kreuz fesseln wird er kaum dem Strom seiner Psyche und seinen Tränen Einhalt gebieten können.
Im übrigen haben die Darstellungen des Schrägkreuzes in Briefköpfen, auf Reklamen, über Haustüren, als Schmuck in Fenstern, als Schmuck überhaupt, nicht nur schützenden Charakter, sie verleihen Stärke und Erfolg im Leben, wenn weder Träger noch Hersteller dieser Initialen aus Gier gehandelt haben.
Das Gesetz der Motivation und des inneren Anstandes muss auch hier auf jeden Fall beachtet sein; aber ich nehme an, wenn du bis hierher gelesen hast, dass dein esoterisches Wissen schon ausreichend gefestigt sein wird, damit du dir keinen Schaden zufügst.

Somit kann ich nun überleiten zu dem großen und wichtigen Kapitel der Chakren.

Die Herstellung dieses Symbols ist aus obigen Gründen nur mit meiner Zustimmung erlaubt.

Die CHAKREN

Sie dienen allen Lebewesen, u. a. auch dem Menschen, nicht nur als Energieübermittler zu den Nervenzentren und den ebenso wichtigen Nebendrüsen; gleichzeitig sind sie Energietransmitter jenseits unseres Aggregatzustandes, um von einer Aggregatebene zur nächsten zu gelangen. Sie bleiben dem Verstorbenen folglich treu und haben selbstverständlich auch dort ihre Funktion.
Die blütenartige Entfaltung der Chakren ist gebunden an die geistige Entfaltung des Lebewesens, auch des Menschen.
Wer jenseits ihre Klaviatur beherrscht, wird in die Lage versetzt unsichtbare Grenzen zu passieren; d. h. sich aus einem Schwingungszustand in einen anderen zu versetzen, oder anders ausgedrückt, die unterschiedlichen Lebensebenen jenseits zu erleben. Dabei wird jeweils die eigene Lebens- und Erlebnisform verändert.
Willst du z. B. zu den Feen oder Zwergen, so nimmst du jeweils deren Größe an. Eine Reise in den Erdmittelpunkt hätte natürlich völlig andere Voraussetzungen.
Zur Entfaltung kannst du diese Blütenwunder nur auf dieser Seite des Lebens bringen, und wie ich schon sagte, ist das eng verknüpft mit deiner Reifung.

Tatsächlich sitzen sie wie Blüten an unserem "Blumenstengel" der Wirbelsäule verankert.
Bitte rufe dir in Erinnerung, dass wir Menschen eigentlich mit der Wurzel - dem Kopf nämlich - zum Himmel streben; dass wir, wie auch das Tier, seine ursprüngliche Lage absolut verkehrt haben, dann lässt sich begreifen, dass so manche Blüte zu verkümmern droht, weil der Umkehrungsprozess nicht so recht bewältigt worden ist.
Die ehemaligen Wurzeln sind mit der Zeit gleichfalls zu Blüten, bzw. deren Knospen umgewandelt, allerdings völlig anderer Art.
Effektiv ist der Mensch zum größten Teil dadurch wurzellos geworden. Erst durch die Ausbildung neuer "Wurzelblüten" hat er wieder die Gelegenheit Wurzeln im Kosmos zu schlagen und dort direkt zu kommunizieren. Wie weit das gelingt - ich sagte es schon - hängt von der Reifung eines jeden ab. Ursprünglich waren alle Blüten Genitalien. Beim Menschen ist davon nur ein genetisch kümmerlicher Rest verblieben.
Ursprünglich wollte die Menschenpflanze ihre Blüten alle dem Licht und der Befruchtung entgegenstrecken, wie andere Pflanzen auch. Notwendigerweise mussten jedoch die Wurzeln für Nahrung aus dem Kosmos sorgen, und da das nicht ausreichen wollte, musste ein großer Teil der Genitalien in Energietransmitter umgewandelt werden.
Mit der Zeit ist somit aus Genitalien "Scham" geworden. Nur der Exhibitionist pflegt wohl noch alte Erinnerungen und wird deswegen eingesperrt, ob-

gleich er effektiv ein harmloser Zeitgenosse ist. Man fühlt sich eben durch ihn belästigt, wobei jeder heimlich gleiche Triebe verspürt. Dem Freilegen genitaler Reize huldigt in letzter Zeit vermehrt die holde Weiblichkeit, ganz sicher aus diesem gleichen Grunde.
Die ehemaligen Wurzeln dienen also dem Kontakt zum Kosmos mit Hilfe der Atmung.
Alle übrigen Energiezentren sind sekundärer Natur, was jedoch nicht ihre Bedeutung mindert.

Die Struktur der Chakren
Hochinteressant ist deren genaue und innere Struktur. So viel mir bekannt, ist sie bisher noch nicht beschrieben worden. In ihrer Funktion präsentieren sie sich wie Dynamos.
Im Mark der Wirbelsäule entspringend, ziehen sie feinspiralig durch die Nervenaustrittslöcher der Wirbelsäule, durch den Grenzstrang und dessen Nervenzentren und den zugehörigen drüsigen Organen in sinusartiger Kurve zur Körperdecke, linksrotierend = MINUS. In entfalteter Form gleichen diese dem zutage getretenen Korb einer Sonnenblume. Umgeben wird der von einem rechts rotierenden Blütenkranz = PLUS.
Aus diesem Blütenkranz strömt rechtsrotierend eine „Stengelhülle“ Richtung Rückenmark, diesesmal jedoch um die Grenzstrangschaltstellen, einen zweiten kleineren Zyklon bildend, der als Wurzelzentrum zu bezeichnen wäre, mit seiner Spitze hineinreichend in das Rückenmark und sich dort vereinigend mit dem Ursprung des Ganzen (Abb. 57).

Abb. 57

Struktur eines Shakra in Verbindung mit den Funktioneinheiten des Körpers

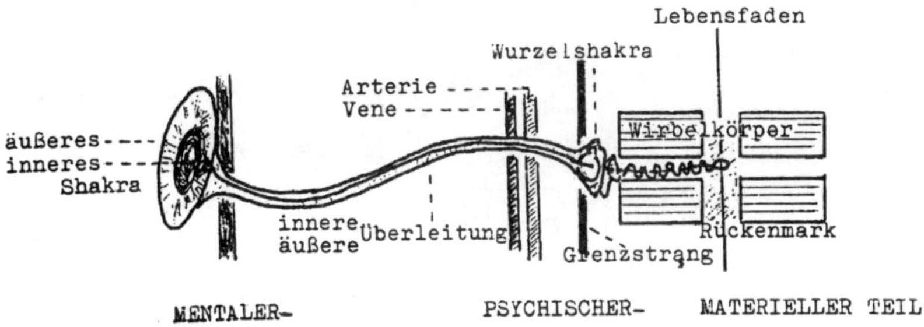

Durch diese sich hier bildende Schlinge zieht unser hauchdünner Lebensfaden, der lediglich aus einer einzigen Zelle besteht und ohne Zellkern ist. In dieser Dimension ist das einmalig in unserem Organismus. Wird der Lebensfaden gebeugt oder gar geknickt, ist unser Leben auf diesem Erdenplan beendet.

Denke nur einmal an die kümmerlich daherstöckelnden Alten, die, wenn sie sich strecken würden, ihre alte Vitalität genießen könnten. Je mehr der Mensch sich streckt, um so besser ist die elektrische Verbindung zwischen oben und unten.
Hier findet folglich der Zentralausgleich statt zwischen Plus der Peripherie und Minus in der Zentrale und dem Minus der Wurzelzentren und dem Plus der Zentrale; d. h. also in beide Richtungen.
Plus und Minus haben sich hier in harmonischer Weise die Hand gereicht.
Interessant zu wissen ist nun, dass nach dem großen Forscher *Dr. Joseph Oberbac,* zwischen Tag und Nacht ein Wechsel der Polaritäten von innen und außen stattfindet.
Tatsächlich lässt sich im exterroisierten Zustand beobachten, dass der Blütenkorb bei Tage nach außen hervortritt, während die Blütenblätter sich weit entfalten, wenn sie erweckt sind.
Bei Nacht schließen sich die Blüten quasi, indem sich die Blütenblätter nach oben zusammenfalten, nicht ganz zur Knospe, aber doch auffällig hoch stehend, wobei der Blütenkorb nach innen absinkt. Der Blütenkorb ist innen = Minus und die Blütenblätter außen = Plus. Wenn also die Blütenblätter hochgestellt sind, muss aus Gründen der Gegenpolarität außen nachts Minus sein und tags Plus und umgekehrt. Damit zusammen hängt auch, dass man bei abendlichen Kontemplationen / Meditationen ein völlig anderes Drehgefühl bezüglich der Chakren hat als bei Tage.
Sind die Chakren nicht entfaltet, ist die Energieaufnahme und Abgabe fast blockiert. Eine Entwicklung der Gesamtpersönlichkeit kann nicht erfolgen. Normal wäre eine Entfaltung bis zum 23. Lebensjahr.
Bis zu diesem Zeitpunkt hat der Jugendliche erst einmal seine ALPHA - Wellen voll zu entfalten, 8 - 12 Hertz. Bis zum 12. Lebensjahr fehlen diese sogar ganz (Forschungen des Russen Dr. G. A. Sergejev).
Es nimmt somit nicht wunder, wenn in diesem Lebensabschnitt Aggression, Tätlichkeit, Kribbeligkeit, Unduldsamkeit, Unbeherrschtheit, Wut und Zorn die Oberhand behalten. Zwischen 3% und 6% der Menschen werden, nach diesen Forschungen, die ausgleichende Wirkung der ALPHA - Wellen niemals erleben.
Ca. 70% entwickeln diesen Sektor in ihrem Gehirn nur mangelhaft. Grund der mangelhaften Entwicklung in diese Richtung ist die vernachlässigte Atmung und der fehlende „Dreh". Dazu zählt natürlich auch der Smog Falsche und belastete Atmung zeichnen auch verantwortlich für den Überhang an THETA - Wellen, 8 - 4 Hertz und GAMMA – Wellen, 35 - 90 Hertz.
Erstere werden signalisiert vom Gehirn durch Gleichgültigkeit, Nachlässigkeit, dauernde Müdigkeit und Schwäche. Letztere zeitigen Depression, Aggressivität und Unglücklichsein.

Beide werden zusätzlich wesentlich durch Elektrosmog gefördert. Natürlich fehlt meistens auch eine sinnvolle Erziehung.
Wie du aus der Abb. 57 ersehen konntest, gliedert sich ein Chakra in drei Abschnitte. In Abb. 58 kannst du das alles nochmals ohne alles Beiwerk verdeutlicht sehen, rein schematisch. Energieaufnahme und Energieabgabe erfolgen durch inneres und äußeres Gefüge zweier Zyklone als Lichtquanten, beeinflussbar durch unsere Gedanken und Eigenschwingungen, kontemplativ schon sichtbar durch ständig sich wandelnde Farben. Hier präsentiert sich wiederum die enge Verbindung zur rechtschaffenen Atemaktion und zum Bewusstsein.

Abb. 58

Die drei Abschnitte der Shakraa ohne Beiwerk

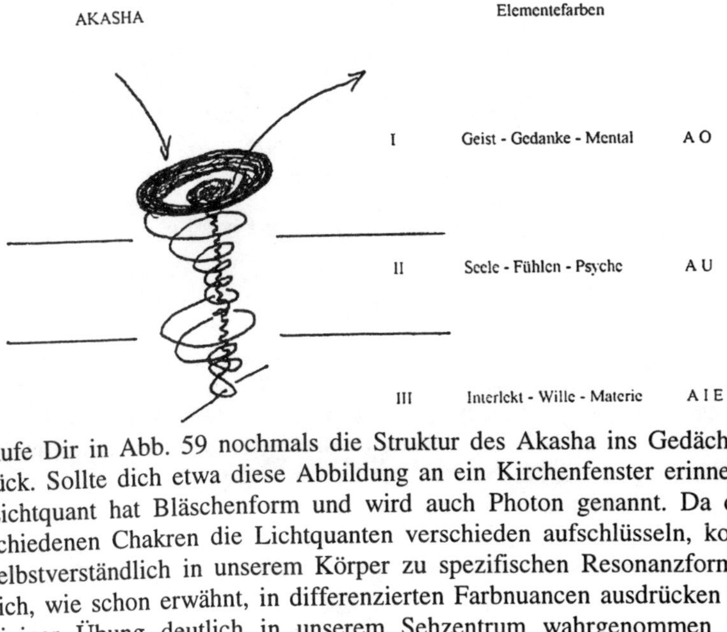

Rufe Dir in Abb. 59 nochmals die Struktur des Akasha ins Gedächtnis zurück. Sollte dich etwa diese Abbildung an ein Kirchenfenster erinnern? Ein Lichtquant hat Bläschenform und wird auch Photon genannt. Da die verschiedenen Chakren die Lichtquanten verschieden aufschlüsseln, kommt es selbstverständlich in unserem Körper zu spezifischen Resonanzformen, die sich, wie schon erwähnt, in differenzierten Farbnuancen ausdrücken und bei einiger Übung deutlich in unserem Sehzentrum wahrgenommen werden. Grundsätzlich wird durch jedes Chakra Akasha aufgenommen und bis zum Wurzelzentrum weitergeleitet um von hier ins Rückenmark zu gelangen.

Das Wasserelement wird hauptsächlich in die Bauchorgane übernommen. Feuer und Erde ziehen überwiegend zum Kopf und in die Knochen. Luft wirkt allüberall neutralisierend.
Mittels gebündelter Emotionen können wir sogar über die Alphawellen, sprich: über das Bewusstsein, aus diesem Gebilde die einzelnen Elementeteilchen herauslösen und zu s. g. Elementalen neu zusammenfügen und irgendwo hineinprojizieren.
Den Ansatz dazu habe ich dir bereits im Rahmen der Elemente - Kontemplationen gezeigt.

Abb. 59

Lichtquant mit seinen vier Elementen = AKASHA als Quintessenz

Feuer - Erde - Luft - Wasser
I E O U

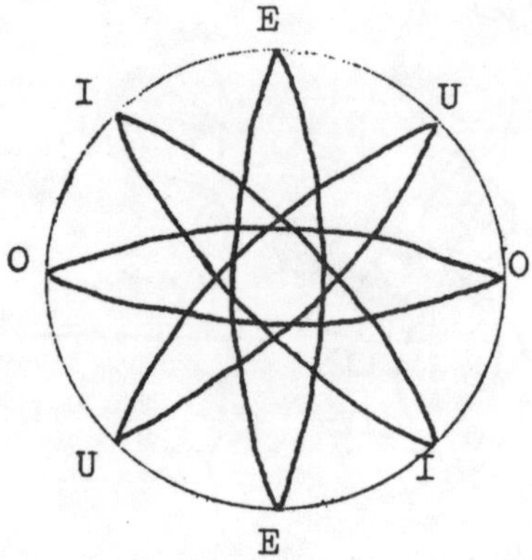

Die in der Abb. 58 genannten Reaktionszonen werden in der fernöstlichen buddhistischen Philosophie *die drei Aspekte des Logos* genannt. Sie münden in ihren Qualitäten ein in die Wirbelsäule als die drei Gunas, die drei Qualitäten, als Ströme reiner Intelligenz.
Die drei Wirbelmarkabschnitte heißen dort **NADI; SUSCHUMNA und PINGALA** (Abb.61).
Sie sind die Transportbahnen für unsere Resonanzkraft auf kosmische Reize. Je größer unsere Resonanzkraft ist, um so höher schnellt unsere Energiereserve in die Höhe aus dem Kreuzbereich, genannt ***KUNDALINI***, die Schlange.
Eine gute Hilfsvorstellung ist die eines Tennisballes, den man im Rhythmus der Atmung nach unten schleudert. Je kräftiger der Aufprall nach unten ist,

um so höher wird der Ball nach oben schnellen. Grenzen nach oben sind allerdings gesetzt durch den Grad der Reinheit.

Abb. 61

Übersicht über alle Shakraa mit derem Wurzeln

Die Zahlen rechts der Abbildung zeigen die Übungsreihenfolge an.

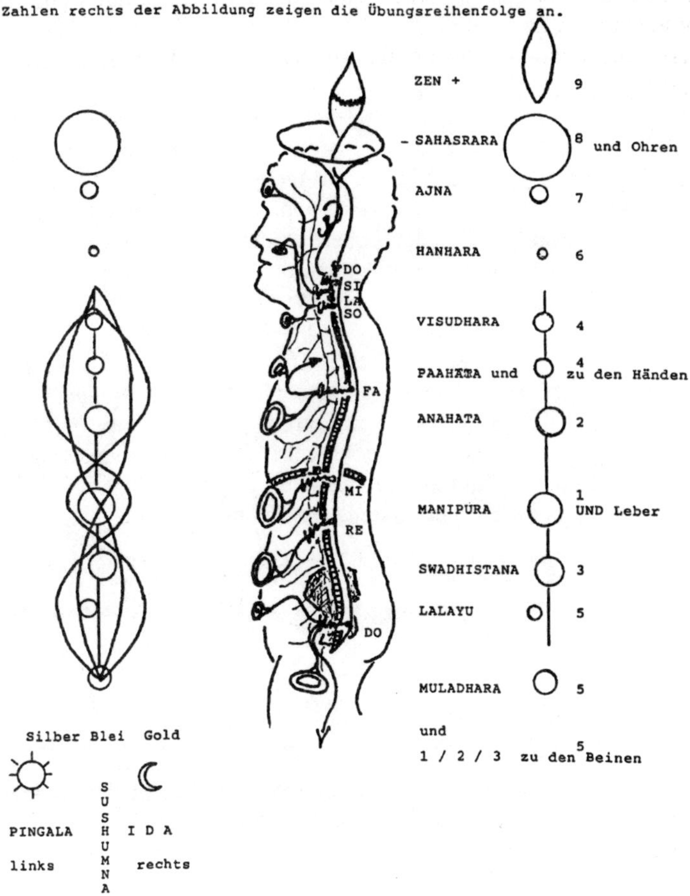

Die grauen Linien stellen den Grenzstrang mit Schaltknötchen und Nervengeflechten dar.

KUNDALINI gehört in die dritte Zone hinein, ist folglich auch der materielle Aspekt im Sinne der Kontemplationen. Hata - Yoga, als Kundalinikult, dürfte deswegen auch nur als zweitrangige Methode geübt werden, um nicht noch fester an die Erde gebunden zu sein. Als Willensschulung gilt diese Form der Meditation allerdings als erstklassig.

Die Wurzelzentren

sind der Wirbelsäule vorgelagert und somit der Kundalini nachgeordnet (Abb. 61).

Hier wäre folglich der zweite Logos zu finden. Ohne ihre Entfaltung ist keine Chance gegeben, Kundalini jemals zu wecken, noch deren Gegenpol die Chakren.

Wie schon gesagt sind sie der Wirbelsäule vorgelagert. Sie gleichen einem Musikinstrument und reagieren gleicherweise auf Töne wie eine Stimmgabel mit ganzer Tonleiter. Ich kann dir nur dringend raten, wieder Singen zu lernen, damit du die Tonleiter beherrschen kannst. Je vollstimmiger du die Tonleiter intonieren kannst, um so deutlicher werden deren Auswirkungen, nicht nur am eigenen Leibe. Wenn du dir außerdem die italienischen Bezeichnungen angewöhnen würdest, hättest du ein Maximum an Wirkungen zu erwarten.

Fangen wir doch sogleich einmal beim Kreuzbein an, in dessen Höhlung. Hier liegt das untere **DO**. Wenn Du es einige Tage systematisch vor dich hingesummt hast, wird vor deinem Sehzentrum eine satte rote Farbe erscheinen. Ich muss einschränken, manche brauchen Wochen oder Monate dazu. Verliere also nicht die Geduld und führe Buch.

DO ist das Zentrum der Körperlichkeit und der materiellen Macht oder auch deren Schwäche.

Die Vitalität hat hier ihren Sitz. Aufbau oder Abbau im Stofflichen werden von hier aus gesteuert; das bedeutet, dass auch Heilung oder Kränkung von hier ausgehen können.

Verbunden damit ist natürlich auch die persönliche Anziehung oder Abstoßung.

Der zweite Ton ist **RE**.

Seine Intonierung führt sehr bald zur farblichen Vorstellung von Orange. Der Sitz ist unterhalb des Bauchnabels in der Krümmung der Lendenwirbelsäule (Abb. 60).

RE ist das Zentrum für geistige Klarheit und Macht des logischen Denkens. Hier hat der Intellekt seinen Sitz. Denke bitte auch immer an die dazugehörigen Negativa, also an das Gegenteil, bei Vernachlässigung dieser Energietransmitter. Dann kann ich dir und mir diese Ausführungen ersparen.

Abb. 60

Die acht Wurzelzentren der Shakraa

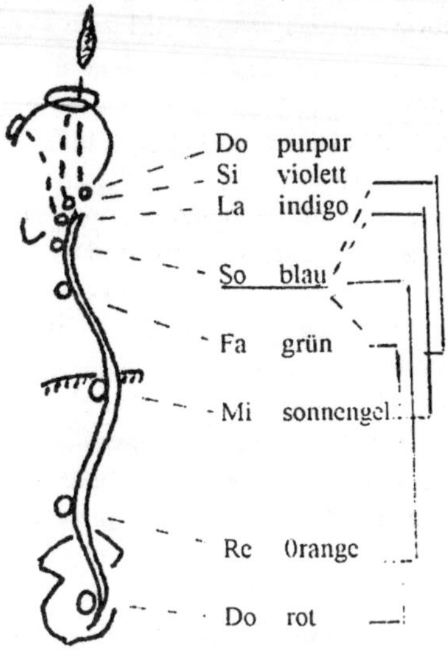

Der dritte Ton heißt **MI**.
Sängerinnen pflegen ihn zur Stimulierung ihrer Stimmbänd ners, weil es seinen Sitz nicht auf der Körperdecke hat, sondern auf er zu singen. Sonnengelb ist die Farbe, die sich dem singenden Schüler bietet. **MI** ist nicht identisch mit dem Sonnengeflecht des Mediziners, weil es seinen Sitz nicht auf der Körperdecke hat, sondern auf der Vorwölbung der Brustwirbelsäule, oberhalb des Bauchnabels und unter dem Zwerchfell (Abb. 60). Sehnsucht, Intuition und Empfindsamkeit werden geweckt beim Summen dieses Tones.

Der vierte Ton ist **FA**.
Grün ist seine Farbe, wie leuchtendes Moos. Man findet dieses Zentrum auf der höchsten Vorwölbung der Brustwirbelsäule (Abb. 60).
FA: Es handelt sich hier um das Herzzentrum, und somit nimmt es auch nicht wunder, dass hier die Herzlichkeit zu Hause ist. Herzlichkeit, Liebe, Geben und Nehmen, Wachstum und Wohlstand kennzeichnen dieses Wurzelzentrum in jedem Falle.

Der fünfte Ton ist **SO**.
Klares Blau tritt dir entgegen, dunkler als das des Himmels und unendlich transparent. **SO** findest auf der Vorwölbung der Halswirbelsäule, eben unterhalb des Kehlkopfes. Es wird deswegen auch gerne als das Kehlzentrum benannt, was jedoch nicht exakt den Tatsachen entspricht. Denkkontrolle,

Kreativität und der höhere Aspekt der Heilung haben hier ihren Niederschlag gefunden.
Ohne die Aktivierung dieses Wurzelzentrums läuft im Hochhaus Mensch nichts. Hier wohnt der intelligente Hausmeister, der alles virtuos überblickt und verwaltet. Zumindest bei niederen Zentren sollte er immer hinzugezogen werden.

Der sechste Ton ist **LA**.
Indigo bis hellblau-violett leuchtet dieses Wurzelzentrum unseren Weg aus. Sein Sitz liegt ca. 2 cm oberhalb des Kehlkopfes und 5 - 6 cm unterhalb des Endes der Halswirbelsäule. Von hier aus ziehen seine Wurzelfasern nach aufwärts.
LA weckt Religiosität, Mediumismus und alle psychischen Fähigkeiten wie Hellhörigkeit, Hellsichtigkeit, Pendelschreiben, Planchettieren, Tischchenrücken, Fernheilen und Magnetisieren.

Der siebente Ton ist **SI**.
Seine Bezeichnung weicht ab vom heute gebräuchlichen **TI**. Die Kontemplationswirkung mit dem scharf gesummten **S** hat sich jedoch als ungleich wirksamer erwiesen.
SI befindet sich ca. 1 cm unterhalb der Hals - Kinnfalte, wiederum vor der Halswirbelsäule (Abb. 60). Seine Farbe ist goldgelb.
Hier repräsentiert sich geistige Kraft und Erfüllung, Leitsterne eines diesseits erfüllten Lebens.

Der achte Ton ist das überhöhte **DO**.
Seine Wurzel entsprießt direkt der obersten Wirbelsäulenöffnung, dem Wirbelmark und ist somit eigentlich Energieübermittler aus dem unteren **DO**. Seine Farbe ist purpur.
Hier entsteht das Kausalchakra, wenn alle anderen sich geöffnet haben. Dieses Stadium zu erreichen, bedeutet den Körper durch geringe Impulse zu verlassen, frei zu sein jenseits und mittels Aktivierung anderer Chakren alle Lebenszonen besuchen zu können.
In Abbildung 60 ist deutlich zu sehen, dass die drei obersten Zentren erst später aus Wurzeln entwickelt worden sind.
SI hat offensichtlich Verbindung mit der Hypophyse und das obere **DO** mit der Epyiphyse, unserem „dritten Auge", nach Dr. Oberbach und nach meinen Beobachtungen. Beide Drüsen regulieren den gesamten Stoffwechsel.
Beide bilden über die Drüsen hinaus sehr wichtige Chakren, Sahasvara und Chenn oder ZEN.
Aus dem LA entspringt das Stirnchakra Ajna und das Nasenchakra, was auf die Wichtigkeit der Atmung in Verbindung mit dem Bewusstsein hinweist.

Die unteren Wurzelzentren sind für sich allein niemals voll wirksam. Sie bedürfen immer der Unterstützung eines oder zweier gehobener Wurzelzentren. Die Abb. 60 verdeutlicht das mittels der Randklammern. Immer sollte außerdem das Wurzelkontrollzentrum **SO** dazu angekoppelt sein.
Lediglich das überhöhte **DO** steht in jedem Falle für sich allein, und man möge sich bitte nicht einbilden, diese Resonanzzone so mal eben erüben zu können. Das gelingt erst bei gekonnter Chakrameditation.
Schon im Bereich von **LA** beginnt es schwierig zu werden, wenn man nicht mittlerweile die zugehörigen Chakren zu den entsprechenden Wurzelzentren erübt hat.
Oberhalb von **SO** beginnt ein Schwingungsbereich, der absolutes Verzichtenkönnen und Wartenkönnen voraussetzt.
Die unteren Wurzeln sind im Alltag mit viel Erfolg zu nutzen. Ihre Erweckung bedarf nur weniger Wochen der Übung und es ist einem sodann ohne weiteres möglich, Frieden, Harmonie und Heilung funktioneller Leiden zu bewirken mittels komprimierter Vorstellung des erwünschten Zustandes, ausgestrahlt wie durch einen Autoscheinwerfer aus den entsprechenden Zentren zu dem Ort der Störung.
Büroärger kann auf diese Weise in Sekundenschnelle zerstreut, und Feinde zu Freunden gemacht werden. Ekelchefs lassen sich, wenn sie nicht von Geburt aus asozial veranlagt sind, zu Menschenfreunden wandeln.
Zu Beginn der Übungen solltest du dich in Kontemplationsstellung setzen und Akasha zitieren.
Wenn du später in Übung bist, kannst du in jeder Haltung, sogar im Kopfstand, projizieren.
Lenke z.B. Akasha in das untere **DO** und summe den zugehörigen Ton, zunächst hörbar, später unhörbar vor der Wirbelsäule, wie ich das schon im Kapitel über die Elemente besprochen habe. Nichts erzwingen wollen!
Warte einfach das Erscheinen der Farben ab. Wird es heute nicht, hast du vielleicht in der nächsten Woche Erfolg.
Vergiss nicht die Atempause und lass Akasha aus dir im gewünschten Ort zusammenfließen.
In der Einatemphase wird dir schließlich der erste Farbeindruck präsent. Wieso mit einem Male in der Einatemphase und nicht in der Atempause? Natürlich kann das nur so sein, weil die Wurzeln der Chakren in die materielle Atemphase hineingehören.
Der aus dem Wurzelzentrum entstehende „Blütenstengel" als Energieüberleiter zum Chakra, der Blüte auf der Körperdecke, ist ja bereits mentaler Atemanteil.
Wenn **DO** lebhaft zu spüren und zu sehen ist, kannst du zur Übung des nächsten Tones übergehen: **RE**, und so weiter.

Bist du zum **SI** vorgestoßen, kannst du versuchen, aus den Atempausen auszusteigen, was nicht heißen soll sie zu vergessen.
Lass zu diesem Zwecke deinen Puls ins Bewusstsein dringen. Die Ätherwege des „Blütenstengels" übernehmen dann unmerklich die Steuerung, sodass du, unabhängig von der Atempause, materielle energetische und mentale Impulse beliebig in die Chakren leiten kannst und umgekehrt einen unaufhörlichen Energiefluss aus dir herausstrahlst.
Das ist dann schon echtes Magnetisieren.
Dieser Übung solltest du ganz besondere Aufmerksamkeit schenken. Mindestens ein Jahr wird diese Umerziehung in Anspruch nehmen. Bringe nur die notwendige Geduld auf, denn es lohnt sich!
Jenseits deines Körpers muss dieser Teil der Kenntnisse aus dem ff bewusst sein. Ich wiederhole, nur mit Hilfe dessen wirst du in die Lage versetzt, frei durch die verschiedenen Lebensebenen schweifen zu können.

Schließlich kann es mit Hilfe der Chakren gelingen, über reine Materieatmung, Astralatmung, Mentalatmung, je nach Bedarf, in entsprechende Bereiche anderer Lebewesen hinein zu gelangen. Kleinstlebewesen in und über der Erde, Nixen, Gnome, Krankheitsgeister u.v.m. lassen sich besuchen und zu neuen Erkenntnissen gelangen. Es ist ein weites Feld, interessant und lehrreich.

Aus bisherigem Text wirst du begriffen haben, dass die Lehre von den Wurzelzentren nur einen weiteren Schritt im esoterischen Gefüge bedeutet. Die Chakren als Dynamo, Energievermittler und Abstrahler sind für den Adepten wohl das wichtigste Kapitel.
Deren Kenntnis macht nicht nur im täglichen Leben frei und wissend. Chakralehren gibt es eine ganze Anzahl. Leider habe ich bislang noch keine Erschöpfende gefunden. Auch in Fernost scheint das Wissen nicht mehr umfassend überliefert zu sein. Also habe ich mich an die Arbeit gemacht und bin fündig geworden.

Elf Chakren und elf Nebenchakren bestimmen unser Leben. Über acht Hauptchakren hinaus ist mir in der Literatur noch nichts weiter begegnet. Wenn ich versuche dir die Standorte akribisch nahe zu bringen, kann ich dazu nur sagen, Du musst sie erfahren; denn sie liegen bei jedem etwas woanders. Also erfahre und erübe sie!

Die Shakraa

Chakren - Statistik
Hierdurch zeige ich dir erst einmal eine statistische Aufschlüsselung der elf Hauptchakren.
Das ist notwendig, um die folgenden Erörterungen besser einordnen zu können.
Bitte scheue nicht zurück vor dem Auswendiglernen, wie eben früher in der Schule.

Ort	*Name*	*Zuordnung*		*Farbe*	*Element*
Steißbein	Muladhara	Mond	Physis	rot gelb orange	E I A
Sex	Lalayu	Mond	Psyche	orange rot	I A
Milz	Swadhistana	Merkur	Physis	orange rosa grün	U A I
Plexus solaris	Manipura	Venus	niederes Astrales	gelb rot grün	U A I
Herz	Anahata	Sonne	höheres Astrales	grün goldgelb	O A U
Thymus	Paahata	Sonne	höheres Astrales	goldgelb grün	A E U O
Kehle	Visudhara	Mars	höchstes Astrales	blau silber grün	A O
Sprechzentrum	Hanhara	Mars	höchstes Astrales	gelb orange grün blau	A U O I
Stirn	Ajna	Jupiter	niederes Mentales	rosa gelb blau violett	A I E U
Scheitel	Sahasvara	Saturn	höchstes Mentales	alle Farben	A -
Bewusstsein	Chenn / Zen	alle Planeten	Kausales	purpur u. alle Farben	A +

Siehe auch Abb. 61

Muladhara
nimmt das Atomfeuer der Erde auf und wandelt es in das s. g. Schlangenfeuer der Kundalini.
Hier beginnt der Weg zur Menschwerdung.
An der Wirbelsäulenwurzel befindet sich Kundalini als Hüterin „der Schwelle“; als Lenkerin des Atomfeuers aus der Erde, das uns sonst ungezügelt verbrennen würde. Irrtümlich hat man hierher das Chakra verlegt. Tatsächlich befindet es sich um das Genital herum angeordnet und die Kundalini ist quasi gleichzusetzen mit der Wurzel DO, die das Chakra mit Energie versorgt.
Gleichzeitig befindet sich an diesem Ort die Entstehung feinster Hirn- und Sameneiweiße.
Für deren Entstehung ist Lebensäther notwendig, aus dem auch unser Astralband gefertigt ist, Körper und Seele verbindend, solange wir unseren sichtbaren Menschen mit uns herumtragen müssen.
Äther ist es auch, der Körper, Seele und Geist miteinander verkoppelt, wie mittels Pattex.
Die kontemplative Erregung des Atomfeuers eröffnet einerseits aufsehenerregende Einsichten und Übersichten - wie mit einem Fernrohr oder Mikroskop erschaut man enge Sektoren der Welt - andererseits würde der zu häufige

Gebrauch des Kundalinikultes eine sehr feste Bindung an Mutter Erde bewirken.
Mit anderen Worten würde man sich dadurch das Ende seines Lebens, das Sterben, recht schwer gestalten.
Die Bewusstmachung des zugehörigen Chakra zeitigt ein warmes, angenehm strömendes Gefühl um das Genital herum.
Wenn du dieses Gefühl erst einmal bemerkt hast, wird dir klar geworden sein, dass Muladhara nicht in der Höhlung des Steißbeins zu finden ist. Wie du aus der Aufstellung der Chakren ersehen kannst, erscheint dem Kontemplierenden / Meditierenden eine farbig rotierende Scheibe vor Augen, in diesem Falle rot / hellorange, sehr mit goldgelb untermischt. Sie signalisieren Feuer (I), Erde (E) und Akasha (A).
Da in jedem Falle Akasha erscheint, ist hierbei das typische Sandgelb bzw. Dunkelviolett durch Akasha, goldgelb, überblendet.

Lalayu
hat vier s. g. Speichen. Die Zahl der Speichen ist im Grunde nicht sehr wichtig. Sie gibt nur Auskunft über die Geschwindigkeit, mit der sich ein Chakra dreht. Man kann das sehr gut beobachten, wenn ein Propellerflugzeug angelassen wird, wie die Zahl der Speichen mit der zunehmenden Geschwindigkeit des laufenden Propellers wächst.
Dieses Chakra vereinigt die Vitalkraft der Sonne, deren Vitaionen, mit dem Atomfeuer der Erde zur sexuellen Kraft.
Wie sollte es anders sein, als dass der Mond diesem Chakra , als Gestirn der Zweisamkeit, Pate steht. Sex ist der Vater des Intellekt und bietet als negative Konsequenz die Egozentrik: Lust, Gier, Angst und Fluch.
Solange dieses Energiezentrum nicht unter Kontrolle höherer Schwingungen gerät, stehen auch nur diese Eigenschaften zur Disposition. Erst in Verbindung mit Swadhistana gesellt sich das Gefühl dazu, sprich Psyche = Egoismus; und erst über die Erweckung von Anahata kann Liebe daraus werden.
Lalayu spielt jenseits unseres Leibes eine ganz besondere Rolle. Seine intellektuellen Eigenschaften entfalten mangels Atomzündung aus der Erde eine potenzierte Wirkung auf alle anderen Chakren in Bezug auf Erkennung und Unterscheidung anderer Individualitäten.
Das ist der Grund, weswegen Tiere zuallererst am Genital eines anderen Wesens schnüffeln. Man könnte fast von Gottes Sexualität sprechen, wenn es diese denn gäbe.
Die Schöpfungsidee mag aus dieser Energieumsetzung entsprungen sein. Diesseits bewirkt die Erweckung von Lalayu starke Wunschvorstellungen durch erregendes Vibrieren im Genitaltrakt.
Ich halte es deswegen nicht für ratsam, eine Aktivierung an dieser Stelle zu bewirken, ohne vorher vom Manipura, dem Sonnengeflecht ausgehend, die

höheren und dazwischenliegenden Chakren mobilisiert zu haben; darüber ist noch gesondert zu berichten.
Seine Lage befindet sich ca. einen Finger breit rechts der Linea alba, der Mittellinie des Bauches, mit der Obergrenze in Höhe der beiden Beckenkämme. Die untere Kreislinie durchschneidet die genitale obere Haargrenze.
Seine Farben sind feuerrot und sonnengelb, die sich in vier Sektoren wechselweise teilen.

Swadhistana
sechsspeichig, wird oft als Milzchakra bezeichnet. Es ist beherrscht von den Plusteilchen des Erdfeuers. Das vierpolige Prinzip des Erdelements tritt deutlich zu Tage. Die negativen Essenzen des Wassers resultieren als sechs Leidenschaften: Lust, Angst, Gier, Täuschung, Stolz und Neid.
Die positiven Essenzen des Feuers gesellen sich dazu: formend, belebend, gedeihend, aufbauend und Geistestrieb oder Geschlechtstrieb fördernd. Während Muladhara und Lalayu den Knochen zugeordnet sind, ist Swadhistana dies adäquat der Lymphe und dem Fett des Körpers. Swadhistana dient folglich wie die beiden Vorgenannten der Physis.
Psyche mit Empfindlichkeit, Sehnsucht und diesseitige Intuition weisen dieses Chakra als Gesamteigenheit aus.
Diesseits und jenseits ist es unentbehrlich, wenn man Grenzen in die eine oder andere Richtung überschreiten möchte, damit die jeweilige Identität erhalten bleibt und ihre Funktionen nicht erlöschen.
Seine Lage ist ca. einen Finger breit links der Linea alba; die Oberkante der Kreisperipherie durchschneidet den unteren Bauchnabel und nach unten die Verbindungslinie der beiden oberen Beckenkämme. Die Empfindung seiner Aktivierung gleicht einem kühlen Ziehen.

Manipura
Der Edelstein, wie dieses Chakra in Indien benannt wird. Zehnspeichig dreht sich im Zentrum ein feurig - elektrischer Energiewirbel, während sich die Hüllblätter der „Blüte“ als wässrig magnetisch präsentieren.
Elektrizität und Magnetismus sind für alle Lebewesen, und so auch für den Menschen, Leitschienen für kosmische und irdische Energieteilchen. Beide sorgen für deren rechte Verteilung und deren Korrespondenz zwischen Gehirn und Stoffwechsel.
Inspiration via Magnetismus und Bildekraft über den "Samen des Feuers", die Elektrizität; sie beide regulieren unser gesamtes Kräftespiel.
Manipura ist außerdem der Hort der *roten Blutgöttinnen*, den roten Blutkörperchen nämlich. Deren Eisengehalt ist verantwortlich für das magnetische Verhalten des Blutes.

Mit Manipura verlassen wir praktisch die Zone der Zugehörigkeit zur materiellen Schwingungsform. Hier befindet sich die unterste Astralstufe im Menschen, die sich in Anahata und Paahata zu den folgenden höheren Astralstufen emporranken. Zuneigung und Empfindsamkeit sind diesem Chakra in jeder Beziehung zu eigen.
Funktionsstörungen lassen in die Negativformen von Swadhistana zurückfallen. Zorn ist das erste Zeichen dafür.
Bis zur Entfaltung von Manipura ist Fleischgenuss erlaubt.
Erst der jederzeit mögliche Verzicht darauf lässt zwei Chakren weiter aufwärts reifen.
Der weitgehende Verzicht auf tierische Eiweiße, - etwa monatlich bis vierteljährlicher - löst endgültig die vorhandenen Barrieren. Im übrigen ist Fleisch im Menschen sein Hauptwirkungsbereich.
Sein Sitz ist zwischen Bauchnabel und dem unteren Ende des Brustbeins zu finden, zentral auf der Linea alba.
Die kosmische Bedeutung von Manipura besteht in der Möglichkeit, die drei untersten Astralbereiche zu durcheilen.

Anahata

Ana, der erste Teil der Silbe bedeutet so viel wie Gnade. Hata weist allein schon mit dem Sprachklang auf den Herzschlag hin, dessen Pulsieren man geradezu zu hören scheint.
Dieses Chakra wird vornehmlich aus positiven und negativen Teilchen des Sonnenlichtes gespeist.
Liebe, geistige Heilung, Aufbau, Wachstum, Wohlbefinden und Seelenwärme finden sich als Hauptfaktoren in dieser Region der Stille, der Psyche und des Mitleids.
Die Essenzen von Wasser, Akasha und Luft haben hier ihren Wirkungskreis.
Entsteht hier eine Störung in der Energieversorgung, schlagen alle Positiva ins Negative um.
Liebe wird zum Egoismus, Heilung zur Kränkung, Aufbau zeigt sich sehr schnell als Abbau, Seelenwärme deklassiert zur Kälte und Wachstum wandelt sich zu Zusammenbruch.
Anahata rangiert als höheres Astrales. Es ist wie Manipura elektromagnetischer Natur, jedoch verläuft die Elektrizität hier nicht im Zentrum. Magnetismus und Elektrizität haben die Rollen getauscht. Herz, Blut und Ganglien sind seine Ansatzpunkte in der Körperlichkeit. Jenseits vermittelt es eine Bewegungsfreiheit bis hinein in die vierte Astralzone. Sein Sitz ist ca. einen Finger breit links der Linea alba, mit dem Oberrand des Kreisbogens in Höhe der Brustwarzen und dem unteren Teil in Höhe der zehnten Rippen, quasi den vorderen Rippenbögen.

Paahata
Als Abzweig vom Blütenstengel des Herzchakra dient es der Verteilung von Mineralien und Spurenelementen (Element Erde).
Seine Aufgabe zu erfüllen, bedarf dieses Energiegebilde nicht nur der Gegenpoligkeit von Elektrizität und Magnetismus. Die Elemente Luft und Wasser sorgen für ein neutrales Gleichgewicht beider.
Akasha belebt durch diese „Blüte" alles Feste: Knochen, Bindegewebe und dadurch die gesamte Abwehrfront des Menschen.
Zusätzlich ist Paahata Ursache für die Leitfähigkeit vorgenannter Gewebe, einer Leitfähigkeit, die wesentlich höher einzustufen ist als die der Nerven. Die offizielle Medizin hat diese Leitfähigkeit bisher nur im Herzen als Hiss´sches Bündel entdeckt und erkannt.
Paahata trägt mit dieser seiner Eigenschaft Empfindungen in die Körperteile des Intellekts. Geistige Gottesverehrung ist nur so möglich.
Verliert dieses Chakra seine Wirkmöglichkeit, erfriert der Mensch über seine Hände. Er wird stark unduldsam und geizig. Die geistige Beweglichkeit sinkt damit schließlich auf den Nullpunkt. Paahata vermittelt jenseits den Aufstieg in die fünfte astrale Sphäre.
Vorstellungsvermögen, Einsicht und Übersicht gewinnen wesentlich an Stärke und Plastizität.
Schwer Kranke können durch Berühren dieses Areals mit den Fingerspitzen der linken Hand, und mittels der Vorstellung gesund zu werden, wirklich zur Gesundheit zurückfinden.
Paahatas Sitz befindet sich mit seinem Zentrum genau auf der Mitte des Brustbeins, dort wo sich eine kleine Einsenkung befindet. Es hat voll entfaltet die Größe der Rundung einer Moccatasse. Beide Hände beziehen hierher ihre magnetische Kraft

Visuddha oder auch Visudhara
Es ist das **A** und das **O** des Menschen. Ohne seine Akashakontrolle läuft nichts.
Acht Speichen sind von Geburt an entfaltet und acht weitere harren der Weiterentwicklung. Hier gilt das, was ich eingangs über die Alphawellen gesagt habe: „Was Hänschen nicht lernt, lernt Hans nimmer mehr." Wehe, wenn eine Erziehung das nicht rechtzeitig erkennt.
Rechtes Vorstellen, rechte Rede, rechtes Leben, rechte Erfahrung, rechtes Handhaben, rechtes Handeln, rechtes Streben, und rechte Versenkung sind die Forderungen, die Visudha an seinen Träger stellt. Geistige Intelligenz, Kreativität und das Sehen von jenseitigen Gestalten sowie auch aus vergangenen Inkarnationen sind der Lohn der Mühen. Auch hier bilden Elektrizität und Magnetismus Hauptwirkprinzip, mit den Aspekten des Auf - und Abbaues.
Volle Entfaltung lässt in die sechste Astralstufe avancieren.

Nichtentfaltung hat Verblödung zur Folge.
Sein Sitz befindet sich mit dem Zentrum eben unterhalb des Kehlkopfes.Die Speichenzahl wechselt stark, wie auch bei den vorherigen Chakren, je nach Entwicklungsstand. Seine Größe entspricht etwa der Rundung eines Eierbechers.
Um dieses Chakra zu erwecken ist es notwendig, die Zunge nach hinten, gegen den unteren Gaumen zu rollen, und nicht wie Literatur es lehrt, nach oben.

Hangsah oder **Hanharad**
Es ist der dreiblättrige Rachenlotus. Hier befindet sich der Knoten der drei auf- und absteigenden Ströme, Mitte, rechts und links der Wirbelsäule, welche die Verbindung aller Lotusse untereinander darstellen.
Dieses Chakra ist ein Ableger von Visuddha oder Visudhara und vereinigt in sich Sonne und Mond; was wiederum bedeutet, dass hier die Leitschienen für Elektrizität und Magnetismus zusammenlaufen.
Wiederum übernimmt das Luftelement die Isolierfunktion, damit die Sonnenionen hübsch nach PLUS und MINUS geordnet ihre Bahn ziehen können.
Die erste Silbe HANG bedeutet Sonne, SAH meint den Mond. Zusammen bedeutet es Schwan. Der Wortstamm ist uns in unseren europäischen Gefilden keineswegs fremd. Ich denke dabei an Hansa, Hannover, Handorf, und viele andere Ortsnamen mehr.
Die Lufthansa hat sogar den Schwan als Symbol auf ihren Flugzeugen.

Sprache, Edelmut und Verständnis sind die hervorstechenden Eigenschaften dieser Blüte. Nichterfüllung der Reifung in die siebente Astralstufe lässt unweigerlich in die fünfte Ebene zurückfallen.
Sein Sitz ist im oberen Rachen, an das Gaumensegel angrenzend. Wie beim Visudhara muss unter allen Umständen die Zunge nach unten und hinten eingerollt bleiben.

Ajna
befindet sich im unterentwickelten Zustand hinter der Stirnwand.
Alle Impulse des Erwachten gehen von hier aus. Die zwei Speichen des Lotus heißen HAN und SA. Wiederum taucht hier der Schwan auf. Sonne und Mond weisen auf die Funktion hin.
Die Sonne mit ihrem Beschuss der Erde mittels positiver und negativer Atombruchstücke, die aufgeschlüsselt werden durch die Essenz des Wassers, den Magnetismus. Gleiches gilt für den Mond in seiner überwiegenden Minusfunktion, als Spiegel quasi der Sonne.
Hypophyse und Epiphyse befinden sich in ihrem Befehlsbereich. Sein und Bewusstsein, Schlaf und Wachsein sind die materiellen Auswirkungen.

Die geistige Potenz ist niederes Mentales, bis zur dritten Mentalsphäre. Allerdings sind die drei Stufen immer nur mit Hilfe von VISUDHARA zu durchstreifen.
Das zugehörige und allbekannte Mantra, *OM MANI PADME HU,* hat hier seine Heimat.
Zum OM sei hinzuzufügen, dass in ihm alle fünf Elemente mitklingen müssten :

I A O U M;

wobei im buddhistischen Bereich die Bedeutung vom **M** Element Erde einnimmt. Entweder erklärbar über das uns geläufige Wort MATER = Mutter Erde, oder aber durch ein auf den Bauch gekipptes **M**, gleichzusetzen unserem **E**.
Ein tiefkehlig gesungenes OM lässt die anderen Elemente deutlich hindurch hören.
Gesungen wird *OM MANI PADME HUM* in der einfachen Sprachmelodie, so wie du es sprechen würdest. *OM MANI PADME HUM* bedeutet: Oh du diamantenes Kleinod im Lotus.

Sahasvara oder **Sahasrara**
Die erste Ausdrucksform ist wohl die Ursprünglichere, zumal die letzte Silbe zu deutsch Wahrheit bedeutet. Die zweite Form eignet sich jedoch zu Zwecken der Meditation erheblich besser.
Sahasrara also, mit seinen 1.002 Blütenblättern - wie gesagt wird, und ich habe sie natürlich nicht nachgezählt - stellt die Verbindung her zu ZEN oder CHEN, dem universalen Energietransmitter oberhalb unseres Kopfes.
Sahasrara ist höchstes mentales Chakra.
Seine Wirkung geht über alles, was den Körper in Funktion hält, hinaus. Alle Farben signalisieren uns, dass die denkbaren MINUS - Energieformen von hier aus gesteuert werden können; aber auch, dass alle Vorgänge an diesem Ort energetisch zusammenlaufen.
Der Hinduist spricht von der Vereinigung Shivas mit Brahman. Das bedeutet, dass unterstes Bewusstsein das Oberste erreicht hat.
"*Und jetzt befreit die Göttermutter den Wissenden und bindet den Toren.*"
Sie möchte sich wieder vereinen mit Shakta, der göttlich männlichen Kraft Brahmans, zur Überwindung der Vielheit.
Ihr Name hat sich im Laufe der Zeiten verändert, nicht jedoch ihr Ziel. Freya, Isis, Kala, Matrica, Ishvari, Aditi, Kundalini, Maria, Mirjam und viele andere mehr. Aus ihrer Kraft werden die Substanzen der Mantren geschöpft.

Dieses Chakra zu aktivieren verleiht Macht; doch wehe dem, der sie missbraucht!

Hochmut und Stolz würden in die untersten Regionen zurückschmettern. Seine Lage geht aus seinem deutschen Namen hervor: Scheitelchakra. Dort wo der Haarwirbel sich befindet, ist der Sitz des Zentrums.

ZEN (trum)
steht als Chakra direkt mit dem Wirbelmark in Verbindung. Seine PLUS - energetische Wirkungsweise ist universal. Dennoch ist gegenüber dem Sahasrara ein ganz wesentlicher Unterschied zu konstatieren: Sahasrara ist Akasha - negativ gepolt, Zen erweist sich dagegen als positiv gepolt.

Das bedeutet, dass Sahasrara positive Atombruchstücke auffängt und in negative umwandelt, während Zen umgekehrte Funktion ausweist. Da Zen im Rückenmark verankert ist, liegt die Vermutung nahe, dass auf diese Weise die polare Spannung überhaupt in unserem Körper aufrecht erhalten werden kann, quasi wie in einem Kondensator: *innen Minusspannung, außen Plusspannung, und nachts umgekehrt.* Genial!
Interessant in diesem Zusammenhang ist, dass die Dynamofunktionen aller Chakren gesteuert werden durch Licht. Mit der Dämmerung wechseln sie ihre Polarität dadurch, dass der Blütenkorb auf- oder abwärts geschoben wird. Er steht dann quasi gegenüber den Blütenblättern ein wenig vor oder verbirgt sich dahinter. Da beide entgegengesetzte Drehrichtung beibehalten, kommt es bei vermehrter Aufnahme der einen oder anderen Energieform zur raschen Umpolung von Innen und Außen unseres Körpers.

Sahasrara ist folglich das *DRITTE AUGE,* während ZEN , zugeordnet einer höheren Dimension, die direkte Verbindung zur Ursachensphäre repräsentiert. Hier ist die direkte Verbindung zu Gott zu finden.

Elf Nebenchakren
Elf Hauptchakren habe ich dir nunmehr vorgestellt. Die Nebenchakren befinden sich ebenfalls alle auf unserer Körperdecke, die meisten davon an den Extremitäten.
Da ihre Funktionen sich wesentlich von denen der Hauptchakren unterscheiden, sollen sie jetzt getrennt davon abgehandelt werden.
Zunächst sei festgestellt, dass allesamt von Geburt an voll entfaltet sind, soweit es sich um normale Entwicklungen im Mutterleib gehandelt hat. Alle sind kleiner als normale „Blüten“. Ihr Durchmesser beträgt, je nach Körpergröße ca. 1 - 3 cm.
Ihre Größe ist unveränderlich und nicht von Entwicklung und Reifung nach der Geburt abhängig.

Elf Hauptchakren und elf Nebenchakren; das erinnert in ihrer Anzahl an die beiden Meisterzahlen der Kabbala im Alphabet.
Du wirst jetzt einwenden, dass unser ABC aber doch 23 Buchstaben habe. Das ist sogar richtig. Tatsächlich aber ist das **Y** erst später hinzugekommen aus der Zusammensetzung von **U** und **I**.
Wahrscheinlich hat man es früher als Jagdsymbol verwendet, das den Hinweis enthalten hat: Dort findest du meine Beute.
Die Bedeutung bezog sich folglich auf das Töten. Sie hat diese Bedeutung im Bereich der Chakren offensichtlich auch beibehalten; denn der 23ste Buchstabe bezieht sich auf das geheimgehaltene Todeschakra.
Mit seiner Hilfe ist es möglich, sich und andere Menschen oder Tiere zu töten.
Aus diesem Grunde sehe auch ich mich verpflichtet darüber keine Auskunft zu erteilen.

Die fernöstlichen Namen der Nebenchakren sind mir nicht bekannt, so es sie denn geben sollte.
Da sie mir bei meinen Wanderungen im Jenseits nicht gefehlt haben, ersparte ich mir die Suche danach. Sie haben offensichtlich ausschließlich Bedeutung für unser diesseitiges Leben.
Die Namen, die du hier findest, habe ich ihnen verliehen. Das muss keinesfalls verbindlich sein.
Ein oft als Nebenchakra bezeichnetes Energiegebilde ist kein Nebenchakra. Es handelt sich um das **Kleine Sonnengeflecht.**
Wie ich schon beschrieben habe, liegt es unterhalb des Brustbeins, direkt vor der Wirbelsäule, zwischen den beiden Wurzelgeflechten **MI** und **SO**, ein kleines geistiges Wesen, ziemlich fest verschnürt. Das ist dein unentfaltetes Wesen, das mit deiner Reifung ganz allmählich befreit wird und ganz besonders durch den Gesang des **OM**. Seine Peripherie tangiert nicht ganz Anahata und Manipura, kommt jedoch, weil es in der Tiefe liegt nicht mit den Chakren in Konflikt.
Je entwickelter dieses Wesen ist, um so mehr betätigt es sich als Elektrizitätstransmitter, der die Gegenspannung zwischen oben und unten aufrecht zu erhalten vermag. Sympathikus und Parasympathikus sind die von ihm gelenkten Gegenspieler.
Jenseits des Körpers könnte man dieses Zentrum fast wie einen Steuerknüppel bezeichnen, ohne welchen man ziemlich orientierungslos umherschweifen würde. Seine Eigenschaften gleichen denen eines mehr oder weniger gütigen Menschen. Auf unserer Seite entfaltet es eine feurige warme Herzlichkeit. Es strahlt außerdem bei voller Entwicklung wie eine Akashasonne.

Das Leberzentrum

Es liegt rechts neben und etwas oberhalb von Manipura, scharf unterhalb des rechten Rippenbogens, mit dem Zentrum auf der Mamillarlinie. Das ist die senkrechte Linie, die durch die Mitte der Brustwarze geht.

Leber und Leben unterscheiden sich nur durch einen einzigen Buchstaben. In diesem Organ läuft alles zusammen: Gifte und brauchbare Nährstoffe, Hitze und Kälte, Energieüberschuss und deren Defizit. Es nimmt daher nicht Wunder, dass die Natur für dieses wichtige Organ eigens ein Chakra spendiert hat. Seine Wurzel hat es gemeinsam mit dem Manipura: **MI**. Seine Größe liegt bei 3,5 cm im Durchmesser. Das ist ein wenig mehr als bei den übrigen Nebenzentren.

Das Leberzentrum ist so platziert, dass es gerade in der Neutral- oder Nullachse des Herzen liegt, wenn das Herz seine Normallage einnimmt. Hier ist also eine variable Energiebilanz zu erwarten, und tatsächlich untersteht es dem Erdelement mit seinem vierpoligen System.

Alle positiven und negativen Eigenschaften des elektrischen und magnetischen Energiegefüges sind in ihm verankert.

Formend, belebend, erhaltend, gedeihend, Geschlechts- oder Geistestrieb regulierend vertreten die positiven Eigenschaften; während die negativen auflösend, entformend, alternd, zersetzend, zerstörend, abbauend und geistige oder körperliche Müdigkeit und Abgeschlagenheit erzeugend sind. Eine Veränderung der Herzlage, etwa durch Blähungen, die das Zwerchfell hochdrücken, bringt für das gesamte Chakrengefüge ebenso viele Störungen wie für den physiologischen Ablauf des Stoffwechsels.

Entweder schießt die Plusbilanz über, weil das Herz zu steil steht, oder MINUS wächst ins Unermessliche und der Mensch geht in die Nichtleistungsphase hinein.

Du siehst an diesem Beispiel, wie wichtig es ist, schon allein des körperlichen Wohlbefindens wegen, eine sorgfältige Auswahl der aufzunehmenden Nahrung zu treffen.

Die energetische Bilanz, von der man leider im Beginn des Lebens viel zu wenig wahrnimmt, wäre jedoch um ein Vielfaches mehr zu beachten.

Das Nasen - Augenzentrum

liegt mit seinem Mittelpunkt eingebettet in die Stirn - Nasenfalte.

Als Ableger von der AJNA - Wurzel LA, ist sein Elixier AKASHA, alles regulierend und durchdringend.

Erinnern wir uns doch der acht Nasengänge und deren Rachenhinterwand mit den organzugehörigen Reflexarealen. Offensichtlich finden wir hier ein übergeordnetes Schaltzentrum vor, das in der Lage ist, bei allen Organen energetisch Regulationen und Gegenregulationen einzuleiten.

Besonderen Einfluss übt es aus auf das Blut und den Samen und damit auf die gesamte Vitalität.
Tief blicken lässt das Sprichwort, dass man jemanden nicht riechen kann. Dass gleichfalls die Augen mit von der Partie sind, wissen wir durch unser mehr oder weniger ausgeprägtes Schönheitsempfinden.
Wie tiefgreifend das auf unser äußeres Erscheinungsbild einzuwirken vermag, erleben wir von Zeit zu Zeit durch den Wechsel von Schönheitsidealen. Ganze Generationen beugen sich einem solchen geistigen Konzept und zeugen überwiegend dicke oder dünne, schlanke oder vollschlanke Menschentypen.
Sprichwörtlich ist ferner, dass man sich von Augen in den Bann schlagen lassen kann, und ganz besonders dann, wenn diese Augen sehr stark und strahlend sind.
Ferner weiß jeder Rutengänger und Pendler davon zu berichten, dass der „Detektor Mensch" augenblicklich seine Funktion verliert, wenn die Augen geschlossen sind. Das Rundum - Radar ist damit außer Kraft gesetzt.
Mögen diese wenigen Beispiele genügen, dir die Wichtigkeit dieses Chakra bewusst zu machen.
Seine Größe entspricht etwa der einer großen Erbse oder eines Pfennigstückes.

Die zwei Handschakren
befinden sich symmetrisch angeordnet in der Mitte der beiden Handflächen. Sie haben eine gemeinsame Wurzel mit Paahata und dadurch auch mit Anahata im Wurzelzentrum FA.
Ihre Größe entspricht etwa der eines Fünfmarkstückes.
Bei sehr herzlichen Menschen ist es sogar etwas größer. Unleidliche Typen kommen kaum auf die Größe einer Linse. Diese Größe ist fast nicht veränderbar; folglich sind solche Anlagen auch weitgehend Schicksal. Es ist außerordentlich selten, dass Nebenchakren durch allgemeine Entwicklung vergrößerungsfähig sind. Diese beiden Chakren scheinen ausschließlich dazu bestimmt zu sein, die Impulse des Herzens und dessen Chakra als Geben und Nehmen nach außen zu übertragen.
Außerdem sind sie in der Lage über höhere Zentren psychische und geistige Fähigkeiten nach außen zu projizieren, z. B. Hellschreiben, Pendeln, Ruten, Magnetisieren, Nah- und Fernheilen und vieles andere mehr.

Die zwei Knieschakren
sind ebenfalls symmetrisch angeordnet und zwar an den Innenseiten beider Knie. Sie haben eine Größe von etwa einem Zweimarkstück. Die elektrische Strahlkraft übertrifft die des Wurzelzentrum DO um ein Vielfaches.

Ich habe den Eindruck, dass die Kniechakren wie Transformatorstationen die Impulse, die den weiten Weg von den vier Fußchakren, zum DO zurücklegen, verstärken sollen.
Beim Knien wird diese großartige Energiequelle mit der Erde kurz geschlossen. Das bedeutet eine erhebliche Schwächung. Nutzbringend kann das nur für Sklaven sein, denn dann gehorchen sie besser. Ich kann mir nicht vorstellen, dass GOTT das von uns verlangen möchte.
Das DO ist für alle Beinchakren die gemeinsame Wurzel, zusammen mit Muladhara und Lalayu.
Alle unterscheiden sich indessen durch ihre jeweilige Polarität. Bei der Frau ist bei Tage an den Kniechakren links + und rechts -.
Beim Manne ist an den Knien bei Tage rechts + und links -. Des Nachts verkehrt sich auch hier die Polarität.

Die zwei oberen Fußchakren
befinden sich auf der inneren Oberseite der Fußgelenke, mit der Kreismitte ca. 2,5 cm vor dem Fußknöchel, auf der Verbindungslinie Fußknöchel Großzehennagel. Deren Durchmesser beträgt etwa zweieinhalb Zentimeter. Die Polung ist bei Tage weiblicherseits rechts - und links +. Beim Manne ist´s umgekehrt: rechts + und links -. Die Strahlkräfte sind gegenüber den Kniechakren wesentlich geringer. Dennoch sind ihre Ausstrahlungen wesentlich für Magen, Leber, Galle und Pankreas.

Die zwei unteren Fußchakren
befinden sich unter den Füßen, dort nämlich, wo sich die beiden Groß- und Kleinzehenballen treffen. Ihre Größe entspricht etwa einem Zweipfennigstück.
Beide besitzen kaum Strahlkraft. Sie können dafür jedoch Schwingungen und partikulare Strahlungen aus der Erde aufnehmen und geordnet weiterleiten.
Wiederum ist die Polung bei Mann und Frau entgegengesetzt;
weiblich bei Tage links - und rechts +, nachts umgekehrt,
männlich bei Tage links + und rechts -, nachts umgekehrt.
Die Gesamtwertung der Füße ergibt beim Mann tags + und bei der Frau -, nachts umgekehrt. Das scheint unwichtig zu sein, wenn man aber tags aus dem Körper entschlüpft sein sollte und erst nachts heimkehrt, ist es notwendiges Wissen, wie man wieder in den Körper zurückgelangt.
Anzumerken ist, dass *alle* seitenbezogenen Polungen nach Dämmerungseinbruch ihre Seite wechseln.
Das ist nicht nur für Akupunkteure interessant, sondern auch für jeden, der diesbezogene Kontemplationen oder Meditationen üben möchte.
Bei Tage wäre folglich immer links zu beginnen und nach dem Dämmerungseinbruch rechts; und das gilt für beide Geschlechter.

So unerheblich diese Chakren erscheinen mögen, immerhin sind Hand- und Fußchakren in der Lage, die Aufnahme anorganischer Mineralien zu bewirken, und nicht nur das, sie können diese auch noch in organische Mineralien umwandeln.
Element Erde und Akasha üben hier eine gemeinsame Schwingung elektromagnetischer Natur aus. Das Zusammenlaufen von acht Chakren ist wohl der Grund dafür, dass man diese Energieballung für das Steißchakra gehalten hat.

Die Ohren
scheinen Chakren Gottes zu sein. Alles an ihnen ist umgekehrt wie bei den sonstigen Energiegebilden.
Die Blüte befindet sich im Festungsbereich des Innenohres im Kopf und die Wurzelfasern enden im Gehörgang bzw. in den Ohrmuscheln.
Sie sind in der Lage ein Vielfaches aus der Umwelt zu vermitteln im Verhältnis zu den Augen.
Der Gebrauch unserer Sprache weist auf die Besonderheit der Ohren hin. Alles erreicht uns über die Ohren von außen; nichts wird von dort zurückgestrahlt.
Horchen, gehorchen, hören, erhören; unser Gehör lässt nichts als aktive Tätigkeit erkennen.
Was will Gott uns damit sagen?
Alle für uns übersehbare Welt lässt sich nach Klangschwingungen und Oktaven berechnen und erfassen. Nicht umsonst will mir scheinen, lässt sich unsere Seele über Klangschwingungen bis zu Tränen rühren oder zu Aggressionen verleiten.
Die Welt vermittelt sich uns über den Klang. Was also hören wir wirklich, was ist uns davon wirklich alles bewusst?
Wer weiß heute noch, dass vor unseren Ohren, wie beim Tier, ein Empfangszentrum liegt, das in der Lage ist, Bilder zu empfangen.
Betrachte einmal befellte Tiere: vor den Ohren, zwischen Tragus und dem Ansatz des Ohrläppchens und den äußeren Augenwinkeln befinden sich bemerkenswerte Haarwirbel, die sehr viel durchsichtiger angelegt sind als der übrige Pelz. Unsere Tiere kennen offensichtlich noch deren Bedeutung. Bitte mache einmal den Versuch und denke eine Katze, einen Hund, ein Pferd an diese Haarwirbel bildhaft an und die Reaktion wird nicht auf sich warten lassen.
Das angedachte Tier wird dich verstehen.
Das bildhafte Denken hat folglich seinen eigenen Ort, allerdings ausschließlich rezeptiv.
Die Bildsendung erfolgt über die Augen in Verbindung mit den Ohren. Verstopfe ich mir die Ohren, kommt meine Sendung nicht an; aber auch wenn ich das Tier nicht sehen kann, wird keine Antwort erfolgen.

Dieses Zentrum ist beim Menschen keineswegs verkümmert. Es ist nur ungeübt.
Vorstellungskraft, Einbildung und Eidetizismus haben hier ihre direkte Verbindung zum Gehirn. Die Wurzeln dieser beiden wichtigen Chakren sind vergesellschaftet mit dem **SO**, also eine Energiegemeinschaft zwischen Visudhara und Hanhara. Das bedeutet, dass es hierbei nicht um ehemalige Wurzelfasern handelt. Vielleicht sind diese geistigen Verbindungen, als älteste überhaupt, schon vor der Tierwerdung dagewesen.
Künstler und vor allem Musiker weisen an diesen beiden Orten auffällige Einsenkungen auf.
Ich erwähne diese Tatsachen ganz besonders deswegen, weil es mir wichtig erscheint für alle Arten von Bewusstseinsschulung. Vorstellung und Hineinbildung spielen, wie du ja schon gelesen hast, eine eminente Rolle.

Die Erweckung der Chakren

Die Namen der Wurzelzentren und der Chakren wirken wie beim Computer die Schlüssel der einzelnen Programme. Nicht umsonst habe ich dich gebeten diese Begriffe in dein Gehirn aufzunehmen.
Ein Chakra zu aktivieren ohne vorher das zugehörige Wurzelzentrum erregt zu haben, würde heißen, Blumen zu pflücken, die sehr rasch verwelken werden.
Zunächst beginnt man tunlichst oberhalb der Gürtellinie mit **MI**, lässt aus ihm Manipura wachsen. 21-mal wäre das zu wiederholen, ehe man auch das zugehörige Leberchakra dazu nimmt, 21-mal Kontrolliere, ob deine Atmung richtig dabei war. Das muss auf jeden Fall garantiert sein.
Jetzt gehst du über zu **FA**, aus dem zuerst Anahata 21-mal aktiviert wird. Erst jetzt können Paahata und die beiden Handchakren dazukommen. Sie melden sich automatisch, wenn Paahata läuft. Jedes der Chakren muss 21-mal erübt werden, ehe man fortfahren darf.
Die nächste Stufe ist **RE**. Es verbindet den Lebensfaden mit Swadhistana wie alle anderen Energiewirbel das auch über ihre zugehörigen Wurzelzentren tun.
SO wäre nun der folgende Schritt. Aus ihm erblüht zunächst Visudhara. Das aus der gleichen Wurzel stammende Hanhara muss ein wenig mühsam gesucht werden und bedarf eigener 21 Übungen. Wie schon erwähnt ist es notwendig, die Zunge nach unten und nach hinten einzurollen, damit der obere Gaumen frei gehalten werden kann. Diese Zungenhaltung ist später, wenn man alle Chakren laufen lassen möchte, bis zum Ende der Kontemplation / Meditation aufrecht zu erhalten.
Und nun wird es schwierig. Das untere DO vereinigt in sich nicht nur Muladhara und Lalayu, sondern auch die sechs Beinchakren.

Ich empfehle dir, zunächst nur DO und Muladhara, DO und Lalayu, DO und rechtes Knie, rechten Oberfuß und rechten Unterfuß zu aktivieren. Der Einfachheit halber nenne ich diese drei 1 2 3 rechts und 1 2 3 links. Hast du alle einzelnen gut erfühlbar erübt, kannst du dazu übergehen DO und Lalayu gemeinsam zu aktivieren. Schließlich kommt 1 rechts dazu, dann 2 rechts und 3 rechts. Gleiches veranstaltest Du mit links.
Erst jetzt dürftest du bereit sein, alle acht miteinander zu aktivieren. Lass´ dir um Himmels Willen Zeit dazu. Das muss klappen!
Von nun an gerätst du in die Wurzelzone, in der der Übergang vom Wurzelchakra zum Hauptchakra in drei Phasen erfolgt.
LA, seine Lage ist über dem Kehlkopf, verbindet seine „Fasern" direkt mit dem Ajna und dem Nasenchakra. Atempause = **LA**, Einatmung = Faser, Ausatmung = Ajna - Nase.
SI desgleichen: Atempause = SI, Einatmung = Faser, Ausatmung = Sahasrara.
Das oberste DO folgt wieder anderen Gesetzen. Es liegt ja bekannterweise auf dem Rückenmark auf. Beim Aufrufen des DO in der Atempause muss die Vorstellung einer Verbindung vom oberen und unteren Do vorhanden sein. Mit der Einatmung lässt man die Energie fühlbar nach unten strömen und mit der Ausatmung schiebt man diese Energie mit dem CHENN oder Zen blitzartig nach oben. Bei diesem Vorgang sollte die Energie sich wie mit einem Tennisball verglichen, von oben nach unten und von unten nach oben bewegen. Siebzigmal sollte man das üben, erst dann wird man fähig, die über dem Kopf entstandene Knospe etwas zu öffnen.
Von nun an wird man die Energie vorsichtig nach unten schieben, um sie dann mit Kraft nach oben zu schießen, Sektkorkengefühl. Siebzigmal mindestens wirst du dazu benötigen.
Jetzt bist du reif, die Blüte in weiß zu öffnen. Hast du bis hierhin die Energie mit Kraft nach oben katapultiert, so bist du nunmehr in der Lage CHENN zärtlich und liebevoll nach oben zu geleiten.
Es gibt noch zwei weitere Stufen, die unsere Blüte in Gold und schließlich in Purpur erstrahlen lassen. Das ist jedoch nur über einen gegengeschlechtlichen Lehrer zu erfahren.

Die Kraftatmung
die sonst streng verboten ist, wird nun zur notwendigen Voraussetzung, um die Chakren mit ihren Wurzelzentren in einen Guss zu bringen.
Sie folgt der Atempause mit extremer Hebung des Brustkorbes und gleichzeitiger Zuführung an Luft, soviel nur möglich ist. Die Reihenfolge der Atemphasen bleibt dabei absolut erhalten. Bitte erübe das zunächst ohne Absicht; jedoch niemals mehr als 21-mal pro Sitzung. Sechs bis acht Wochen wirst du dazu benötigen. Wichtig ist dabei zu beachten, dass mit fortschreitender Übung alle drei Atemzüge niedriger werden, wobei der Tiefatemzug verhält-

nismäßig am größten imponieren muss und die Atempause sich automatisch verlängert. Übe lieber eine Woche länger als zu wenig.
Erst mit Hilfe der Kraftatmung wirst du in die Lage versetzt werden, alle Chakren der vorgegebenen Reihenfolge nach, zusammen mit ihren Wurzelzentren locker miteinander zu verbinden.

Chakraübung
Es ist wohl selbstverständlich, dass die einzelnen Chakrasegmente einzeln zu erüben sind.
Es sieht so kurz aus, was ich dir jetzt mitteile; aber dir wird sehr rasch klar werden, wie viel Gehalt diese Zeilen in sich bergen.

Beginne also mit MANIPURA und Leber. Entscheidend ist die Atempause mit dem intensiven Farb- und Rotationsgefühl. Natürlich ist das um so deutlicher, je besser die Atempause klappt.
Jetzt folgt die Tiefatemphase mit dem Verfolgen der aufgenommenen Energie zum Wurzelzentrum **MI**. Mit der Akzentuierten Kraftatmung lässt du nun die Energie in der Wirbelsäule nach oben steigen. Du hast das Gefühl dass die Energie in der Wirbelsäule eine senkrecht stehende Schleife bildet. Du empfindest ein warmes, leicht prickelndes Gefühl, das bis etwa zum Ende des Rumpfes hochsteigt. Ich nenne diese Phase einfach mal CHENN, abgeleitet von Lebensenergie, um, die es sich tatsächlich handelt. Sushumna wäre nicht das treffende Wort; Ida und Pingala betreffen die Bahnen, die die Energie des überhöhten DO neben der Wirbelsäule nach oben tragen. Auch sie fließen nur durch Chenn.
Ausreichende Übung wird dir diese Technik schnell geläufig machen. Jedes Chakra wird folglich durch Chenn nach oben bis **LA** und **SI** mittels der Kraftatmung nach oben getragen. Nur das überhöhte DO folgt anderen Gesetzen.

In bewährter Reihenfolge werden nun ANAHATA und PAAHATA in der Atempause erregt, mit der gleichzeitigen Wahrnehmung, dass die beiden zugehörigen Handchakren warm werden und abstrahlen.
Wieder wird die Kraftatmung eingesetzt, um die aufgenommene Energie zum entsprechenden Wurzelzentrum **FA** zu leiten. Wie bei Manipura leitest du jetzt mit der Ausatemphase die Energie über den Lebensfaden nach oben. Keine Angst, da erlischt nichts, das wird über Stunden gespeichert.

Weiter geht´s nun mit SWADHISTANA. Verhältnismäßig einfach zu erregen, weil es sich ja nicht um ein verzweigtes System handelt.
Kraftatmung hin zu **RE**, und ab geht´s mit der Ausatmung über Chenn nach oben.

Wenn du diese Reihenfolge einhältst, wird es keine Kopfschmerzen oder sonstige Stauungserscheinungen geben.

Die nächste Station ist VISUDHARA mit HANHARA in der Atempause. Die Kraftatmung folgt nun hin zum **SO** und von dort geht´s weiter via Chenn nach oben, wie bisher.
Und nun wird´s schwierig. du ahnst es schon. Der ganze Wust von großen und kleinen Chakren um das Kreuzbein herum kommt auf dich zu. MULADHARA, LALAYU, 1 rechts/links, 2 rechts/links und 3 rechts/links gehören in ein und dieselbe Atempause. Lass´ sich die so erregte Energie im Genital versammeln.
Alleine das ist eine gesonderte Übungsetappe.
Erst wenn das einwandfrei klappt, kannst du dazu übergehen mit der Kraftatmung diese zum unteren DO zu führen, weißt du noch: im Kreuzbein. Von hier geht´s im gleichen Übungsabschnitt über Chenn nach oben. Das ist ein besonders erhebendes Gefühl.
Und nun bekommst du es mit den Wurzelfasern aus dem oberen Abschnitt zu tun.
Deren Reihenfolge bleibt **LA** - Faser - AJNA - Nasensattel; **SI** - Faser - SAHASRARA .
Man könnte diese beiden Stationen als die Wächter zum Kosmos bezeichnen. Ihre kontemplative Reihenfolge ist anders als bisher:
LA in der Atempause. Chenn Richtung Ajna und Nasensattel mit der Kraftatmung. In der Ausatemphase beginnen sich beide Chakren gleichzeitig zu drehen. **SI** - Sahasrara meditierst du gleichsinnig. Jetzt erst ist der Weg frei für das hohe DO. Mit dem **SI** öffnen sich gleichzeitig die zwei Ohrchakren.
Das hohe DO sitzt wie ein Bällchen auf dem Mark der Wirbelsäule. Du wirst dir das so vorstellen, als wenn du dieses Bällchen nach unten schleudern müsstest, nachdem du es dort in der Atempause abgelegt hast. Die Kraftatmung kommt dir deswegen zunächst auch sehr gelegen. Schlage nur tüchtig zu. Je mehr der Ball nach unten katapultiert wird, um so sicherer. Anders als gewohnt, kann es sich im Sakrum teilen in einen links und rechts der Wirbelsäule aufsteigenden Zweig. Beide Zweige ziehen aufwärts Richtung Manipura, kreuzen dort, ziehen weiter und kreuzen nochmals im Sahasvara und bilden rotierend eine Krone, aus der einer Flamme ähnlich, die kosmische Knospe emporsprießt. Sie sieht zunächst wie Feuer aus. Sie zu öffnen bedeutet, so weit in die Meditation einzutauchen, dass das Spielchen mit dem *„Hau den Lukas“* nicht mehr erwünscht ist. Drei Stufen der Öffnung können folgen, die jedoch abhängig sind von den gegengeschlechtlichen Unterweisungen eines Meisters, einer Meisterin. Genannt seien der weiße Lotus, der goldene Lotus und der purpurne Lotus.

Letztere Stufen wirst du nur erreichen, wenn sie auf dich zukommen. Das erfordert warten können. Warten ist eine der edelsten Eigenschaften und ich empfehle dir, übe auch das jeden Tag. Ist deine Chakrameditation so weit ausgereift, dann solltest du nach jeder solcher Übung die fünf Elemente in ihrer klassischen Form dazugeben; denn die Chakren leben davon. Natürlich kannst du die chakraspezifischen Elemente gleich hinzufügen. Das ist aber gar nicht notwendig. Es genügt, wenn du sie *en bloc* anbietest. Sie nehmen sich, was sie brauchen.
Trotzdem werde ich eine Listc anfügen, was wohin gehört.
Wenn du immer wieder mal hinschaust, wird sie dir so eingehen, dass eigenes Versorgen bei einzelnen Chakren keine Schwierigkeit mehr bietet. Manchmal ist es dann doch erforderlich, wenn man sich auf der anderen Seite wiederfindet, damit umgehen zu können.

Ich verwende der Deutlichkeit halber die inzwischen sicher gewohnten Abkürzungen.

A +	DO	CHENN DO ZEN	+
A -	SI	SAHASRARA.Ohren	-
AIEU	LA	AJNA NASE	+
AUO	SO	HANHARA	-
AO	SO	VISUDHARA	+
AEU	FA	PAAHATA	+
OAU	FA	ANAHATA	-
IAU	MI	MANIPURA	+
LEBER	MI	MANIPURA	-
UAI	RE	SWADHISTANA	+
IA	DO	LALAYU	-
EIA	DO	MULADHARA	+
IA	DO	1-I	
EA	DO	2 + I =	-
IA	DO	3 + / -	

Nachwort
Mir ist klar, dass die Übermittlung esoterischen Wissens immer und zu jeder Zeit lückenhaft sein muss. Vieles kann nicht gesagt werden. Das was einem ein Meister überträgt, ist nicht in Worte zu fassen.
Hinzukommt, dass das Verständnis des Einzelnen andere Dimensionen ausweist als das Beschriebene. Zum Beispiel, wie könnte man die Kraftatmung beschreiben? Allenfalls könnte man noch hinzufügen, dass sie zärtlich getätigt werden sollte; aber was verstehst du jetzt unter Zärtlichkeit? Ich habe also Verständnis dafür, wenn Fragen über Fragen an dich herantreten. Müsste ich die auch noch beantworten, wäre wohl ein nächstes Buch fällig.
Nein, so nicht! Sei getrost, denn wer Fragen stellt, hat bereits die Antwort bereit. Und du als ernsthaft Suchender - das hat mich die Erfahrung gelehrt - wirst deine Antworten finden.

Die Vielfalt unqualifizierter Anfragen veranlasst mich, dich zu bitten, keine Korrespondenz mit mir beginnen zu wollen.
Nicht nur, dass die meisten Briefeschreiber meinen, sie seien allein auf der Welt. Ihr Egoismus macht den Inhalt so mancher Poeme unzumutbar. Gleiches gilt für die Länge solcher Anschreiben. Abgesehen davon, dass mir die Zeit , alles das zu lesen und zu beantworten einfach fehlt, bin ich nicht bereit dazu. Schließlich fordert mich nach wie vor ein verantwortungsheischender Beruf. Hinzu kommt ein sehr materieller Aspekt: Vornehmlich Esoteriker sind offensichtlich der Meinung, dass Rückporto nicht vonnöten sei, wiederum bezeichnend für grenzenlose ICH-Bezogenheit, eines Esoterikers absolut unwürdig.

Viele Fragen habe ich versucht vorweg zu beantworten im ersten Band dieses Gesamtwerkes.

Ein Wanderer zwischen zwei Welten
Du findest in diesem Werk Erlebnisse und Ereignisse beiderseits des Todes dargestellt. Natürlich kann auch das nur blendlichtartig geschehen. Die Unendlichkeit hört jedenfalls auch nach dem Tode nicht auf.
Einige Fragen werde ich dennoch beantworten in einem geplanten Büchlein. ESOPHORA. aber darauf musst Du wohl noch etwas warten.
Was wir sicherlich werden lernen müssen ist, dass unsere diversen Weltanschauungen jämmerliche Leitlinien für geistig unfreie Menschen darstellen. Die meisten davon sind keinesfalls göttlicher Natur, so sehr sie das auch von ihnen behauptet wird.

Menschliche - all zu menschliche Machtbedürfnisse waren deren Erzeuger, und ständig kommen neue hinzu.

Großzügigkeit und echte Souveränität wird nach Möglichkeit unterdrückt und bekämpft.
Alle unsere Religionen machen hiervon keine Ausnahme und übertreffen oft noch staatliche Institutionen.
Es ist nur zu hoffen, dass mit der Jahrhundertwende eine Neubesinnung der Menschheit von der Natur erzwungen wird. Nur neue Wege können aus der gegenwärtigen Krise der Menschheit herausführen. Ich hoffe inständig, dass du und alle deine Mitadepten Hefe für eine neue Entwicklung sein werdet.

Zum guten Schluss will ich versuchen einige Antworten zu geben auf Fragen, die erfahrungsgemäß kommen werden.
Da wäre zunächst zu klären, wie man den Übergang findet zwischen einer dinglichen Kontemplation und etwa den fünf Elementen.
Besorge dir zu diesem Zwecke zunächst ein großes Stück weiße Pappe. Mit einem großen Zirkel schlage darauf einen Kreis, der die Kanten tangiert. Mit kräftigem gelbem Filzschreiber ziehst du diesen Bogen nach. Durch den Mittelpunkt ziehst du ein schrägliegendes Kreuz und verbindest dessen Schnittpunkte an der Kreisperipherie miteinander. Du hast so die Aufsicht auf eine vierflächige quadratische Pyramide erhalten. Nun bezeichnest du die Pyramidenkanten mit den vier Himmelsrichtungen. Die Pyramidenflächen solltest du jetzt kolorieren.
Osten = feuerrot, Süden = wüstengelb, Norden = eisblau, Westen = meergrün.
Die Pyramidenspitze wie auch die Zwischenräume zwischen Kreisbogen und Pyramide müssten sonnengelb eingefärbt werden.
Wenn du nun vor deinem Kunstwerk in Kontemplationsstellung sitzt, dürfte es dir nicht schwer fallen eines der Viertel als Tortensektor herauszudenken und es mit dem entsprechenden Element aufzuladen. Wiederhole das noch dreimal mit den anderen Elementen und mit Akasha an der Pyramidenspitze und in den unteren Kreisabschnitten.
Am besten geht das, wenn du dich in Gedanken auf die Pyramidenspitze setzt. Natürlich steht es dir frei, daraus ein Mental zu basteln oder auch alles wieder zu entladen.
Soll´s ein Mental werden, vergiss nicht ihm einen Namen zu geben, es zu beauftragen mit ...?, eine Lebensdauer zu verleihen und deinen Herrschaftsanspruch klar und laut anzumelden.
Deine Pyramide kannst du zu einem stattlichen Bauwerk ständig vergrößern. Sie steht unverrückbar dort, wo du sie programmiert hast. Sie kann deine Wohnung, dein Haus, einen ganzen Landstrich schützen, natürlich immer nur so lange, als sie von innen nicht durch negative Impulse verletzt wird. Anders verhalten sich rundliche Mentale. Sie sind transportierbar, direkt oder in Gedanken.

Ihre Beweglichkeit ist ohne Grenzen, rund um den Erdball.
Ein rundliches Mental wäre am günstigsten und am wirksamsten aufzubauen nach dem Vorbild unserer Erde: innen Feuer, nach außen folgend Erde, Luft und Wasser. Alles durchdringend sei natürlich Akasha mit von der Partie. Solcherart Schutzmentale sind bereits Kleinmagie und gerade noch erlaubt. Denke daran, die Motivation ist dafür der Gradmesser.
Negativ gerichtete Aktionen dürfen nur nach jenseitigen Befehlen ausgeführt werden.
Selbstverständlich kann man seinen Mentalen jedwede Form verleihen. Jede Form ist für sich alleine schon ein Strahlungszentrum, ganz gleich ob es sich um einen Schreiber oder um eine Uhr handelt. Briefbögen und deren Farben senden fraglos Signale. Du weißt, dass dir diese oder jene Wohnung nicht gefällt. Form und Farben sind vom Besitzer ausgewählt.
Lerne alles dieses zu empfinden, mit Geduld und Gründlichkeit. Eine neue Welt tut sich vor dir auf. Plötzlich kannst du Dinge und Umstände erkennen. Jenseitige Helfer werden sich dir mehr und mehr zugesellen. Die volle Breitseite der Meditation wird offen vor dir liegen und du wirst lernen, dass viele Wege nach Rom führen und welche davon für dich bestimmt sind. Mit jedem Wendel der Lebensspirale tun sich neue Perspektiven, neue Fragen und neue Aufgaben vor dir auf. Geh´ mutig auf sie zu, ohne Scheu!
Ich wünsche dir dazu den großen kosmischen Segen.

Liste lesenswerter Bücher
Zen und die Kunst des Bogenschießens, Herriegel, O.W.Barth Verlag
Der Bumerang, G.C.Herrigel, O.W.Barthverlag
Japan und die Kultur der Stille, Graf von Dürkheim, O.W.Barth Verlag
Der Engel vom westlichen Fenster, Meyrinck, Langen- Müller Verlag
Das grüne Gesicht, Meyrinck, Hermann - Bauer Verlag
Der Golem, Meirinck, List Verlag
Niemand stirbt für alle Zeit, Currie, Bertelsmann
Die Stadt hinterm Strom, Kasak, Suhrkamp
P S I , Oestrander / Schröder, Scherz Verlag
Der Lotse, Knaur
Das Tibetanische Totenbuch, Hermann Bauer Verlag
Die sieben Prinzessinen, Nigami "
Bhagavadgita, Gesang des Erhabenen, O.W. Barth Verlag
Der Unfug des Sterbens, Prentice Mulford, A. Langen Verlag
Der Unfug des Lebens Dto.
Die Mysterien von Eleusis, Kerenzi
Die Aussendung des Astralkörpers, Muldon, Hermann Bauer Verlag
Die Liebe nach dem Tode, Desmond, Hermann Bauer Verlag
Mein privater Himmel, G.L´aronge, Baum Verlag
Der Weg zum wahren Adepten, Bardon, Hermann Bauer Verlag
Sprechfunk mit Verstorbenen, F. Jürgenson, Hermann Bauer Verlag
Das uneingeschränkte Weltall, St.E.White, Origo Verlag
Das geheime Leben der Pflanzen, Tomkins / Bird, Scherz Verlag
Die Chakras, Leadbeater, Hermann Bauer Verlag
Der sichtbare und der unsichtbare Mensch, Leadbeater, Herm. Bauer Verlag
Gespräche mit Seth, J. Roberts, Ariston Verlag
Dreißig Jahre unter den Toten, Wickland, Reichel Verlag
Der Prophet, Gilbran, Walterverlag
Leben der Meister, Spalding, Drei - Eichen Verlag
Tiere diesseits, Tiere Jenseits, B.Chales de Beaulieu, 2001 Verlag

Lieferantenverzeichnis kann beim Verlag angefordert werden.

Weiter Bücher von B. Chales - de Beaulieu im RiWei-Verlag
(vormals Satori-Verlag bzw. Licht-Quell-Verlag)

Tiere diesseits, Tiere jenseits
SA-297 € 7,80 ISBN Nr. 3-89758-297-X

Ein Wanderer zwischen zwei Welten
SA-294 € 20,00 ISBN Nr. 3-89758-294-5

in Vorbereitung:

Wunder Wirbelsäule
SA-292 € 7,80 ISBN Nr. 3-89758-292-9

E S O P H O R A
SA-273 € 12,80 ISBN Nr. 3-89758-273-2

Das grosse und einzige Pinkelbrevier
SA-277 € 7,80 ISBN Nr. 3-89758-277-5

Kleiner Dicker, was nun
SA-278 € 12,80 ISBN Nr. 3-89758-278-3

RiWei-Verlag GmbH
Liebig Str. 4
93055 Regensburg
Tel. 0941/ 799 45 70
Fax. 0941/ 799 45 72
www.RiWei-Verlag.de
EMail: Info@RiWei-Verlag.de